クレイトン・M・クリステンセン 他著
依田光江 訳

THE PROSPERITY PARADOX
How Innovation Can Lift Nations Out of Poverty
Clayton M. Christensen, Efosa Ojomo, and Karen Dillon

繁栄のパラドクス

絶望を希望に変えるイノベーションの経済学

ハーパーコリンズ

THE PROSPERITY PARADOX

by Clayton M. Christensen, Efosa Ojomo, and Karen Dillon

Published by K.K. HarperCollins Japan, 2019

CONTENTS

第2部 イノベーションと社会の繁栄

第3部 障壁を乗り越える

※本文中、［　］は訳注、また（　）内の数字は章末に注があることを示す。

序文

1970年代はじめ、私はモルモン教の宣教師として韓国で2年間暮らした。当時の韓国は最貧国のひとつに数えられており、貧困がいかに悲惨な影響を及ぼすかを私は目の当たりにした。防げたはずの病で友人を失った。食卓に食べ物を出すか、子どもに教育を受けさせるか、それとも親を助けるかという、耐えられない選択を強いられている家族を見た。苦しみが日常生活の一部だった。こうした経験に心を動かされた私は、ローズ奨学金を受けてオックスフォード大学に進んだとき、韓国を中心に据えて経済発展について学ぶことにした。いずれ世界銀行に就職し、目撃した貧困の解決にあたりたいという希望ももっていた。しかし私が就職を望んだ年には、世界銀行にアメリカ人の採用枠はなく、この選択肢は閉ざされてしまう。運命の紆余曲折を経てハーバード大学でビジネスを研究することになったあとも、当時のイメージが頭から消えなかった。

うれしいことに、いまの韓国の姿は記憶のなかのそれとはまるで似ていない。私が暮らしていた時期からの数十年間で、世界で最も豊かな国のひとつに成長したばかりでなく、経済協力開発機構《OECD》に堂々と仲間入りを果たし、対外支援を受ける側から提供する側へと変わった。[1] ジャーナリストのファリード・ザカリアは、韓国を「世界で最も成功した国」とまで呼んでいる。[2]

しかし残念ながら、数十年前の韓国によく似た他の国は、こうした劇的な変化を成し遂げられていない。１９７０年代に絶望的な貧困に苦しんでいたブルンジ、ハイチ、ニジェール、グアテマラなど多くの国々は、いまだに絶望的な貧困にあえいでいる。かつて韓国の現実に直面していたときに浮かんだ疑問は何十年も私の頭にこびりついていた。繁栄に向かう道を見つける国と、貧困の淵に沈んだままの国があるのはなぜなのだろう。

ほとんどの国にとって、繁栄は比較的最近の現象だ。豊かな国々もつねに豊かだったわけではない。たとえば超大国アメリカにしても、ひどく貧しく、汚職がはびこり、統治が混乱していた時代はそれほど昔のことではない。ほぼすべての基準に照らしても、１８５０年代のアメリカは、現在のアンゴラやモンゴルやスリランカよりも貧しかった。[3] 当時の乳児死亡率は、出生１０００人に対して約１５０人で、２０１６年のサブサハラ（サハラ砂漠以南の）アフリカ諸国のそれより3倍も高い。[4] そのころのアメリカ社会には安定した制度もインフラもなく、今日のアメリカ社会とはまったくちがう姿をしていた。しかしだからこそ、アメリカの物語はすべての貧しい国々に希望を与える。貧困から抜け出す道はあるのだ、と。問題は「どうやって」見つけるかということだ。[5]

貧しい国々が貧困を断ち切って経済成長を生み出す方法は数十年にわたって研究され、実際にある程度の成果を挙げてきた。たとえば極貧率は、１９９０年の35・３％から２０１５年の推定９・６％へと、世界的に減少している。[6] これはつまり、１９９０年以降、10億人以上の人々が貧困から抜け出したことを示している。

しかし、この統計値は華々しく見える一方で、進歩に対して誤った感覚を与えるおそれもある。貧困から抜け出した約10億人の大部分、約７億３０００万人が、たった１国――中国――に集中しているのだ。中国は、極貧率を１９９０年の66・６％から、現在の２％未満にまで下げることができた。[7] たしかにすばらしい。しかし一方では、サブサハラ・アフリカなど、極貧のなかで暮らしている人の数が著しく増加している地域もあるのだ。[8] 厳密には極貧の分類外でも、ぎりぎりの状態で生きている人はまだ多い。

ある程度の進歩があったことはまちがいないが、どうすれば貧困を根絶できるかの見解は一致を見ていない。綻びだらけの社会インフラ（教育、医療、交通など）をととのえて社会の仕組みを改善する、国外からの支援を増やす、貿易を促進するなど、さまざまな提案がなされている。[9] しかし、正しい解決策が何かについては意見が分かれても、進歩が遅すぎるという点は誰もが認めざるを得ないだろう。

１９６０年以降、貧しい国々を援助するための政府開発援助《ODA》に４兆３０００億ドル以上が費やされ

国		1960年代	2015年	変化率
1	ブルンジ	$470	$315	-33%
2	中央アフリカ共和国	$677	$339	-50%
3	マラウイ	$412	$353	-14%
4	ガンビア	$773	$384	-50%
5	マダガスカル	$1,108	$393	-65%
6	ニジェール	$1,196	$403	-66%
7	リベリア	$1,447	$469	-68%
8	コンゴ民主共和国	$1,742	$478	-73%
9	トーゴ	$783	$578	-26%
10	アフガニスタン	$698	$615	-12%
11	ウガンダ	$686	$625	-9%
12	シエラレオネ	$1,128	$675	-40%
13	ベナン	$802	$709	-12%
14	セネガル	$2,003	$935	-53%
15	ジンバブエ	$2,207	$1,037	-53%
16	コートジボワール	$1,545	$1,319	-15%
17	ガーナ	$1,632	$1,401	-14%
18	ザンビア	$2,252	$1,576	-30%
19	ベネズエラ	$8,507	$4,263	-50%
20	クウェート	$34,087	$29,983	-12%

図1：1960 年代のひとり当たり国民所得は、1960 年から 1969 年までのひとり当たり国民所得を平均した数値である。なお数値にはインフレ調整を施している。

出典：IMF World Economic Outlook Database

てきた[10]。だが残念ながら、こうした介入の多くが期待した成果を挙げられていないのが実情だ。実際、1960年の最貧国の多くは、現在でも貧しいままだ。さらに悪いことに、少なくとも12の国が、数十億ドル相当の援助を受けていながら、2015年には1960年よりもさらに貧しくなっている（図1参照[11]）。

本書の共著者でありハーバード大学のかつての教え子のひとりでもあるエフォサ・オジヨモは、善意で取り組んだ試みが失敗した痛みをじかに体験している。彼の体験は、貧しい地域の生活や労働環境の改善を目的とした多くのプロジェクトが挫折している現実を知るのに役立つ。エフォサは、生まれはナイジエリアだが、成人してからの大半はアメリカで暮らし働いている。そのため、貧しい国々を苦しめる貧困の存在を認識してはいても、ニューヨーク大学教授ウィリアム・イースタリーが貧困国に対する西欧の援助を批判して書いた『傲慢な援助』(東洋経済新報社)を読むまでは、どこか他人事の感覚があった。この本のなかでイースタリーは、毎朝3時に起きて薪《たきぎ》を拾うエチオピアの10歳の少女アマレッチを取り上げている。家族の暮らしを助けるために何キロもの道のりを歩いて市場に行き、薪を売らなければならない。

エフォサは、少女の話を読んだ夜、眠れなかった。どんな子どもも、こんな苦しい暮らしを強いられるべきではない。以来、エフォサは数人の友人とともに非営利組織「ポバティ・ストップ・ヒア(貧困をここで止める)」を立ち上げ、母国であるナイジェリアのさまざまな地域に井戸を掘る資金を集めた。後日、エフォサはこう語っている。「貧しい村を訪れて真っ先に気づくのは水がないことだ。水は命そのもの。だから、世界中であれほど多くの給水プロジェクトが進められている。水のない人たちにただ水を届けたい。すべてはそこから始まった」。同じように、貧しい国には、質のよい教育の不足、舗装されていない道、機能不全の統治、そのほか貧困の指標となるものが充満している。貧困問題を解決するには、こうした状況をひとつずつ解決していかなければならないと考えても不思議はない。

エフォサは、なんとか30万ドル以上の資金を集め、井戸の建設を援助する村を5つ決めた。エフォサと支援者たちがこれらの村を訪れ、井戸の稼動する瞬間をみなで見守ったのは、全員にとってこのうえない喜びだった。それまで井戸のなかった村で、清潔な水が井戸からほとばしる光景を見るほど心動かされるものはない。

しかしその後、井戸が故障する。完成から約6カ月後、ウィスコンシン州のエフォサの自宅に水が出なくなったという連絡があり、彼は1万キロも離れた場所からナイジェリアの誰かに井戸まで行って修理してもらう方法を考え出さなければならなかった。エフォサの非営利組織が建設した井戸はすべて辺鄙《へんぴ》な場所にあったため、部品を調達してそこまで行ってくれる修理人を探すのは難題だった。ひとつの問題を解決すると別の問題が出てくる。

「ポバティ・ストップ・ヒア」が設置した5つの井戸のうち、現在でも動いているものはひとつしかない。水に困っている人たちを助けたいと井戸の設置に熱心に取り組んできたエフォサたちだったが、新しい井戸の建設はあきらめざるを得なかった。

「ポバティ・ストップ・ヒア」の話は目新しいものではない。国際環境開発研究所の調査によれば、アフリカだけで壊れた井戸の数は5万を超える。井戸の80%が壊れている村もある。(12) エフォサが井戸を建設した村のひとつには、200メートルも離れていない場所に、国際援助団体が設置したのちにうち捨てられた井戸がすでにあったことがわかった。

この経験は、苦しむ人たちの役に立ちたいとがんばってきたエフォサをひどく落胆させた。同時に、彼に難問を突きつけた。こうした厄介な問題を資源や善意の注入によって解決できないのなら、いったいどうすればいいのだろう。成功した国はなぜ成功したのか。うまくいく取り組みとそうでない取り組みを分けるのは何なのか。

エフォサは、貧困、あるいは貧困の明らかな兆候を緩和しても、長期的な問題解決にはならないと悟った。貧困を緩和することと繁栄をつくり出すことは同じではない。

本書では、持続する繁栄のつくり方の理解を通して、貧困という複雑な問題に対する新しい視点を提供したい。本書によって、経済発展にまつわる問題のとらえ方や正しい問い、苦しい状況に置かれた地域のための解決策が変わることを願っている。

「繁栄」とは何を意味するのだろう。繁栄を指す指標としては、教育の受けやすさ、医療、安全・危機管理、真っ当な統治などがよく使われる。これらの指標に環境保全の取り組みなどを加え、148カ国を格付けするレガタム繁栄指数というものがある。大方の予想どおり、上位にはノルウェー、ニュージーランド、フィンランドなどが並び、スーダン、イエメン、中央アフリカ共和国などが下位を占める。

こうした尺度は社会の構成員の幸福を評価するうえで重要だが、われわれは繁栄の尺度としてさらに重要なのは、生計の立てられる雇用と上昇可能な社会的流動性であると考えている。本書では、繁栄を「多くの地域住民が経済的、社会的、政治的な幸福度を向上させていくプロセス」と定義した。

この定義は重要である。国によっては――たとえば天然資源に恵まれた国では、「豊か」ではあっても繁栄していない可能性がある。繁栄は、経済的、社会的、政治的な自由度を高め、石油など特定の資源への依存度を下げる。したがって、豊かな国がその富を国民の一部に分配しているとしても、そうした豊かさが機会の探求やイノベーション、多様な市場といった文化を育んでいないのなら、繁栄しているとは見なさない。天然資源は、社会的流動性にはまったくと言っていいほどつながらない。将来的に枯渇したり市場価値を失ったりしたあとまで持続可能な豊かさをもたらしてはくれないのだ。繁栄への道を知るにはまず、何が貧困を生むのかを理解することが重要だ。

こうして私は、共著者のエフォサ・オジョモとハーバード・ビジネス・レビュー誌の元編集者であるカレン・ディロンとともに、貧しい国々が繁栄する方法の研究を始めた。混乱を避けるために、本文中はクリステンセンの一人称で統一しているが、本書に示す考えは3人が協力してつくり上げたものだ。エフォサとカレンは文字どおりの共著者であり、彼らのチームワークと、世界をよりよい場所にしたいという情熱に深く感謝している。

本書は4種類のステークホルダーを想定している。

第一に、世界から貧困をなくすためにさまざまな開発事業に地道に取り組んでいる人々。彼らの活動に敬意を表するとともに、本書で示すアプローチが――もしかしたら直観には反するかもしれないが――いままさに解決しようとしている問題への考え方を変えるきっかけになることを願う。

第二に、新興市場で事業を成功させようとしている投資家やイノベーター、起業家たち。彼らの活動は、低所得国や中所得国で繁栄をつくり出すのに決定的な役割を果たし、かつてないほど世界から強く求められている。ただし本書は、義務感や慈悲心からこうした国々への投資を訴えているのではない。見落とされがちな潜在機会を発見し、大きな利益を獲得するためである。

第三のステークホルダーは、自国の成長につながる政策をつねに追求している政策立案者のみなさんだ。資源や資金の乏しい国で公僕として勤めることほど困難な仕事はない。本書で提示する、理論に基づいた成長モデルを、自国の環境に合った政策につくり変えてほしい。

最後の、そして最もたいせつなステークホルダーは、エチオピアのアマレッチのように、もっと楽な暮らしをしていいはずの世界中の10歳の子どもたちである。そして、エフォサの井戸からほとばしる水を祝った数カ月後に、井戸の故障に見舞われたナイジェリアの村民たち。家族のために骨身を惜しまず働いても、ぎりぎりの収入しか得られない世界のお父さんお母さんたち。機会のなさに日ごとに希望を失いつつある、多くの若者たち。

われわれはこのような人たちのためにこの本を書いた。よりよい未来が待っているという信頼と希望を彼らが取り戻すのに本書が役立つことを切に願う。私たちを明るい未来が待っている。

経済成長の要因であるとされるものの多くを分析している。マクロスキーは、同シリーズ3部作の2作目である *Bourgeois Dignity: Why Economics Can't Explain the Modern World* (Chicago: The University of Chicago Press, 2010) で、産業革命時代に経済改革を引き起こしたとされる有力な説（制度、交通インフラ、対外貿易、奴隷制、貯蓄、資本蓄積、プロテスタント労働倫理、収用、人的資源（教育)、地理的に得られる天然資源、科学の進歩など）について詳しく解説し、これらの説のすべてが的外れであると示唆している。マクロスキーは592ページに及ぶこの著作をつうじ、これらの説はどれも興味深くもっともらしく感じられるものの、私たちにトイレや空調、自動車、携帯電話をもたらした要因ではないと、根拠を挙げて説明している。Deirdre McCloskey, *Bourgeois Dignity: Why Economics Can't Explain the Modern World* (Chicago: University of Chicago Press, 2010), 34-35.

10 この金額には、ビル&メリンダ・ゲイツ財団、スコール財団、オミダイア・ネットワークなど、世界中で多額の寄付を受けている財団や組織が投下した民間資金は含まれていない。"ODA 1960-16 Trends," Official Development Assistance 2016, Compare Your Country, accessed February 1, 2018, http://www2.compareyourcountry.org/oda?cr=20001&lg=en&page=1#.

11 この図にある国の多くは、世界銀行など複数の開発機関から、貧困撲滅プログラムの一環として政府開発援助（ODA）を受けてきた。たとえばニジェールは、1964年以降、世界銀行から29億ドル相当の援助を受けているが、2015年のひとり当たり国民所得は1960年代の半分にも満たない。"Urban Water and Sanitation Project," The World Bank, http://www.worldbank.org/projects/P117365/urban-water-sanitation-project?lang=en.

12 Jamie Skinner, "Why every drop counts: tackling rural Africa's water crisis," IIED briefing, accessed February 1, 2018, http://pubs.iied.org/pdfs/17055IIED.pdf.

7 過去50年に及ぶ中国の華々しい発展は、歴史を学んだ学生にとっては驚きではないだろう。手押し車、土壌学、ボール紙、磁気コンパス、天然ガスの深層掘削、血液循環の知識、紙と印刷、火薬、その他多くの発明が中国人によるものである。中世では、ヨーロッパのほうが追いかける立場だった。たとえば1500年代の中国経済は、世界全体のGDPの25%を占めていた。1950年にはわずか5%に下がったが、現在では19%近辺にまで割合を戻してきている。

こうした経緯があるとはいえ、何億人もの人々を貧困から救い出した中国の最近の経済成長は目をみはるものがある。1970年代後半に鄧小平が開始した政策転換が眠れる巨人を目覚めさせたというのが、中国の成長の通説となっている。これはある程度正しいが、起業家や市民の取り組みに触れずに中国の隆盛を語ることはできない。MITのヤーシャン・ホアンは、中国内の町村レベルの小企業の著しい増加からわかるように、1980年代の中国の経済政策は、実際には起業家精神や市場主導の解決策を後押しするものだったと説明し、1980年代を「起業家精神にあふれた10年」と呼ぶ。しかし1990年代になると、中国の経済政策は国家主導のトップダウン型への志向を強め、多くの国有企業を生み出した。中国の経済成長はいまも続いているが、1980年代の成長ほど頑健で包括的なものではないとホアンは言う。

しかしそれでもなお中国は上昇していると言えるだろう。つい最近、ワシントン・ポスト紙は、「中国が科学界におけるアメリカ支配への挑戦を強める」という記事を掲載した。その記事の執筆者は、アメリカの高名な研究所から研究員が去り、中国で設立される研究所に加わるケースが増えていると指摘している。アメリカは科学研究に毎年約5000億ドルを投下しているが、中国がすぐ背後に迫っており、2018年末までにはアメリカを追い越す見込みだ。さらに、2016年には、1年間に発表された科学論文の数が、初めてアメリカを上回った。中国経済は1960～1970年代の経済とはかけ離れたところまで成長しており、過去の優越性を取り戻そうとしているように見える。

Yasheng Huang, *Capitalism with Chinese Characteristics: Entrepreneurship and the State* (New York: Cambridge University Press, 2008).

Ben Guarino, Emily Rauhala, and William Wan, "China increasingly challenges American dominance of science," *Washington Post*, June 3, 2018, https://www.washingtonpost.com/national/health-science/china-challenges-american-dominance-of-science/2018/06/03/c1e0cfe4-48d5-11e8-827e-190efaf1f1ee_story.html?noredirect=on&utm_term=.99a54422d595.

Philip Auerswald, "China's sudden fall and slow recovery," *New York Times*, August 11, 2008, https://www.nytimes.com/2008/08/11/opinion/11iht-edauerswald.1.15175911.html.

8 1990年には、サブサハラ・アフリカに住む人口の約55%にあたる約2億8200万人が貧困のなかで暮らしていた。2013年にはこれが4億100万人に増加し、人口の約42%を占める。"Poverty headcount ratio at $1.90 a day (2011 PPP)," Data, The World Bank, accessed March 13, 2018, http://povertydata.worldbank.org/poverty/region/SSF.

9 ディアドラ・マクロスキーのブルジョア・シリーズは、経済史全体を細部まで見わたし、

Douglass North and Robert Thomas、*The Rise of the Western World: A New Economic History*（1973）（邦訳『西欧世界の勃興―新しい経済史の試み』D・C・ノース&R・P・トマス著、速水融・穐本洋哉訳、ミネルヴァ書房、新装版2014年)、Nathan Rosenberg and Luther E. Birdzell、*How the West Grew Rich: The Economic Transformation of the Industrial World*（1986）、David Landes、*The Wealth and Poverty of Nations: Why Some Are So Rich and Some So Poor*（1999）（邦訳『「強国」論―富と覇権（パワー）の世界史』デビッド・S・ランデス著、竹中平蔵訳、三笠書房、1999年)。デビッド・ランデスは経済史を奥行き深く描き、地理や文化といったいくつかの要因がヨーロッパの繁栄を促したことを強調している。ノースとトマスの論点を要約すると、「成長のカギは効率的な経済組織にあり、西ヨーロッパにおける経済組織の発展が西洋諸国の隆盛の要因である」となろう。このような先人の業績が、制度や財産権の重要性の解明に貢献した。
大きな影響力をもつ論文のなかに、経済成長と繁栄というトピックに光を当てたものがある。われわれが学んできた論文の一部を紹介する。
Robert Lucasの*Making a Miracle*（1993）、Ricardo HausmanとDani Rodrikの*Economic Development as Self-Discovery*（2002）、Richard NelsonとEdmund Phelpsの*Investment in Humans, Technological Diffusion, and Economic Growth*。こうした経済学者たちはそれぞれ独自の方法で、このトピックに内在する複雑さを、程度の差こそあれ単純化し、持続的な経済成長に必要な要因の理解を深めてくれる。ロバート・ルーカスは、経済の生産性向上において、職場で実際に働きながら学ぶことの重要さを提唱した。さらにルーカスは、東アジアの奇跡の発展を特徴づけるのは、既存製品の製造効率の向上よりも、「より高度な製品の製造に労働力が絶えず移動している」ことだと指摘する。ハウスマンとロドリックは、国内で起業する人にとって自分の得意分野を知ることが重要である一方、起業による社会的な利益のほうが個人的な利益を上回ることが多いと述べている。理論上、その理由は、社会的な問題を解決できるイノベーションの方法を企業が学んでも、「二次参入者」がすぐに模倣するため、真っ先にイノベーションを生み出すというたいへんな作業に伴う先駆者のインセンティブを著しく弱めてしまい、経済構造の変革につながるような学習への投資がむずかしくなるからだ。こうした状況では、開発専門家や政策立案者が重要な役割を果たす。ネルソンとフェルプスは、人的資源と技術の拡散を重視する。実際、彼らは次のような仮説を立てている。「技術的に進歩している、あるいは変動の激しい経済においては、生産管理は変化に適応する必要があり、マネジャーの教育レベルが高いほど生産現場に新技術を導入するのが早くなる」
本書では、市場創造型イノベーションが経済繁栄の創造と持続に及ぼす影響に重点を置く。第2章で「イノベーション」という語を定義し分類するとともに、タイプの異なるイノベーションがいかに経済に影響を及ぼすかについて解説する。

6 Press Release, "World Bank Forecasts Global Poverty to Fall Below 10% for First Time; Major Hurdles Remain in Goal to End Poverty by 2030," The World Bank, October 4, 2015, http://www.worldbank.org/en/news/press-release/2015/10/04/world-bank-forecasts-global-poverty-to-fall-below-10-for-first-time-major-hurdles-remain-in-goal-to-end-poverty-by-2030.

【序文】原注

1 OECDには、アメリカ、フランス、ドイツなど先進国をはじめ世界35カ国が加盟している。"About the OECD: Members and Partners," OECD, accessed January 16, 2018, http://www.oecd.org/about/membersandpartners/#d.en.194378.

2 Fareed Zakaria, "Give South Korea a Gold Medal," *Washington Post*, February 8, 2018, https://www.washingtonpost.com/opinions/give-south-korea-a-gold-medal/2018/02/08/76be5e7e-0d1a-11e8-8890-372e2047c935_story.html?utm_term=.ac6f9aa492cf.

3 たとえば平均所得で比べた場合、当時のアメリカの年間平均所得を現在の金額に換算すると約3363ドルだが、現在のアンゴラの平均所得は3695ドル、モンゴル3694ドル、スリランカ3844ドルである。本書ではとくに明記しないかぎり、ひとり当たりのGDP（国内総生産）の数値は2016年のもので、以下の世界銀行の資料から参照した。"GDP per capita (current US $)," Data, The World Bank, accessed February 5, 2018, https://data.worldbank.org/indicator/NY.GDP.PCAP.CD?locations=AO-MN-LK.

4 Michael Haines, "Fertility and Mortality in the United States," Economic History Association, accessed January 16, 2018, https://eh.net/encyclopedia/fertility-and-mortality-in-the-united-states/.
"Mortality rate, infants (per 1,000 live births)," The World Bank, accessed February 21, 2018, https://data.worldbank.org/indicator/SP.DYN.IMRT.IN.

5 西洋諸国はいかに繁栄してきたのか、さらには、貧困国がどうすれば繁栄できるのかという疑問については多くの考察がなされ、成果が蓄積されてきた。とくに重要な知見を与えてくれる書物や論文をいくつか紹介しておこう。すべての土台となるのがヨーゼフ・シュムペーターの *The Theory of Economic Development: An Inquiry into Profits, Capital, Credit, Interest, and the Business Cycle*（1934、1911年のドイツ語オリジナル版からの英訳。邦訳『経済発展の理論―企業者利潤・資本・信用・利子および景気の回転に関する一研究』J・A・シュムペーター著、塩野谷祐一・中山伊知郎・東畑精一訳、岩波書店、1977年）である。シュムペーターは、この本をつうじ、経済発展においてイノベーションと起業家が果たす役割を明確にした。起業家がイノベーションを起こすと、つまり新しいプロダクトを生み出したり新しい生産手法を考案したりすると、平衡状態にあったフロー循環をかき乱すことになる。イノベーションの特徴であるこの「かく乱」は、ある程度の不安定性や不確実性を伴うが、最終的には社会をより豊かにすることが多い。たとえば自動車は、馬車や電車をかく乱したが、私たちをより繁栄させてくれた。シュムペーターにとって、起業家すなわち世界中の"ヘンリー・フォードたち"は経済発展の物語におけるスターであり、本書で言及していくとおり、われわれ執筆チームも同じ考えである。
西洋諸国の発展に興味のある場合の必読書を過去半世紀の著作からいくつか紹介する。

第1部

市場創造型
イノベーションの
パワー

第1章

繁栄のパラドクスとは

まじめに話しているときに人から笑われるのは気持ちのいいことじゃない。20年前、アフリカに電気通信網を構築したいと言ったら、みなに笑われた。成功するわけがないと、口々に理由を挙げて諭された。だから何度も考えてみた。たしかにリスクはあるし、むずかしい挑戦だということもわかる。でもなぜ、誰もこの大きなチャンスが見えないのだろう?

——モ・イブラヒム

章のテーマ

通りには腹を空かせた子ども。清潔な水も下水処理もないスラム街。職にありつけそうもない大勢の若者。

　世界銀行によると、いまも7億5000万人が極度の貧困にあり、1日1・90ドル以下で生き延びる生活を強いられている。貧しい国のこうした姿に私たちは胸を痛め、なんとか助けたいと思う。だが、飲み水など目に見える問題を解決しようと資金を投じ、貧困国を直接支援しようとする試みは、支援する側が期待したほどの成果は挙がっていない。長年にわたって巨額の資金が貧困問題に振り向けられてきたが、進展の歩みはのろく、方向がずれているのではないかという疑念が頭をもたげてくる。資金を投じればたしかに一時的には問題が緩和されたように見える。しかし根本的な解決ではない。

　ちがうレンズで見てはどうだろう。目に見える貧困のサインを正そうとするのではなく、持続する繁栄を創出するほうに力を向けるのだ。これまでの経験や直観とは反する行動に映るかもしれないが、そこには思いがけないほど大きな機会が眠っている。


　1990年代にモ・イブラヒムがアフリカに携帯電話会社をつくろうと思い立ったとき、正気の沙汰ではないと言われた。イブラヒムは振り返る。「多くの人に説得された。アフリカでまともなビジネスができるはずがない。独裁者がごろごろいるし、身の危険はあるし、しかも腐敗だらけだと」。

彼のアイデアを文字どおり多くの人が嗤《わら》ったのだ。

かつてブリティッシュ・テレコム社で技術責任者を務め、当時自身のコンサルティング会社を経営していたモ・イブラヒムは、大半が電話を所有していないどころか、使ったことさえないサブサハラ（サハラ砂漠以南の）アフリカに、自らの手でゼロからモバイル通信網を構築したいと考えた。アフリカ大陸には54の国があり［数え方によっては56］、モロッコの市場《バザール》から、ヨハネスブルグの多国籍企業に至るまで多彩な顔をもつ。アメリカの面積の3倍以上、約３０００万平方キロメートルの大地に、10億を超える人が住んでいる。ほとんどの地域には、有線電話のインフラも、携帯電話会社の運用に必要な基地局もない。当時、携帯電話は貧乏人とは無縁の高価な玩具だと思われていたし、そもそも必要ともされていなかった。アフリカのビジネスチャンスを分析しようとすると、イブラヒムのコンサルティング会社の顧客にしろ、かつて勤めていた大手通信企業の同僚にしろ、誰もが貧困の深刻さ、インフラの欠如、政情の不安定を挙げ、ビジネス以前に水や医療や教育がまったく足りていない現実を指摘するばかりだった。彼らの目に、新しいビジネスの肥沃な土壌は映っていなかった。

しかしイブラヒムはちがっていた。貧困ではなく機会を見た。「故郷から離れた場所に住んでいる人が母親に会って話そうと思ったら7日間かかる。いますぐ母親と話せる道具があったら、どれだけありがたいか。どれだけの金と時間の節約になるだろう」。イブラヒムが、「三度の食事が贅沢ですらある大勢のアフリカ人に携帯電話なんて買えるわけない」とか、「存在していない市場へのインフラ投資なんて正当性を説明できない」などと言わなかったことに注目してほしい。彼の関心は、地域の人たちが強いられている不便に向いていた。イブラヒムにとって、その不便こそが莫大な可能性だった。

不便は「無消費」の表れであることが多い。無消費とはすなわち、潜在的な消費者が生活のなかのある部分を進歩させたいと切望しながら、それに応えるプロダクトを買うだけの余裕がない、あるいは、存在を知らなかったり、入手する方法がなかったりする状況を指す。その場合、潜在的な消費者はそのプロダクトなしで我慢するか、間に合わせの代替策を編み出すことになり、生活はたいして進歩せず、不便は続く。この状態は、ビジネスチャンスを評価する指標には表れない。

しかしイブラヒムは、無消費のなかに市場を「創造する」チャンスを見た。資金援助はきわめて少なく、従業員も5人しかいなかったが、とにかく彼はアフリカ全土のモバイル通信網の構築を目指してセルテル社[1]を創設した。

山のように障害があった。携帯電話のインフラを構築することは、気の遠くなる事業だった。行政府にも銀行にも頼れない。資金調達は困難をきわめ、しかも、ビジネスモデルの成功が見えはじめて数百万ドル分のキャッシュフローが現実味を帯びたあとも、銀行は融資を拒んだ。イブラヒムはセルテルの資金を全額、エクイティファイナンス（新株発行による自己資本調達）で賄うしかなかった。「うちの会社程度の規模でそれだけのエクイティを実施したのは電気通信業界で初めてだった」とイブラヒムは振り返る。だがそうした困難の数々にも彼はひるまなかった。電力のないところには自力で電力を引いた。物流を自力で整備し、従業員の教育と医療も自力で整備した。道路のないところには仮設道路を敷くかヘリコプターを使った。イブラヒムは、知り合いと楽に連絡できるようになれば億万人のアフリカ人がどれほど楽になるかを励みに努力を続け、そして成功した。

セルテルはわずか6年で、ウガンダ、マラウイ、コンゴ共和国、コンゴ民主共和国、ガボン、シエラレオネなどアフリカの13カ国で業務を展開し、520万人の利用者を獲得する。店舗の開業日には、待ちきれない客が数百人単位で列をなすことも珍しくなかった。2004年には売上が6億1400万ドル、純利益が1億4700万ドルに達する。2005年、イブラヒムは34億ドルという高値でセルテルを売却した。短期間のうちにセルテルは、世界で最も貧しい国々に眠っていた数十億ドルを引き出したのだ。

セルテルの例は氷山の一角にすぎない。アフリカはいまや、グローバコムやマロック・テレコム、サファリコム、MTN、ボーダコム、テルコムなど、最先端のモバイル通信産業の拠点であり、9億6500万台以上の携帯電話を結んでいる。こうした通信会社は、融資を受けたり新株を発行したりして数十億ドルを集めることができ、2020年には450万人分の雇用、205億ドルの納税、アフリカ経済への2140億ドルの貢献が見込まれている。[2] 携帯電話は他の産業の価値も新たに引き出している。たとえば金融テクノロジーの分野では、電話の使用履歴を指標として用い、それまで信用の対象でなかった大勢の人に信用度を付与した。

いまなら、携帯電話がアフリカにも世界中にも行きわたっている現状をあたりまえに思うかもしれないが、20年前の時点では、モ・イブラヒム以外の人にとってあたりまえではなかった。

逆風のなかでイブラヒムのつくった市場は、われわれが「繁栄のパラドクス」と呼ぶ問題への解決策を表している。意外に感じるかもしれないが、貧困の解決と長期的な繁栄はつながらないのだ。繁栄をもたらすのは新しい市場を創造するイノベーションである。[3] 教育や医療、行政機構、インフラなど、繁栄との関連が強く示唆される指標を改善するための資源を貧困国にいくら注ぎ込んでも、持続性のある真の繁栄が創出されるわけではない。国が繁栄しはじめるのは、特定のタイプのイノベーション、すなわち市場創造型イノベーションに投資したときだ。市場創造型イノベーションは、持続可能な経済発展にとって触媒の役割を果たす。

モ・イブラヒムがセルテル社をつくったときのやり方と、エフォサが非営利組織「ポバティ・ストップ・ヒア」で井戸をつくったときのやり方を比べてみよう。ポバティ・ストップ・ヒアのほうは、規模は圧倒的に小さいが、現代の貧しい国を救いたいという大勢の人たちの善意や労力を象徴している。ODAのうち、経済インフラの整備に向けられる資金は18・2％しかなく、ほとんどは、教育、医療、社会インフラ、その他の従来型開発プロジェクトに使われている。[4] 途上国支援の大部分を担うOECD加盟国からの支援そのものと、その支出パターンも、篤志家の寄付やプロジェクトの資金提供の行き先に大きな影響を及ぼす。エフォサのプロジェクトも根底には、困窮した地域に資源を直接注ぎ込めば貧困をなくせるという彼の信念があった。

だが、従来型開発プロジェクトではなく、イノベーションと市場を中心にしたプロジェクトに重きを置いたとしたら、どうなるだろうか。つまり、エフォサ型のプロジェクトへの資金を減らし、モ・イブラヒム型のプロジェクトへの資金を増やすとしたら、どうなるだろうか？　エフォサは貧困を解決するためにもっと多くの井戸を掘ろうとした。イブラヒムは、価値のあるものにならお金を払う意思のある人たちをターゲットにした市場をつくり、問題を解決しようとした。このふたつは同じではない。そして、長期的には大きなちがいをもたらす。

繁栄のパラドクスを知る

私は困難な課題が目のまえにあるとき、課題の本質をつかみやすくする道具として理論をよく利用する。優れた理論があると、ものごとを動かすメカニズムを理解しやすくなる。

空を飛ぼうとした人類の歴史を振り返ってみよう。かつての学者は、空を飛ぶことと、羽根と翼のあることのあいだには強い相関があると考えた。何百年もまえから、人は身体に翼をくりつけて飛ぼうとしてきた。舞いあがる鳥を見て、あの翼と羽根があれば飛べるにちがいないと考えたのだ。

空を飛ぶ鳥をまねて、これがベストプラクティスだと考えたとおりに翼をくくりつけ、懸命に両腕をバタバタさせて教会の塔から飛び降り……地面に激突した。翼と羽根にはたしかに飛行との相関があるのだが、〝空飛ぶ人間〟になろうとした彼らは、ある種の生物に飛行能力をもたらす基本的な因果メカニズムを理解していなかった。そこが敗因だった。

翼の形状や羽根の量にも意味はあるものの、人類の飛行を画期的に進歩させたのは翼でも羽根でもなかった。オランダ系スイス人の数学者、ダニエル・ベルヌーイが流体力学の研究をまとめた著書"*Hydrodynamica*"（流体力学）だ。1738年に出版されたこの本では、のちに「ベルヌーイの定理」として知られることになる理論の骨子を論じており、この理論を空気の流れに当てはめると揚力の概念を説明することができる。ここへきてようやく、焦点が相関（翼と羽根）を離れ、因果メカニズム（揚力）に移ったのだ。現代の飛行技術の始まりは、この理論の誕生にあると言っていい。

しかし、飛行を可能にする要素の理解が進んだだけでは、安全確実に物体を飛ばすには充分でなかった。飛行機が墜落すると、専門家は知恵を絞り合った。「原因としては何が考えられるだろうか？　風か？　霧か？　飛行機の進入角度か？」。ひとつひとつを掘り下げ、専門家はパイロットにどのようなルールを課せば、さまざまに異なる環境のなかでもうまく飛べるかを解明していった。これは優れた理論に欠かせない特質であり、if/then 文のかたちで方向性を示すことができる。

ビジネス・スクールの教授である私は、自分が詳しくない業界であっても、特定の課題について質問されることがよくある。そうしたときになんらかの知見を提示できるのは、「何を」ではなく「どんなふうに」その問題を考察すればよいかを教えてくれる理論という道具があるからだ。優れた理論に照らすことは、問題の枠組みを明らかにし、正しい質問をつうじて有効な答えを得るための、最も優れた方法だと言える。理論に照らして考察することは、「何がこれを引き起こすのか、そしてそれはなぜか」というきわめて現実的な問いに集中することである。このアプローチが本書全般の中核をなす。

では、貧しい国々に繁栄をつくりだし、世界全体をより幸せにしようとする試みに理論はどのようにかかわるだろうか？　繁栄と相関のある多くのこと――翼と羽根をくくりつけること――はじつに魅惑的に映る。貧しい地域に清潔な水をもたらす井戸に心動かされない人はいないだろう。だが、一見すばらしそうな試みにどれほど投資したとしても、何が持続可能な経済成長をもたらすのかを理解しないかぎり、現実には成長の歩みは遅いままだ。

われわれが、日本やメキシコ、ナイジェリア、シンガポール、韓国、アメリカなど世界各国の多彩な経済の進歩（あるいはその欠如）を精査したところ、タイプの異なるイノベーションが、国の長期的な成長と繁栄に大きく異なる影響を及ぼすことがわかってきた。

シンガポールのように経済発展を最重要視する政府の主導によって繁栄を達成した国もあれば、アメリカのように、はるか昔から民間主導でゆっくりと繁栄に向かって歩きはじめた国もある。どの国も国土の面積や人口規模、文化、リーダーシップ、強みがそれぞれに異なり、こうした要素が国の繁栄の姿に影響を及ぼす。

しかし全体としては、イノベーションへの投資、とくに市場創造型イノベーションへの投資が、ほとんどの国にとって繁栄への確実性の高い道であると言える。本書は、今日繁栄している経済がたどってきた歴史を振り返り、新市場の創造プロセスを説明するわれわれの理論の要点を明らかにする。実際に、この創造プロセスを通して、世界でもとくに貧しかった国が数十億ドルの価値をもつ市場と、莫大な数の雇用を生み出している。

見落とされている道

多くの国に成長を生み、持続させてきた重要な要素は、消費者の苦痛にビジネスチャンスを見つけ、市場を創造するイノベーションに投資し、開発のプル戦略（必要な時期に必要な仕組みとインフラを社会に引き入れる）を採ることだった。繁栄するはずなのにできないでいるパラドクスを解決するにはこれらの要素が不可欠であり、本書ではさまざまなイノベーションやストーリーをつうじて、多様な立場から繰り返し検証していく。

イノベーションという言葉は、ハイテクや高機能のプロダクトだけを意味するのではない。イノベーションとは、「組織が労働、資本、原料、情報をより高価値のプロダクト／サービスのかたちに転換するためのプロセスにおける変化」である。[5]

市場創造型イノベーションは、高機能で高価なプロダクト／サービスをシンプルで安価なプロダクトに変換し、われわれが「無消費者」と呼ぶ人たちから手の届く状態にする。どの地域であっても経済は消費者と無消費者で構成され、繁栄した経済では、多くのプロダクトで消費者の割合が無消費者の割合を上回る。無消費者は、なんらかの方法で現状を進歩させたいと苦闘しつつも、優れた解決策を入手できない状況に置かれてきたため、進歩を遂げられずにいる。市場に解決策がないのではなく、無消費者は既存の解決策を買う余裕がないか、それを使うために必要な時間や知識が不足しているのだ。

市場創造型イノベーションは、一国の経済推進というエンジンに点火することができる。このイノベーションが成功すると、3つの成果が得られる。第一に、プロダクトを生産し、市場で流通させ、販売するために多くの人員が必要となり、その結果、多くの雇用が生み出されること。雇用は、国の繁栄を測るうえできわめて重要な因子である。

第二に、消費者が増えることによって生み出される利益がある。この利益は、教育やインフラ、医療など社会の公共サービスの資金となることもよくある。

第三は、社会全体の文化を変容させる可能性があることだ。このあと見ていくように、今日の繁栄国の多くもかつては貧困にあえぎ、腐敗し、統治機構が劣悪な時代があった。しかし、イノベーションの拡充によってこうした貧しい経済を転換するプロセスが始まり、アメリカでは、シンガーのミシンやイーストマン・コダックの写真機、フォードのモデルTなどの市場創造型イノベーション（それぞれについて第5章で詳述する）がイノベーションの文化を形成し、ひいては社会全体を劇的に変えていった。

無消費者を消費者にする新しい市場がいったん創造されると、それらは他の因子——たとえばインフラや教育、機構、さらには文化的変容を引き入れ《プル》、市場の確実な生き残りを図ろうとする。こうして社会の軌道が変わりはじめるのだ。

この3つの要素は、イブラヒムがセルテル社を設立したときに採った手法にも表れている。第一に、周囲から無謀と見なされるような環境だったにもかかわらず、それまでは複雑で高価だったプロダクトを、膨大な数の消費者がより楽に安価に買えるようにした。その過程で数千人の職を創出し、活気のある市場をつくり上げ、金融サービスやモバイル医療など他産業の創出ももたらした。第二に、イブラヒムは事業の運営に必要だった資源を引き入れた。

利益の出る大きくて新しい市場に必要な資源だけをプルしたので、彼の構築したものは持続可能性をもつことができた。このテーマは賢明な投資をおこなううえできわめて重要であり、本書では繰り返し触れていく。

第三に、イブラヒムのセルテル社は地域住民を重視した。顧客が毎月携帯電話料を払う一般的なビジネスモデルではなく、プリペイドカード方式を導入したことで、新規顧客は最少25セントからカードを購入できる。これによって、セルテル社は顧客の裾野を広げたのだ。さらに、イブラヒムの創出した職の99%以上にネイティブのアフリカ人が就いた。

今日、インフラ整備は政府が担うべきだとの期待が強まっており、その意味では、イブラヒム個人による奮闘は奇異に映るかもしれない。だが、このあと見ていくように、自国の繁栄の炎に点火しようと奮闘した数多のイノベーターたちとイブラヒムのあいだに、ほとんどちがいはない。

たしかに、国が長期的に豊かさを持続するには、イノベーションの文化を育み、支えてくれる政府の存在が最終的には必要になる。ただし、最初の火を点けるのは市場創造型のイノベーターたちであり、政府にできるのはその火を大きくすることだ。多くの繁栄国がたどった成功パターンのとおり、市場創造型イノベーションは国の良質の統治機構に点火し、長期にわたって繁栄を持続させる好循環のきっかけとなることができるのだ[6]。

4つのセクション

表面は望みのない状況に見えても、その裏に、成長の期待できる新市場の好機が控えていることはよくある。この知見は、政府や非政府組織《NGO》など、現状をよくしようと努力しているステークホルダーにとってだけではなく、これまで好機に巡り合ってこなかったイノベーターや起業家にとっても重要だ。電気のない村に暮らすアフリカの約6億人を極貧の指標として見るのではなく、巨大な市場創造の好機として見るべきなのだ。絶望ではなく、イノベーションを招いているのだ、と。

本書は経済発展という複雑な因子のからむ領域に立ち入るが、紹介するビジネスモデルやストーリー、事例をつうじて、読者に新しい視点を伝えたいと考えている。そこで、われわれ執筆チームの考察の流れをたどりやすく、かつ現実世界に応用しやすいように、4つのセクションに分割した。

第1部では、「経済における繁栄の創出の重要性」を取り上げる。イノベーションのなかでも特定のタイプ、つまり市場創造型イノベーションが繁栄を創出し長く持続させるうえでいかに強力な基盤となりうるかを論じる。

第2部では、「イノベーションとそれが生み出す文化がいかにアメリカ、日本、韓国、メキシコに影響してきたか」を取り上げる。

第3部では、「発展への既知の障壁」を中心に論じる。ガバナンスの整備、腐敗の減少、および社会インフラの構築と保守が、市場創造型イノベーションによってどのように促進されるのか、両者の関係について掘り下げよう。

第4部では、「繁栄のパラドクスを繁栄のプロセスへ」と転換させる意義を考えるとともに、本書の重要な原則を復習する。

巻末付記では、貧困地域で起業家や政府、NGOが取り組んでいる新市場の事例と彼らの開発努力を紹介する。

本書の中核は、世界を変えるイノベーションの可能性とパワーを称え、広く知ってもらうことにある。この本が端緒となって活動に広がりが生まれることを願ってやまない。

蓄積が必要だ。ペンシルバニア大学ウォートン校のシドニー・ウィンターは、組織能力の進化について深く論じている。彼の研究は、ビジネスの成功する理由のひとつとしてダイナミックな能力を育成できる組織の能力を挙げているが、同時に、そうした能力の育成がきわめてむずかしいことも指摘している。以下も参照。*Toward a Neo-Schumpeterian Theory of the Firm* (1968), *Understanding Dynamic Capabilities* (2003), *and Deliberate Learning and the Evolution of Dynamic Capabilities* (2002).

Joseph A. Schumpeter, *The Theory of Economic Development: An Inquiry into Profits, Capital, Credit, Interest, and the Business Cycle* (Cambridge: Harvard University Press, 1934), 65.

Ricardo Hausmann et al., *The Atlas of Economic Complexity: Mapping Paths to Prosperity, 2nd ed.,* (Cambridge: MIT Press, 2013).

6 これについては、国の機構がテーマの第8章と腐敗がテーマの第9章で掘り下げるが、マンサー・オルソンが著作 "*Power and Prosperity*"（権力と繁栄）で論じたことを意識してほしい。「繁栄にとっての最良から最悪への移行とはおそらく、つくるよりもどこかからもってくるほうに強いインセンティブがある、言い換えれば、生産的で相互に利益のある活動よりも略奪からより多くを得ようとすることであり、こうなれば社会は底辺へと墜落する」。オルソンは同書の後半で、社会には予測不可能な性質があるからこそ、起業家精神が重要だと説いている。「不確かさの口は広く底は深いので、それを乗り越えて繁栄した活力豊かな社会とは、きわめて多くのことに果敢にトライした社会であり、無名であっても"信用"とベンチャーキャピタルを手に入れやすい大勢の起業家のいる社会である。未来は予測できないにしろ、信用供与やベンチャーキャピタルも含め、相互に利益のある事業を展開できる起業家が社会に広がる基盤ができていれば、社会はひとりの個人やひとつの組織（あるいは行政府）では考えもつかないほど、多数の選択肢を保持することができる」。起業家のパワーを活用してより多くの市場創造型イノベーションが構築されるということは、よりよい統治機構の構築にもつながることであり、実際にそうなっている。

Mancur Olson, *Power and Prosperity: Outgrowing Communist and Capitalist Dictatorships* (New York: Basic Books, 2000), 1, 188-189.

MIT開発・起業家レガタムセンターを設立したイクバル・カディーアは、イノベーション・ジャーナル誌の記事にこう書いている。「アダム・スミスからゲオルク・ジンメル〔訳注、ドイツ出身の社会学者・哲学者。1918年没〕、マックス・ウェーバーまで、西洋の知性は、商取引が、人をより理性的かつ相互に責任を負う存在に高め、行政府や文化、人の行動を望ましい方向に転換させたことを認識している」

【第１章】原注

1　現在は、インドが拠点のバーティ・エアテル社に吸収されている。

2　“Number of unique mobile subscribes in Africa surpasses half a billion, finds new GSM study,” GSMA, accessed February 1, 2018, https://www.gsma.com/newsroom/press-release/number-of-unique-mobile-subscribers-in-africa-surpasses-half-a-billion-finds-new-gsma-study/.

3　本書では、「市場」を「プロダクト／サービスをつくり、売り、買う行為を可能にするシステム」の意味で使う。

4　“Aid at a glance charts,” Development Finance Statistics, OECD, accessed April 23, 2018, http://www.oecd.org/dac/stats/aid-at-a-glance.htm.

5　Clayton Christensen, *The Innovator's Dilemma: When New Technologies Cause Great Firms to Fail*（New York: HarperCollins Publishers, 2000）.
（邦訳『イノベーションのジレンマ——技術革新が巨大企業を滅ぼすとき（増補改訂版）』、クレイトン・クリステンセン著、玉田俊平太監修、伊豆原弓訳、翔泳社、2001年）

この定義は、イノベーションを、新たな創意工夫を市場に根づかせるというプロセス——これが「発展」や「新しい組み合わせの産出」につながるとする点で、シュムペーターの著作“*The Theory of Economic Development*”（邦訳『経済発展の理論』、J・A・シュムペーター著、塩野谷祐一・中山伊知郎・東畑精一訳、岩波書店、1977年）の内容と整合している。この本の第2章でシュムペーターは、「生産をするということは、われわれの利用しうるいろいろな物や力を結合することである。生産物および生産方法の変更とは、これらの物や力の結合を変更することである」〔訳注、邦訳書より引用〕と書いている。われわれがこの点を強調するのは、イノベーションを発明もしくは何か完全に新しいものと混同する人が多いからである。経済発展の観点でいうイノベーションは完全に新しいものとはかぎらない。シュムペーターは、この「結合」の解説のひとつとして、「新しい販路の開拓、すなわち当該国の当該産業部門が従来参加していなかった市場の開拓。ただしこの市場が既存のものであるかどうかは問わない」〔訳注、邦訳書より引用〕と述べている。要するに、発展を目指してこれから導入しようとする国にとって新規であるのなら、その市場が別の国にすでに存在していようといまいと関係ないということだ。

ハーバードのリカルド・ハウスマンと、MITのセザー・ヒダルゴは、経済の繁栄はその国の社会的なノウハウ（実務的な知識）の量と直結することを表すデータを示し、この理念を「経済複雑性」と呼んだ。経済複雑性とは、ある特定のプロダクトの生産に投入される能力とノウハウの量を測る指標である。プロダクトは知識の詰まった器だ。彼らの理論とそれを支える経験的証拠は、生産知識の蓄積が持続的な経済成長にいかに重要であるかを説明する。しかし、生産知識の蓄積は簡単ではないうえ、高いコストがかかることも多い。さらに、たんに知識を蓄積するだけでは充分でなく、活用を見越したダイナミックな

第2章

イノベーションの種類

人が理解していないことのひとつは、市場とは創造物であるということだ。探して見つかるものではない。市場は創造しなければならない。[1]

——ロナルド・コース、1991年ノーベル経済学賞受賞者

章のテーマ

堅固な機構を構築し、インフラを整備することの価値はよく知られている。しかし、イノベーションの果たす役割はよく知られているとは言いがたい。たいせつだとわかってはいても、イノベーションの定義は人によってちがい、イノベーションのタイプによって経済に与える影響がどう異なるかはあまり認識されていない。本章では、イノベーションを、持続型、

効率化、市場創造型の3つに分類し、それぞれが組織と経済に及ぼす影響についてまとめる。経済の活力を維持するうえではどのイノベーションも重要だが、なかでも市場創造型イノベーションはとくに重要な役割を果たし、持続的な経済繁栄の強固な基盤となる。あれこれと手を打っているのに、国が繁栄に向かって進んでいない場合、その国が抱えているのは成長の問題ではない。イノベーションの問題なのだ。

実績のある優れた企業がなぜ新興企業の脅威を軽視し、やがて倒されてしまうのかを論じた『イノベーションのジレンマ』(翔泳社)を刊行して以来、私は独自のジレンマに立ち向かう数多の企業をサポートしてきた。その作業の中心にあるのは、破壊的イノベーション(2)という理論である。この理論は、資源の少ない企業でも、よりシンプルで使いやすく安価なイノベーションを、過剰な機能をもたされている顧客、あるいは見落とされてきた顧客に届けることで、既存企業とわたり合い、最終的に業界を再定義する現象を説明する。

長年考えてきたことを書籍として刊行してから二十数年、この理論はビジネス界のほか、教育や医療の世界にも根づいていった。そのため、私は特定の業界での応用方法について多くの質問を受けるようになった。すべての業界を詳しく知ってはいなくとも、理論というツールを活用することで、当事者がさまざまなレンズで問題を観察する手助けはできる。

　私が共同設立したコンサルタント会社、イノサイト社で開催しているCEOサミットの場で、数年前、ある企業幹部の発言が、たいせつなことを思い出させてくれた。問題を解決するにはまず正しいレンズを用意することがきわめて重要であるということだ。「わが社では、研究開発《R&D》部門の活動はすべて〝イノベーション〟として分類しています。ですが、本日の講演をうかがい、イノベーションには種類があり、それぞれに役割が異なるとわかりました。うちのR&Dを、社が目指している目標を達成できるような態勢に編成し直さなければなりません。イノベーションをつうじて社の成長を追求するのなら、そのイノベーションはひとつの姿ではないはずです」

　この幹部は正しい。すべてのイノベーションが同じように生み出されるのではない。これまでの研究をつうじて、イノベーションには、持続型、効率化、市場創造型の3つの種類のあることがわかってきた。どれがよい悪いではなく、組織の成長を支えるうえでそれぞれに別個の役割があるのだ[3]。

　自社のために適切なイノベーションを選択したいというこの幹部の発言について考察した結果、私はより広範に適用できる知見を得た。経済活動としておこなわれるイノベーションについて論じるとき、私たちは特許出願の件数や研究開発部門への投資額、科学研究機関の陣容などの周辺要素をもとに、イノベーションの能力を測ろうとする[4]。だが、イノベーションのタイプによって組織に与える影響が異なるとしたら、経済に与える影響も異なりはしないだろうか[5]。

結局、経済とはそれを構成する企業によってほとんどがかたちづくられる。[6] 第1章で定義したイノベーション――「組織が労働、資本、原料、情報をより高価値のプロダクト／サービスのかたちに転換するためのプロセスにおける変化」――を多くの企業が実施している。ここで言うイノベーションは、過去に存在していなかったまったく新しいものを生み出す発明（インベンション）とはちがう。イノベーションには、ある国から別の国、ある企業から別の企業のあいだで発想が借用され、よりよく生まれ変わった場合も多数含まれる。そこで、われわれは分析の単位としてイノベーションを設定し、その種類や規模、企業に及ぼす影響が経済にどうかかわるのかを追求することにした。[7]

私は毎学期、学生のまえで手にもったペンを落としてみせ、かがんでそれを拾いながらこう言う。「まったく、重力とは厄介なものだね。だが重力のほうはおかまいなしに、このペンと同様、いつでもきみたちを引っ張ろうとする」。ここでのポイントは、意識的に考えるかどうかにかかわらず重力はつねに働くが、もし重力を意識してその仕組みを学ぶのであれば、私たち自身の便益のために重力を活用できるということだ。同じことがイノベーションにも言える。どのタイプのイノベーションがどのような結果を引き起こすかを理解すれば、イノベーションを私たち自身の便益のために活用できる。ちがいを認識することが持続可能な経済成長を追求するための重要な第一歩となるのだ。[8]

持続型イノベーション

持続型イノベーションとは市場にすでに存在する解決策の改良であり、通常は既存のプロダクト／サービスにより高いパフォーマンスを求める顧客をターゲットとする。一般消費者向け商品の業界にいる友人は、既存の顧客を喜ばせるために新しい味や色や特徴の商品をつくり、「最小管理単位《SKU》」を新しくしている。ユニリーバのリプトン紅茶を想像してほしい。今日、リプトン紅茶のフレーバーは想像を絶するほどたくさんの種類がある。少なくともそう思わせるほど多い。抹茶ミント味からグリーンアイスティー味まで多彩なフレーバーを次々に開発し、既存のお茶愛飲家市場をより多く獲得しようと、少なくとも既存シェアを維持しようとしている。これは持続型イノベーションの例だ。新規の愛飲家を引っ張り込もうとするのではなく、既存顧客に別のものを提供しようとする。リプトンが沈滞していないことを社員と顧客に知らせるたいせつな意味もあるが、ベリー・ハイビスカス味を売り出したところで新規顧客の市場は創出されない。(9)

持続型イノベーションは値上げや利幅の拡大を伴うことが多い。自動車の暖房シートはメーカーが車の値段を上げたい場合に有効なオプションだが、ターゲットは既存ユーザーである。馬で移動している人を新たに自動車へ引き込むことにはつながらない。

持続型イノベーションは至るところにあり、経済にとって、また、企業や国が競争力を維持するう

市場の概略図

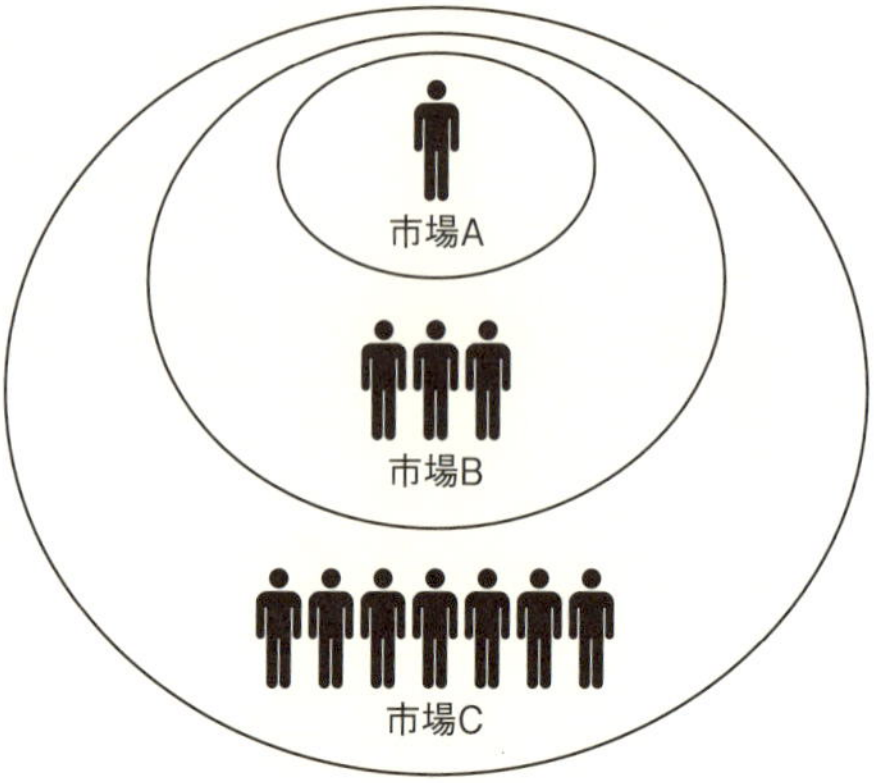

図2：既存のプロダクトを改良する持続型イノベーションは、そのプロダクトをすでに買える余裕をもつ、特定のセグメントに属する人をターゲットにする。ただし、改良が進みすぎてそのセグメントの顧客の求める水準を逸脱すると、需要量を減少させることがある。

えできわめて重要である。しかし、ほかの2種類のイノベーション、すなわち市場創造型イノベーションおよび効率化イノベーションとは経済に及ぼす影響が異なる。成熟した市場で企業が持続型イノベーションを進める場合、売る相手も売り方もすでにほぼ確立されているため、販売手法や流通網、マーケティング、製造技術などを刷新する必要はほとんどなく、雇用創出や利益獲得、地域文化の変化に与える影響も市場創造型イノベーションとはちがってくる。

図2の重なった3つの円を見てみよう。それぞれは、社会の異なる構成要員からなる異なる市場を表している。市場Aは最も人数の少ない、裕福でスキルのある消費者を表す。市場BはAよりは人数が多いが、裕福さもス

キルもAより劣る。市場Cは最も人数が多く、裕福さとスキルは一番低い。持続型イノベーションは3つの円のどれで発生しても、市場の規模にはかかわりなく、その円の市場にいる同じ顧客に向けてより多くのプロダクトを売ろうとする。

企業は既存のプロダクト／サービスに新しい機能やメリットを付加してなるべく売上と利益を増やしたいので、多くの企業が最も裕福な市場Aのセグメントを狙おうとする。持続型イノベーションもある程度の成長は達成するが、図からもわかるとおり、ターゲットセグメントの人数が少ないため、この成長の影響は限定的だ。また、裕福な市場Aでの消費者獲得競争は、ほかの企業も多く参入するので熾烈になる。セグメントの異なる、すなわち別の円にいる消費者に対しては異なる戦略を立てなければならず、持続型イノベーションが新規顧客を惹きつける場合がときにあったとしても、通常は偶発的である。[10]

トヨタカムリの持続型イノベーション

アメリカでトヨタカムリほど売れた車はそうない。本書の執筆時点でカムリは、過去20年間で19回ものベストセラー車に輝いている。[11]しかしカムリのすばらしい成功をもってしても、その販売実績は2000年以降、ほぼ横ばいである。トヨタが過去20年でカムリにおこなったイノベーションは、同社の競争力も存在感も利益も増やしたが、カムリの販売台数の成長にはさほど大きな影響を与えなかった。１９９７年にアメリカで売れたカムリは39万４３９７台、20年後の２０１７年は38万７０８１台だった（販売台数が最大だったのは２００７年の47万３１０８台である）[12]。

過去20年のうち19年間、カムリをアメリカのベストセラー車に輝かせつづけたトヨタにとって、持続型イノベーションはきわめて重要だった。しかし、カムリの堅実な売れ行きは、トヨタをさらに上昇させる新しい成長エンジンとはならず、経済成長の牽引役にもならない。カムリのターゲットは、トヨタや他の自動車メーカーがすでに存在を知っていて、規模も把握済みであり、既存の流通経路をつうじて接触できる顧客なのである。

一方、確実に売れるとわかっていても、トヨタはカムリの新モデルを構想するたびに新しい製造工場を建設したり、スタッフを一新したりするわけではない。新しい販売チームを雇ったり、新たな流通経路を構築したり、新モデルに従事する新しい設計チームに巨額の投資をしたりするわけでもない。大半の企業がそうするように、既存の資源を別の役割に充てるだけだ。既存の資源を活用することで、トヨタは新モデル開発に多額の資金も大勢の人員も使わずに済む。新しい工場を建てる必要もなく、ただ若干数のスタッフを雇う程度でいい。

サービスの持続型イノベーション

カムリのイノベーションがたどった道筋は珍しいものではない。ほとんどのイノベーションは本来、持続型である。しかもこれは企業にとって望ましいことであり、よりよいプロダクト／サービスを求める顧客にとっても望ましい。持続型イノベーションの例は、コンピューターのプロセッサの高速化や、携帯電話のメモリの増量など多岐にわたる。初代ｉＰｈｏｎｅはスマートフォンと関連アプリの新市場を劇的につくり変えた市場創造型イノベーションだったが、ｉＰｈｏｎｅＸは持続型イノベーションである。１０００ドルを支払う余裕のある、ｉＰｈｏｎｅＸユーザーの大半は、顔認識や高解像度のＲｅｔｉｎａディスプレイ、ＯＬＥＤスクリーンなどを備えた上位機種にたんに買い替えたにすぎない。

持続型イノベーションは物理的なプロダクトだけでなく、サービスのイノベーションでもよく見られる。たとえば、私の使っている銀行は、少なくとも月に一度はクレジットカードの新サービスの案内を送ってくる。クレジットカード自体は１９５０年から存在しており、すでに巨大な市場を形成しているにもかかわらず。アメリカのクレジットカードの利用残高は現在、１兆ドルを超え、この額はメキシコやトルコ、スイスのＧＤＰより大きい。私の銀行はクレジットカードの新しい市場をつくろうとしているのではなく、旅行保険や、購入品の保証期間の延長、使用金額に応じたキャッシュバックといった追加のサービスを売って、利益を増やそうとしているのだ。同じことが、携帯電話プロバイダーにも当てはまり、なるべく大きなデータプランを売ろうとしてくる。これらは、私のような顧客に多くのサービスを売ってより多くの利益を上げようとする持続型イノベーションである。

効率化イノベーション

効率化イノベーションは、名前からも想像のつくとおり、企業がより少ない資源でより多くのことをおこなえるようにするイノベーションである。つまり、基本のビジネスモデルやそのプロダクトがターゲットにする顧客は同じままで、企業が既存の資源および新たに獲得した資源をぎりぎりまで活用できるようにするのだ。業界の競争が激しさを増すなか、効率化イノベーションは企業の成長力を高めるのに不可欠である。このイノベーションの典型的な姿として「プロセス」の変革が挙げられる。プロダクトをどのようにつくるのか、そのつくり方に着目するのだ。効率化イノベーションを進める企業は利益率が上がり、とくに重要なこととしてキャッシュフローが改善する。

効率化イノベーションはどの業界およびどの組織でも、収益性の改善と既存顧客の維持の重要な手段として実施されている。ただし効率化イノベーションは組織の生産性には望ましいことであっても、既存従業員にとっては必ずしも喜ばしいとは限らない。たとえば、効率化イノベーションの重要な要素のひとつであるアウトソーシングの結果、ある工場の閉鎖／移転が発生したとしよう。だが、この効率化イノベーション自体が新たな職を生むとは考えにくい。

資源採取企業について考えてみよう。この業界は効率化イノベーションへの投資で長く栄えてきた。[13] 採取し加工する石油、ガス、金、ダイヤモンドなど多くの天然資源もまた商品なので、同業界で働くマネジャーの誰もが効率を高め、コストを下げ、キャッシュフローを改善する方法を探している。巨大な資源採取産業のある国を見ればわかるとおり、資源の採取量が増えたからといってその分、雇用が継続的に生み出されるわけではない。

たとえばアメリカでは、１９８０年、石油・ガス採取業界でおよそ22万人が雇用され、生産量は日量８６００万バレルだった。[14] ２０１７年には、生産量は９３００万バレルに増加したが、従業員数は3分の2相当の14万６０００人にまで減っている。[15] 世界有数の産油国であるナイジェリアでも事情はたいして変わらない。ナイジェリアの統計局によると、石油・ガス産業はナイジェリアの輸出収入の90％以上、政府収入の70％以上を占めていながら、従事者は労働人口のわずか０・０１％にすぎない。[16] つまり、効率化イノベーションによって増加したキャッシュフローが雇用の増加につながらないのだ。多くの場合、消滅が増加を上回っている。資源採取産業は根本的に効率性に牽引されるため、この産業に大きく依存するナイジェリアやベネズエラ、サウジアラビア、南アフリカ、カタールなどの国が、国民の雇用創出を期待することはできない。

この点はきわめて重要だ。効率化イノベーションも持続型イノベーションも本質的に悪いことではなく、むしろ、経済にとって望ましい存在なのだが、持続可能な経済成長と雇用創出の点では両者の役割は異なっている。どちらも経済の競争力と活力を維持し、将来の投資に必要なキャッシュを増やすものの、成熟した市場では効率化イノベーションも持続型イノベーションも新しい成長エンジンの種蒔《ま》きはしない。市場創造型イノベーションとは、結果がまったく異なるのだ。

市場創造型イノベーション

市場創造型イノベーションはその名のとおり、新しい市場を創造する。この場合の新しい市場とは、それまでプロダクトが存在しなかった、あるいは存在はしていたが高価すぎて買えなかったか、なんらかの理由で入手できずにいた人たちを対象とした新規の市場を指す。市場創造型イノベーションは、値段が高く複雑なプロダクトを、多くの人が買える手ごろな価格に下げ、多くの人が購入して使用できる入手性の高いプロダクトに変換する。場合によっては、まったく新しいプロダクトのカテゴリーを創造する場合もある。モ・イブラヒムのセルテル社はそれまでは高価だったモバイル通信をシンプルで手ごろなプロダクトにつくり変えて提供し、膨大な数の新規顧客を得た。市場創造型イノベーションはある意味では、それまでは大勢の人が入手できなかったプロダクト／サービスを大衆化したと言える。

新市場の影響度は、大衆化されているそのイノベーションの特徴によって異なり、自動車を大衆化したイノベーションほどの多大な影響力をすべてのイノベーションがもちうるわけではないが、市場創造型イノベーションのもつ力は他のふたつのイノベーションと比べて大きい。市場創造型イノベーションは、今日の富裕国の経済にとって基盤であり、成長の過程で大勢の人を貧困から救ってきた。[17]

このタイプのイノベーションは、市場だけでなく雇用も創出する。新しい消費者を伴って新しい市場が生まれると、そのプロダクトの製造、市場化、流通、販売、顧客サービスのためにより多くの人材が必要となるからである。市場創造型イノベーションが創出する雇用には、「ローカル」と「グローバル」の2つがある。

ローカル雇用とグローバル雇用

ローカル雇用とは、本拠地の市場で必要な雇用を言う。他の国に簡単に移転したりアウトソーシングしたりはできない。たとえば、設計、広告、マーケティング、販売、アフターサービス部門の職は一般にこの範疇に入る。グローバル雇用と比較すると概して給料が高い。グローバル雇用は、重要ではあるものの、人件費の安い他国へ比較的容易に移転することができる。よくある例が製造および原

市場創造型イノベーションの大衆化作用

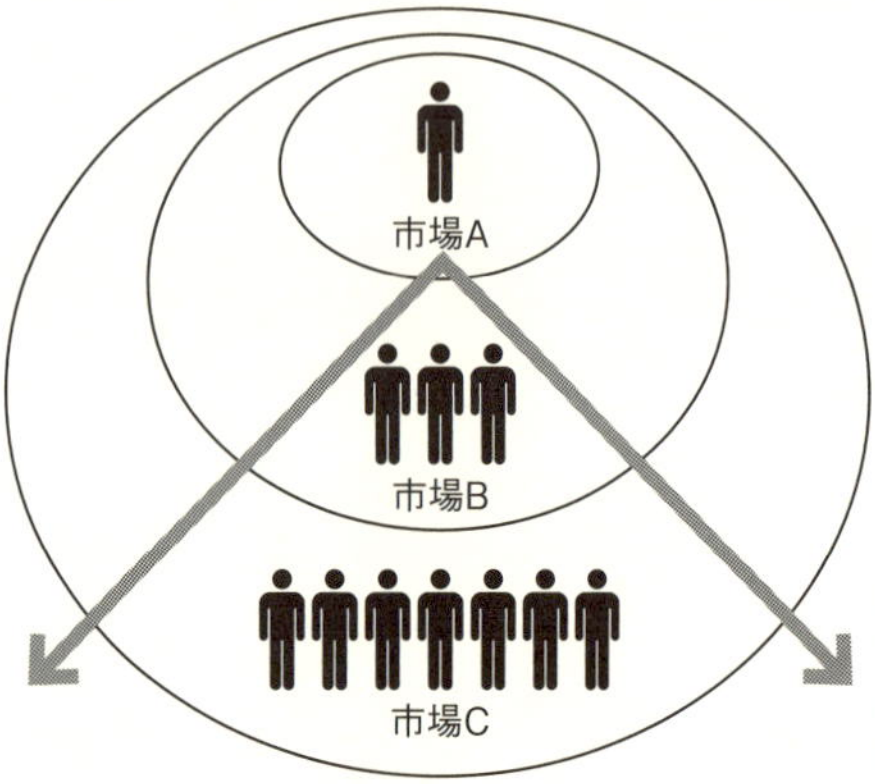
市場A
市場B
市場C
市場創造型イノベーションは
プロダクトをシンプルかつ安
価にし、より多くの人が購入
して利用できるようにする。

図3：市場創造型イノベーションは、外側の円内の顧客がプロダクトを入手できるようにする。

材料の調達だ。グローバルのサプライチェーン・マネジメントの進歩により、グローバル雇用には、より効率のいい――つまり低コストの――労働力市場が現れれば、国境を越えてたやすくそちらに流れてしまうというリスクがある。対照的に、ローカル雇用は市場創造型イノベーションを推進するうえで不可欠なので、ほかの国や地域の安い人件費につられて動くことはほとんどない[18]。

あるプロダクト／サービスを従来は買う余裕のなかった大勢の人たち――無消費者――をターゲットにして、イノベーターが新しい市場を創造するときには、そのプロダクト／サービスをつくるためだけでなく、新しい顧客に届けるための要員も多く雇用する必要がある。無消費が大きいほど潜在市場は大きく、

プロダクトが雇用を生む

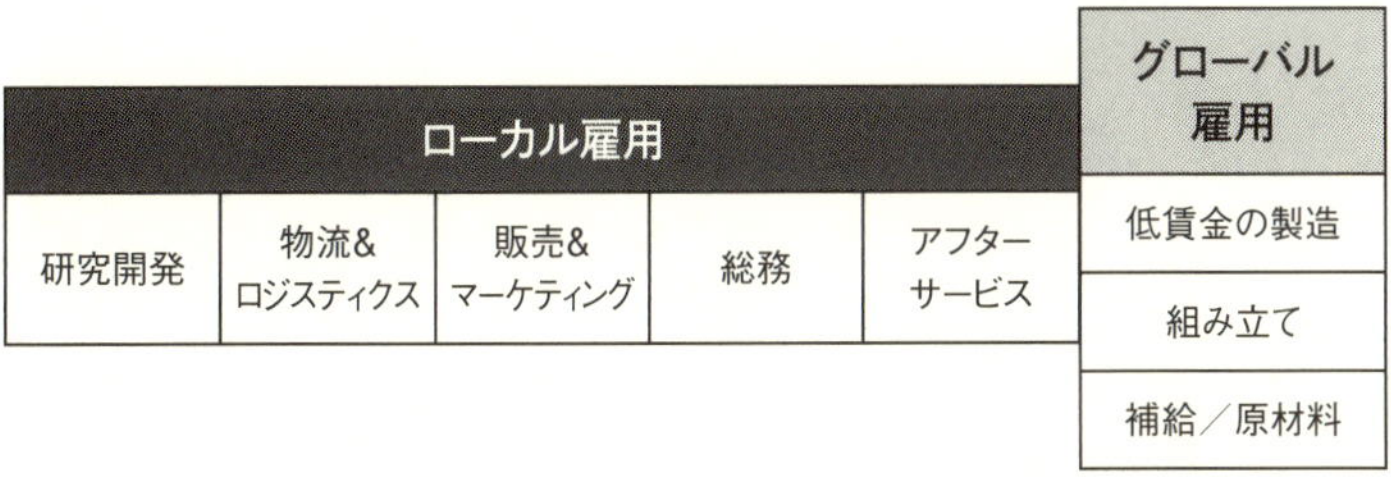

図4：市場創造型イノベーションは持続性の高いローカル（本拠地）雇用を生む。

潜在市場が大きいほど影響力も大きくなる。市場創造型イノベーションへの注力は往々にして、社会の基本となるインフラ、すなわち教育や輸送、通信、政策や規制などの管理機構、今日の豊かな社会がもつさまざまな仕組みも構築する。この動きが新市場の開発をさらに進め、好循環を生み出す。

市場創造型イノベーションへの投資には、地元の起業家がイノベーションを起こして成功した場合、その報酬は同じ地域の将来のイノベーションに投資される可能性が高いという利点もある。現状では、70兆ドル以上に相当するグローバル資産のうち、対外直接投資（FDI）にまわるのはわずか2兆ドルしかない。[19] 大半の資金は国内にとどまっている。

第1章で、いま富裕な国の発展の道筋がす

べて市場創造型イノベーションへの投資だったわけではないと述べた。国はそれぞれ規模も能力も特性も異なり、発展のための唯一の戦略はこれだと言い切ることはできない。しかし、今日の貧しい国に繁栄を生み出す最も有効な手段のひとつが市場創造型イノベーションであることはまちがいない。

市場創造型イノベーションを成功させる5つのカギ

市場を創造するには、他者には見えていない市場を先に見つけなければならない。後知恵であれこれ言うのは簡単だが、実際には市場の見きわめはつねにむずかしい。自動車やコンピューター、銀行口座が大勢の人にとって当然の存在になるまえに、起業家はこれらのプロダクト／サービスの新しい市場をつくらなければならなかった。ほとんどの新市場はその創生時期には社会に理解されない。とくに、業界の専門家ほどその傾向が強い。たとえば1939年、ニューヨーク・タイムズ紙の記者はその年にニューヨークで開催された万国博覧会を取材し、こう書いている。「座って画面に目を向けていなければ視聴できないテレビは、決してラジオのライバルにはなれない。一般的なアメリカの家庭にそんな時間はない」[20]。いまの時代の私たちはこの見解の的外れさに呆れ、笑うだろうが、その時代に生きていればば同意していただろう。同様に、20年前、アフリカの携帯電話は金持ちだけのもので一般には根づかないと多くの人が予測したものだった。

では、市場創造型イノベーションにどのように着手すればよいのだろうか。ゼロから何かを生み出す可能性を見きわめる起業家の視点、および、自社のイノベーションのポートフォリオに市場創造型イノベーションを加えたいと考える既存組織の視点から、そのイノベーションが有効かどうかを評価する必要がある。ここで、起業家と既存組織のマネジャー双方に有効な基準枠として、新市場の創出を検討する際に探すべき5つの特性を紹介する。

1．無消費をターゲットにしたビジネスモデル

現代のイノベーションとビジネスモデルの大半は、既存の消費者を、すなわち市場にあるプロダクトをすでに買える状況にある消費者をターゲットにしている。消費動向に関する報告書で「中間層の成長」「可処分所得の増大」「人口ボーナス」といった語が使われる場合には、既存の消費パターンを指していることが多い。これに対し、無消費は扱いが異なる。無消費とは、未来の消費者が（いまはまだ）プロダクト／サービスを購入し消費することができずにいる状態だ。モ・イブラヒムのセルテル社は当初から、金持ちをターゲットにするのではなく、アフリカの携帯電話の無消費者層に集中してビジネスモデルを構築した。

2．実現を支える技術

実現技術《イネーブリング・テクノロジー》とは、従来より確実に低いコストでより高度なパフォーマンスを実現する技術を指す。組織内で低価値のインプットを高価値のアウトプットに変換するあらゆるプロセスに技術が介在する。インターネットやスマートフォン、トヨタ生産方式、あるいは、従来より効率を高めた物流&ロジスティクスなどの実現技術は、新市場を構築する企業に競争優位性をもたらす。セルテル社は、固定回線も含めて電話をほとんど使ってこなかった大勢の人にサービスを提供するため、急速に進歩していた無線の携帯電話技術を全面的に活用することにした。

3．新しい価値《バリュー》ネットワーク

バリューネットワーク［ニーズをもつ顧客と、価値を提供する企業群によって構成される生態系］は、企業のコスト構造を決定する。たとえば、食品というプロダクトは農場から食料品店へ移動するまえに、まず収穫し、加工し、保管し、輸送し、食料品店へ販売しなければならない。こうした活動が積み重なって、プロダクトのバリューネットワークを構成し、それぞれが最終プロダクトの価格に少しずつコストを上乗せする。ほとんどの企業は既存の消費者をターゲットにしているため、そのコスト構造では無消費者をターゲットにすることができない。新しいバリューネットワークの創造を通して、企業は自社の提供する解決策が無消費者でも購入できるようにコスト構造を定義し直すことができる。セルテル社がこのために採った方法は、携帯電話の利用時間の買い方を変えることだった。「スクラッチカード」（分単位で通話時間を購入できるカード）の開発に加え、アフリカ大陸の広範囲に広がる非公式な小売り販売網の活用が、セルテル社のコスト構造の再定義に役立った。

4．緊急戦略

新市場を創造する場合に、イノベーターは緊急戦略（柔軟戦略ともいう）を用いるのがふつうだ。まだ定義されていない市場を追求する場合、想定消費者の反応によって対応策が変わるからだ。計画的戦略（あるいは固定戦略）は、企業が市場のニーズをよく把握できている場合に用いられる。市場創造型イノベーションではマネジャーも起業家も、ターゲットにしている新規顧客に積極的に学び、彼らから得たフィードバックに基づいて戦略を手直ししていかなければならない。セルテル社が遠い異国でそうしたように。

5．経営陣によるサポート

新市場を創出しようとする企業は当初、高い評価をもらえないことが多い。厳密にはまだ存在していない市場をターゲットにするうえ、効率化イノベーションや持続型イノベーションに比べて必要になる資源が多くなりがちだからだ。創業当時のモ・イブラヒムにどの銀行も融資しなかったのも同じ理由だった。そのため、既存の組織のなかで生き残るには、市場創造型イノベーションの場合にはとくに、CEOなど高い役職者のサポートが必要である。

モデルT効果

市場創造型イノベーションのもつ潜在力の最もわかりやすい例はおそらく、フォードのモデルTではないか。ほぼ1世紀前、アメリカの車は装飾品で、金持ちのステータスシンボルだった。1900年当時、アメリカで登録されていた車は1万台に満たず、移動という実用的な理由もありはしたが、地位を誇示する目的も同じくらい大きかった（現代のプライベートジェット機と似ていなくもない）。車が走れるような舗装道路は少なく、給油できるガソリンスタンドも、車を買えるだけの裕福なアメリカ人も少なかった。これらすべてをヘンリー・フォードが変えたのだ。

年間生産台数が1909年の2万台から1922年には200万台以上に激増したように、多くのアメリカ人がいっせいに車を購入したので、この自動車ブームはアメリカに大きな文化的変容をもたらした。どこでどんなふうに暮らし、働き、遊ぶかというアメリカ人のライフスタイルが変わり、学校が増え、郊外の開発が始まった。農作物の輸送効率が上がり、旅行やホテル、ファストフード、自動車修理工場、自動車保険など、新しい職種と業界が出現した。鉄鋼や石油、塗料、木材、セメント、

モデルT効果

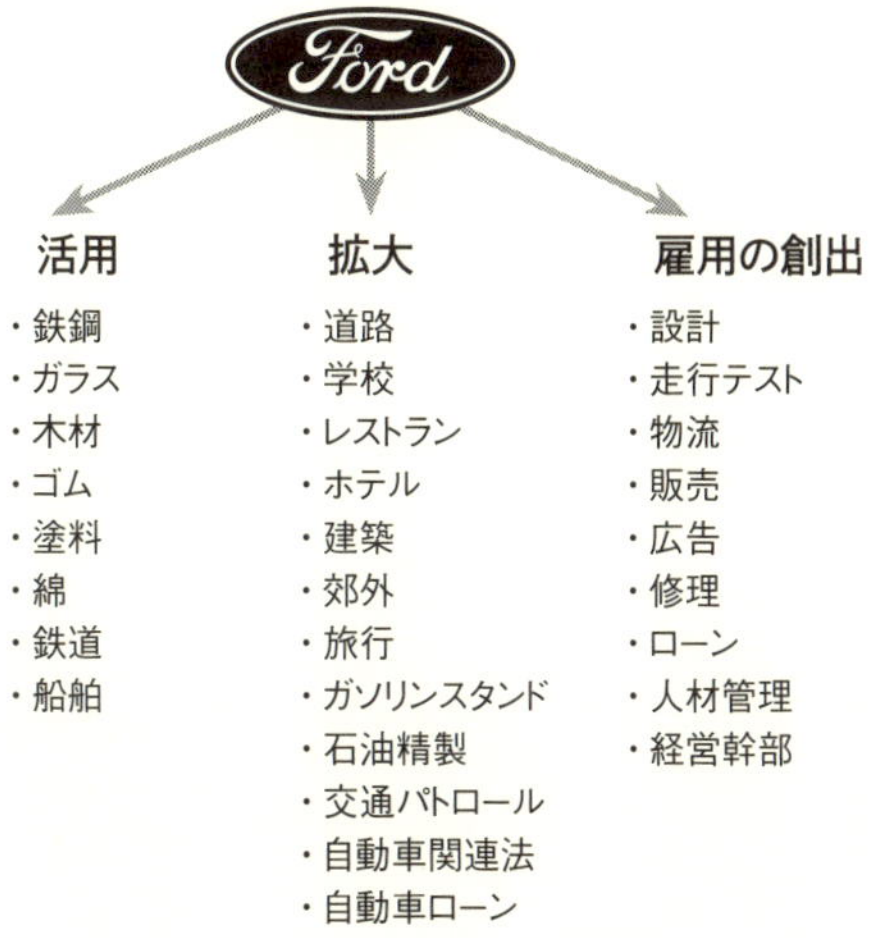

図5：フォード・モデルTの与えた影響

ガラス、ゴムなど、自動車メーカーに直接、原材料を納入する多くの業界が創設され、自動車の製造と販売・保守を教える学校も出はじめた。公共機関はこれらの動きに応え、道路の建設や、自動車をより安全にするための法整備に努めた。そうしたあらゆることの根底にあったのが、自動車と、フォードが創出に尽力した自動車市場だった。

モデルTの創出した新市場は莫大な雇用と税収を生んだだけでなく、アメリカ経済に大きな下流効果をもたらした。モデルTを買って乗る人が増えるほど、競合社が出現し、業界の効率も活力も増大し、自動車業界がアメリカ経済の中心的位置を占めるようになっていった。アメリカ人は車を愛し、行政府は道路を延ばして期待に応えた。フォードから始まったこうした好循環は続き、1909〜1927年のあいだにフォードは1500万台のモデルTを製造している。自動車が道路を生み、道路は郊外を発展させ、職を生み、犯罪を減らした。[21]

フォードのイノベーションが生み出したのはたんなる自動車ではない。自動車のまったく新しい市場をつくるという構想を結実させた、ビジネスモデルそのものだった。市場創造型イノベーションのもたらす成果は、実際のプロダクトというよりもむしろ、イノベーターが具体化したバリューネットワークとビジネスモデルにある。何百万人のアメリカ人に車を売るには、運転しやすく低価格の自動車をつくるだけでなく、ガソリンスタンドや、完成品を輸送する鉄道、車を所有したことのない一般的なアメリカ人をターゲットにした果敢なキャンペーンなど、多くのことに投資する必要があった。

しかし、モデルTとそれが創造した新市場の華々しい成功の裏で、フォードは持続型イノベーションにはあまり投資しなかった。持続型イノベーションの重要性がよく表れているのは次の数字だ。フォード・モーターは1921年、アメリカの自動車市場で圧倒的な60%のシェアを握っていた。しかし、持続型イノベーションへの投資が貧弱であったためにその地位を失い、1936年には第3位の市場シェアに転落している。頻繁なモデルチェンジや多色展開、掛け売り制度など顧客に多くを与えたゼネラルモーターズ（GM）が43%で市場トップ、クライスラーが25%で第2位に躍進した。先述のとおり、市場創造型イノベーションが将来の成長を生み出す土台を提供するのに対し、持続型イノベーションと効率化イノベーションはその土台の上で企業および経済の活力を保ち、前進させるのだ。

「利益」と「雇用」と「文化的変容」

どのタイプのイノベーションも経済に重要な役割を果たすが、市場創造型イノベーションがとくに強大な力をもつのは、不便や苦痛の低減に役立つ解決策を大勢の人に届けられるからである。市場は、売られるプロダクトの価値と量の掛け合わせで決まるので、無消費をターゲットとする市場は投資家やイノベーター、社会にとって莫大な利益を生む可能性をもつ。新市場が成功すると、プロダクト／サービスが何であれ、そこには3つの成果物が伴う。「利益」と「雇用」、そして3つのなかで最も把握しにくいがおそらく最も強い影響力をもつ「文化的変容」である。これらが合わさって将来の成長の堅固な土台となる。

市場とは創造されたあと、存続していくものであり、「利益」を生むこと、あるいは少なくとも利益を生むと見込まれることが不可欠である。利益は将来の成長の燃料となる。

「雇用」は、市場のプロダクト／サービスを製造し、運搬し、販売し、改良して、新規顧客に解決策を届けるために生まれる。雇用の創出は社会にとって単純な金銭的価値以上の意味がある。職は人に尊厳を与え、自尊感情を育む。自分と家族が自立して生活できるようになる。さまざまな調査からも、職をもつ者はそうでない者より、犯罪にかかわる時間と犯罪への心理的傾倒が少ないことが明らかになっている。(22)

市場のおそらく最も重要な成果物は、新市場を母体として増強されていく「文化的変容」だ。市場創造型イノベーションは、社会の大勢の人が入手できるようにプロダクト／サービスを大衆化するだけでなく、新市場の成功がもたらす恩恵も大衆化する。こうした恩恵にはたんなる雇用のほか、通常は投資家と雇用者のものだった「所有の機会」もある。地域の大勢の住民が所有の機会によって、従来の問題（自分と家族を養い、社会での地位と尊厳を得るにはどうすればいいか）を生産的に、つまり、新市場に投資家や生産者、消費者として参加することで解決していけると理解したとき、彼らの社会への見方は変わる。これは、新市場によって社会の文化が変わる道程の一部にすぎないが、繁栄を目指す国にとってすべての面で大きなちがいをもたらすだろう。

資本の好循環

ノーベル経済学賞を受賞した故ミルトン・フリードマンはかつて言った。「民間の自由市場の偉大な美徳は、人の経済的な協力を促すことだ[23]」。市場は、社会の安全・安心・繁栄を高めるさまざまな要素を社会に引き込む強力な存在である。だからこそ、この重要な市場に、タイプの異なるイノベーションが果たす役割を理解しておくことが不可欠である。

市場創造型イノベーションへの投資をつうじ、投資家と起業家は無意識のうちに国づくりにかかわっている。貧しい国の大半の人が該当する無消費者を対象とした市場を創造すると、それは雇用と利益を生み、発展途上の社会にとってきわめて重要な社会資本が整備され、整備された社会資本は次のイノベーションに活用され、好循環を形成する。

市場創造型イノベーションは、よりシンプルで手の届きやすいプロダクトを開発し、かつては買えなかった多くの人が買えるようにする一方で、経済を成長させるための足場も築きはじめている。新しい市場が創造されると、収入が増え、それが学校や道路、病院、安定した政府機能などの資金となり、一時的に困難な状況に陥っても復元できる経済の弾力性が高まっていく。すべての市場創造型イノベーションがフォードのモデルTほどの影響力をもちうるわけではないが、われわれの研究では、小規模なイノベーションであっても国の姿を経済的かつ文化的に転換しはじめることがわかっている。

研究に、職業訓練と雇用の機会の増加には地域の犯罪を抑制する効果のあることが示されている。犯罪に関与するおそれを下げる合法的な機会——快適に暮らすために必要な資源が整備されるなど——を地域の人がより多く手にするにつれ、犯罪率は低くなる。世界の犯罪多発地域を見ると、アメリカもそうだが、機会が著しく欠如していることが多い。機会の欠如は人が犯罪に走る理由のすべてではないが、重要な位置を占める。ブラットマンらの研究では、日給がわずか40セント増えるだけでも、リベリアの雇われ兵だった者たちを、暴力や犯罪行為から新しい（真っ当な）職に移らせる効果のあったことがわかっている。将来さらに賃金が増えるというたしかな見通しを示すことが、違法行為を減らすうえでとくに効果的だった。
Gillian B. White, "Can Jobs Deter Crime?," *The Atlantic*, June 25, 2015, https://www.theatlantic.com/business/archive/2015/06/can-jobs-deter-crime/396758/.

22 同前。

23 Milton Friedman, "Milton Friedman on Charlie Rose," video, 53:57, https://charlierose.com/videos/19192.

16 Micheal Eboh, "Unemployment: Oil sector employs 0.01% of Nigerian workforce," *Vanguard*, June 3, 2014, http://www.vanguardngr.com/2014/06/unemployment-oil-sector-employs-0-01-nigerian-workforce/.

17 MIT開発・起業家レガタムセンターを設立したイクバル・カディーアは次のように説明する。「どのイノベーションも複雑にからみ合ったさまざまな反応を引き起こすが、起業家は一貫してコスト削減と市場拡大へと突き進む。これは既存の資源の節約あるいは新しい資源の創出につながり、既存プロダクトに価格圧力をかけ、より多くの人を経済に参加させる。今日のイノベーションは思いがけない方法や場所で出現することがあるが、それでもパターンには共通性があり、ヘンリー・フォードの時代と変わらぬ輝きを放つ」。実際、起業家がプロダクトをよりシンプルで安価にするほど、より多くの人がそのプロダクトを購入して使用し、さらにはそのプロダクトの製造のために雇用されることになる。このプロセスがさらに活力のある、繁栄した経済へと続くのだ。
Iqbal Quadir, "Inclusive Prosperity in Low-Income Countries," *Innovations* 9, no. 1/2 (2014): 65-66.

18 グローバル雇用の脆弱性の例として、アップルのiPhoneがよく引き合いに出される。iPhoneの裏には、「カリフォルニアのアップルで設計　中国で組み立て」のような内容の刻印がなされている。しかしiPhoneは実際には、最も低コストな場所へ簡単に移せないローカル雇用の重要性の好例である。「カリフォルニアのアップルで設計」されているということは、カリフォルニアのアップル本拠地の近くで多数のローカル雇用が存在しているということである。そこには、世界中の新素材の情報を収集しながら開発にあたる何千というエンジニアや科学者、市場調査を実施し、製品要件をまとめるプロダクトマネジャー、完成品を最終消費者に紹介し、適切に説明できるように訓練を受けた販売員などがいるのだ。ブルームバーグ・ビジネスウィーク誌の最近の分析はこう結論づけている。「プロダクトの製作場所ではなく、プロダクトの設計と開発をつうじてアップルは価値を創出し、同時にアメリカの職も創出する。こうした側面すべてがiPhoneのプロダクト設計に込められており、アップルが大きな利幅を獲得し、業界の最大利益を享受できているのはそのためだ。iPhoneの38%という高い粗利益率は、スマートフォン市場の競合他社を大きく引き離している」

19 世界銀行のデータによると、海外証券投資（FPI）の純資産額はおよそ1730億ドルだった。こうした投資は短期性、高流動性、高変動性の特徴をもつ。FPIのターゲットは株や債権、その他の金融資産である。資金の流入・流出を合わせた絶対値は2兆4000億ドル弱に達しているため、短期FPIを計算に入れたとしても、対外投資がグローバルな運用資産に占める割合はごく小さいと言える。

20 Matt Harding, "Op-Ed: The Internet will fail and the TV will never compete with the radio," *Digital Journal*, April 25, 2010, http://www.digitaljournal.com/article/291152.

21 コロンビア大学のクリストファー・ブラットマンと国際救済委員会のジーニー・アナンの

は、彼らが組織にしろ個人にしろ、経済のダイナミクスを変えうる市場創造型イノベーションを起こせる存在だからである。

9 この状況は、サー・トーマス・リプトンが1890年に現代のスリランカの農園を買い取り、紅茶の製造販売を始めたときの行動とは異なる。茶の価格が高すぎると考えたサー・リプトンは、価格を下げ、愛飲者の裾野を広げようとした。

10 企業が新製品に機能を加え、値上げしても、多数の新消費者がその新製品を生活に引き入れようとする場合がある。これは、新しい機能に、既存品を市場から追い出す潜在力があるときに起こりやすい。たとえば、アップルがGPS機能をスマートフォンに搭載したことで、単体でのGPSデバイスは事実上、使われなくなった。

11 "Toyota Camry Awards," 2018 Camry Overview, Toyota, accessed February 16, 2018, https://www.toyota.com/camry/awards.

12 トヨタカムリのアメリカでの販売は一時、急成長したが、やがて市場が飽和し、横ばいになっていった。つまりカムリは、それを買う余裕のある新規顧客に売り尽くしたあとは、ホンダ・アコードやヒュンダイ・ソナタなど他社ブランドと市場シェアを激しく争っているということだ。
"Monthly and annual sales figures for the Toyota Camry in the US," Toyota Camry, Carsalesbase.com, accessed February 16, 2018, http://carsalesbase.com/us-car-sales-data/toyota/toyota-camry/.

13 「資源の呪い」――石油やガス、ダイヤモンドなどの天然資源に恵まれた多くの国が、こうした資源をもたない国よりも往々にして民主政治が遅れ、経済成長から取り残され、繁栄を享受できていない現象を指す――は経済学で広く研究されてきた。「豊富さの逆説」と呼ぶこともある。ここで用いる資源採取企業の例において、われわれはすでに深く研究がなされているマクロ経済的な天然資源の効用にはフォーカスしない。それよりもむしろ、グローバル市場で価格の決まる産物を売ることになった、資源採取業界の典型的なマネジャーの利益最大化とコスト最小化にフォーカスする。「資源の呪い」の詳細については、ジェフリー・フランケルの論文が参考になる。*The Natural Resource Curse: A Suvbnrvey* (2010).

14 "U.S. Field Production of Crude Oil," Petroleum and Other Liquids, U.S. Energy Information Administration, accessed April 6, 2018, https://www.eia.gov/dnav/pet/hist/LeafHandler.ashx?n=PET&s=MCRFPUS2&f=A.

15 "Employment, Hours, and Earnings from the Current Employment Statistics Survey (National)," Databases, Tables & Calculators by Subject, Bureau of Labor Statistics, accessed April 6, 2018, https://data.bls.gov/pdq/SurveyOutputServlet.

の受給者や政府機関に雇用された人は別として、企業とは本質的に経済そのものである。職を生み、消し、賃金や税金を払い、政府の方針を実際に遂行するのは企業である。投資をするかしないか、金利の変動に反応するかしないかを選ぶのも彼らだ。企業は経済のインフラを構築すると同時に、多くの意味において企業はインフラそのものである。

7 エコノミストはイノベーションの重要性、すなわちイノベーションが大きな経済成長のなかでもたらす技術上の変化の重要性を以前から理解していた。たとえば1956年、スタンフォード大学の経済学者、モーゼス・アブラモビッツはイノベーティブな活動と長期的な経済発展の関連に着目し、偉大な論文“Resource and Output Trends in the United States Since 1870”（1870年以降のアメリカに見る資源と生産）をまとめた。この論文は、1870～1950年のアメリカの成長を分析し、資本と労働が成長に寄与する割合はおよそ15%だったことを明らかにしている。残りの85%は、現在はテクノロジー、イノベーション、あるいは技術的イノベーションなどと呼ばれる生産性の向上だったという。「生産性の向上の要因についてわれわれはほとんど知らない。生産性という要素の重要性が指標として示されれば、アメリカの経済成長の要因について見落としてきたものを測る指標として、また、成長のためにはどこに着目すべきかの指標として機能する可能性がある」
Moses Abramovitz, “Resource and Output Trends in the United States Since 1870,” *National Bureau of Economic Research* (1956), http://www.nber.org/chapters/c5650.pdf.
分析の手法やデータの期間は異なるが、同時期にMITのロバート・ソローもアブラモビッツと類似の見解に到達している。ソローの業績のひとつ、1957年の記事“Technical Change and the Aggregate Production Function”において、彼は技術的なイノベーションが経済成長に及ぼす影響を明確に論じた。ソローは1987年に、世界の経済成長の理解を深めた功績によってノーベル経済学賞を受賞している。彼の知見をもとに、技術的イノベーションと経済成長との関係について探求が進み、技術的イノベーションが経済成長に影響を及ぼすとする見方が本流となった。
Robert Solow, “Technical Change and the Aggregate Production Function,” *The Review of Economics and Statistics* 39, no. 3 (August 1957), 312-320, https://faculty.georgetown.edu/mh5/class/econ489/Solow-Growth-Accounting.pdf.
その後、エコノミストは伝統的に、経済成長を生産性のレンズを通して見てきた。経済のすべての資産を総計し、そこに生産（あるいはイノベーション）関数を乗じるのだ。ただしこれは数学的な妥当性はあっても、生産性を基準とした考え方は、能力も文化も生活環境も異なる人の営みからなる経済の政策や方針を考える際には有用性が乏しい。

8 ほとんどの貧困国では、資金、権力、影響力の分配が利権者《レンティアー》と陰の実力者《パワーブローカー》にかたよっている。経済を動かしている彼らに、システムを変える動機は乏しい。貧困にあえぐ大多数、すなわちプリチェットの用語で言えば労役馬《ワークホース》は、働きづめなのに生活は苦しく、苦難の日々を送っている。どうすれば労役馬《ワークホース》の集団により多くのパワーと影響力を与えられるだろうか。
言い換えれば、イノベーションと規模拡大によって新市場をつくることのできる企業をどうすれば発見して育成できるか、再びプリチェットの比喩を借りれば、労役馬《ワークホース》のなかからいかにサラブレッドを見つけられるかだろう。そうした企業を「サラブレッド」と呼ぶの

Report”（世界競争力報告）を毎年刊行しており、競争力を測る指標に組織の機構やインフラ、医療、教育などと並んで「イノベーション」が挙げられている。国のイノベーション能力を評価するため、この報告書は研究開発部門への投資額や特許出願件数、新規のまたはユニークなプロダクトを生み出す能力などの要素を測定している。

Alex Gray, “These are the ten most innovative countries in the world,” *World Economic Forum*, October 11, 2017, http://www.weforum.org/agenda/2017/10/these-are-the-10-most-innovative-countries-in-the-world/.

5　経済にはさまざまな当事者《アクター》がかかわるため、イノベーションのタイプによって経済に与える影響が異なることを知っておくのはきわめて重要である。世界銀行の元エコノミストであり、ハーバード大学ケネディスクール国際開発課程の教授である、私の友人ラント・プリチェットは、貧しい国がその経済状況を打ち破るのがなぜむずかしいのか、また、イノベーションが大きなちがいをもたらしうるのはどのような状況かについて、私に貴重な枠組みを提示してくれた。プリチェットは、経済の主要なエンティティを、「利権者《レンティアー》」「手品師《マジシャン》」「陰の実力者《パワーブローカー》」「労役馬《ワークホース》」の4つに例える。

「利権者《レンティアー》」とは、おもに世界市場へ輸出する資源採取企業あるいは農業企業である。規制の誘導による超過利潤（レント）を得ていることも多い。石油会社やダイヤ鉱山などはこれにあたる。「手品師《マジシャン》」は、高い競争力をもつ産業で輸出を展開する企業で、安価なTシャツやジーンズを製造する工場主などがある。「陰の実力者《パワーブローカー》」は国内業務が中心だが、「規制のレント」の影響下にもある企業である。巨大な建設会社や、高価格帯のホテルを所有もしくは経営しているホテル会社、港湾会社、電力会社などがある。「労役馬《ワークホース》」は、競争の厳しい国内環境のなかで事業を展開する地味な企業である。道路脇の屋台や自宅での美容・理容業も含めさまざまな種類があり、世界の貧困地域で営まれている事業の大半はこれである。彼らは労役馬なのだ。

「規制のレントは、ある資源の商用利用（採鉱など）にライセンスの取得を求めたり、特定の企業（業界全体ではなく）に特別な税の優遇措置を授けたり、市場を独占させたり、適用可能な規制を選択的に適用したりなど、政府の裁量によって生まれる利得と定義される。規制のレントはさらに、独占を野放しにして限界費用よりもはるかに高い売値の設定を黙認したり、消費者の利益に反して独占禁止法を施行しなかったり、競争市場の育成を怠ったりするなど、政府の意図的な無対応からももたらされることがある」

Lant Pritchett, Kunal Sen, and Eric Werker, *Deals and Development The Political Dynamics of Growth Episodes* (Oxford: Oxford University Press, 2018).

6　われわれは経済をネスト（入れ子）構造のシステムだと見ている。グローバル経済は、産業の集合体である各国の経済からなり、各国の経済は企業からなる。企業は事業部からなり、事業部は作業チームを中心に編成され、作業チームが各従業員の働き方を決める。さらに、従業員はプロダクト／サービスの製造と消費者への販売をおこない、消費者は自分の好みに基づいて購買行動を決める。マクロとミクロという経済学の二大柱の学者は、一方の端ではグローバルおよび国内のシステムが作用し合う様子を、もう一方の端では個人がいかに優先順位を設定して意思決定を下すかのモデルを作成しようとする。しかし、ほとんどの経済活動は実際には両端のあいだのどこか、すなわち企業で発生する。社会保障

【第2章】原注

1 Ronald Coase, "Address at Markets, Firms and Property Rights: A Celebration of the Research of Ronald Coase Conference," published on April 20, 2012, video, 25:40, https://www.youtube.com/watch?v=ZAq06n-79QIs.

2 クリステンセン、レイナー、マクドナルドは2015年にこの理論を次のように要約した。「破壊は、より少ないリソースしかもたない企業が、実績ある既存企業に取って代わる過程を説明するものである。具体的には、既存企業が、最も要求が強く、その分収益への貢献度も高い顧客に向けて自社プロダクト／サービスを改良することを重視し、一部の顧客層に対してはニーズ以上の機能強化を施しながら、反対に一部の顧客層のニーズは無視する状況を指す。破壊を目指す新規参入者は、無視されている顧客層をターゲットにし、その層にふさわしい機能に絞り込んで、通常は従来より価格を下げて足場を築く。要求の高い顧客層からより多くの利益を上げようとする既存企業は、そうした動きに機敏に反応しない。参入者はやがて下位機種での成功をもたらした強みは維持したまま上位機種へも進出し、既存企業の本流の顧客が必要とする性能を実現する。こうして本流の顧客が新規参入者の提供物を大量に選びはじめたとき破壊が起こる」
なお、破壊を引き起こしやすいイノベーションのタイプは市場創造型イノベーションである（これについては本書全体でさまざまな例を紹介する）。

以下も参照。Clayton M. Christensen, *The Innovator's Dilemma: When New Technologies Cause Great Firms to Fail* (Boston: Harvard Business School Press, 1997).（邦訳『イノベーションのジレンマ――技術革新が巨大企業を滅ぼすとき（増補改訂版）』クレイトン・クリステンセン著、玉田俊平太監修、伊豆原弓訳、翔泳社、2001年）

3 世界銀行の2017年のレポート、"*The Innovation Paradox: Developing-Country Capabilities and the Unrealized Promise of Technological Catch-Up*"（イノベーション・パラドクス―途上国の能力、遅れる技術活用）のなかで執筆者のザビエル・シレラとウィリアム・F・マロニーは、「イノベーションの潜在的な能力は、経済発展にとって従来以上に大きな重要性をもつと考えられる」と述べている。さらに、「イノベーションの政策を科学やテクノロジーの最先端の政策と同一視することは、確固とした方向性がなければ、ストレスや無駄を招くだけだ。発想を市場化できる企業集団なくして、投資は成長に多くをもたらさない」と注意を促した。われわれは、本書で述べるイノベーションの分類法が世界銀行のこの研究を後押しし、経済発展にとって企業がいかに重要かの理解を深める一助となることを願っている。
Xavier Cirera and William F. Maloney, *The Innovation Paradox: Developing-Country Capabilities and the Unrealized Promise of Technological Catch-Up* (Washington, DC: World Bank), doi:10.1596/978-1-4648-1160-9. License: Creative Commons Attribution CC BY 3.0 IGO.

4 世界経済フォーラムは、各国の競争力をランクづけした"Global Competitiveness

第3章

苦痛に潜む機会

真の発見の旅とは、新しい景色を探すことではない。新しい目で見ることだ。
――マルセル・プルースト

章のテーマ

繁栄を生み出すには市場創造型のイノベーションが重要だと言われても、いったいどうすればチャンスが見つかるのか、ましてやどうすればそれが成功するとわかるのか――そう思っている方もいるだろう。簡単なことなら、ほかの誰かがとっくに実行しているだろうと。問題は、探していないものを「見る」のは非常にむずかしいということだ。この点で経済予測の多くが必ずしも役に立たないのは、それらは一般に、いわゆる「消費経済」、すなわち通常の指標で最も可視化しやすい経済の一部を切り取って予測するものだからだ。こうした予測は見えにくいものを含めないし、成長の可能性がおそらく最も豊かな「無消費経済」という鉱脈も考慮しない[1]。無消費にチャンスを見いだすためには、探すものを変えなければならない。

リチャード・レフトリーは、新卒でロンドンの保険業界に入って働きはじめたとき、世界的な大手再保険会社、スイス・リーが発行した年間統計分析の2つの表に目を留めた。ひとつは自然災害で死亡した人数と場所に関するもので、もうひとつはそれらの地域で支払われた保険金の総額だった。「2つのリストはまったく釣り合っていなかった。犠牲者はバングラデシュ、パキスタン、インドなどで突出して多いのに、こうした国は〝保険金総支払い額〟ランキングに登場すらしない」。何かがずれているとレフトリーは思った。世界で最も保険金を必要とする人たちが枠組みの外にいる。

数年後、2週間の休暇をザンビアでのボランティア活動に費やしていたレフトリーは、その事態を変えるチャンスを見いだした。活動の一環として、貧村の母子家庭を訪問したときのことだ。きょう1日を生きていくのがやっとの母親の日常を目にしても、そのときのレフトリーにはなすすべがなかった。母親の人生は昔からずっと過酷だったわけではない。かつてはザンビアの首都ルサカに住み、夫は警備員、自分は学校の教師として働いていた。夫婦は子どものころの貧しさを抜け出し、人並みの家と移動用のオートバイをもち、比較的ゆとりある暮らしを送っていた。だが、〝すごろくで悪い目を振り出して〟、夫は当時ザンビアで猛威を振るっていたHIVに感染し、そこから一家の下降スパイラルが始まった。夫が衰弱して働けないだけでなく、病院や怪しい謳《うた》い文句の薬で貯金はどんどんなくなり、最終的には夫の葬式を出した。無一文になった彼女と子は村へ戻ってやり直すしかなかった。

この母親の話に心を動かされたレフトリーは、ロンドンに戻ったあと、自分の専門知識を駆使して、貧しさに苦しむ人たちに支援を提供する方法を見つけようと決意する。保険会社の同僚相手に新ビジネスのアイデアを話すと、10年前のモ・イブラヒムと同じような反応を受けた。「大笑いされた。ザンビアへ行ってHIV患者に保険を売るつもりだと話したら、正気の沙汰ではないと」

そのとき笑った同僚もいまは笑っていない。レフトリーが創業したマイクロエンシュア社は、本書の執筆時点で、新興国で5600万人以上の加入者をもち（2017年だけで1800万人が登録）、支払い請求に応えて3000万ドルを支払っている。無消費のなかに途方もない機会を見いだし、それを実現するために、保険のビジネスモデルを根底から覆すイノベーションを起こしたのだ。フィナンシャル・タイムズ紙と国際金融公社（IFC）共催の、画期的なビジネスモデルの創出者に贈られるトランスフォーメーショナル・ビジネス賞を4度受賞したマイクロエンシュア社は、参入した市場の8割ですでに利益を上げている。顧客の85%は、それまで保険商品を購入したことがなかった人たちだ。

これこそが市場を創造するイノベーターが抜きん出ている点、すなわち顧客などいないように思える場所でチャンスを見つけ出す能力だ。「見えないものに定規を当てるのはたしかにむずかしい」とレフトリーも言う。レフトリーと彼のチームは、イノベーションへのアプローチ方法を完全に変える天啓を得た。「競う相手は大手保険会社ではなく、〝無関心〟だとわかったんだ」。無関心は手ごわい。だが、未来の顧客が直面する苦痛を軽減するように工夫されたイノベーションが最終的には勝利を収めた。未来の顧客がいま味わっている苦痛のなかに、繁栄につながる市場が潜んでいる。その市場は、まずは起業家へ、やがて地域全体へ繁栄をもたらすのだ。

2つの経済の物語

私は、成長と発展の可能性の点から経済をわかりやすく説明するにはどうすればいいのかと頭を悩ませてきた。多くの人にとって「経済」とは、金とビジネス、商品と広告、法律と規制、なんらかの方法で取引する買い手と売り手が入り交じった、つかみどころのない寄せ集めにすぎない。国家と経済はよくひとくくりにして分類される。そのため、ＧＤＰ成長率や国民ひとり当たりの所得成長率、業界別の統計といった予測や分析の多くが、経済で起こっていることを俯瞰した全体像として扱われる。この種の分析はたしかに有益で便利だが、必ずしも経済の全容を語ってはいない。

イノベーションの視点からながめると、世界が少しちがって見える。国家は消費者と（消費経済）、無消費者（無消費経済）から成り立っている。このように区別することで、市場創造型イノベーションに適した肥沃な地を見つけやすくなり、経済の健全性や成長の予測に利用されることの多いＧＤＰ成長率やその他さまざまな指標から、市場創造型イノベーションには関係の薄いノイズを除去しやすくなる。

消費経済は、市場の既存プロダクト／サービスを購入して使用するのに必要な予算、時間、専門知識をもち合わせている顧客で構成される。経済学者やアナリスト、マーケティング・マネジャーが、プロダクトや地域の成長を予測するためによく用いるのはこの消費経済のほうであり[2]、最も一般的である持続型イノベーションも、成長の可能性が比較的見きわめやすい消費経済に狙いを定めている。誰が顧客なのかがすでにわかっていれば、顧客にとって望ましいプロダクト／サービスに改良する方法もわかるので、彼らからより多くの利益を得ることができる。[3]

本質的にリスクを嫌う資本が、既存の金融ツールや理論を用いて見通しを立てやすく、予測どおりの資本利益率（ＲＯＩ）を期待できる持続型イノベーションを追求しようとするのは無理からぬことだ。資本が消費経済に傾倒する度合いを正しく測るために、世界規模で見た場合の（グローバルな）対外直接投資（ＦＤＩ）の状況を見てみよう。２０１６年、総額１兆５０００億ドルのうち１兆１０００億ドルのグローバルＦＤＩが富裕国、すなわちＯＥＣＤに加盟している35カ国に流れている。[4] 言い換えれば、グローバルＦＤＩの73％以上が世界１９６カ国中のわずか35カ国に集中していたのだ。アフリカでも、モ・イブラヒムが市場を創出して無消費者を消費者へ変えたあとになってようやく、その地のモバイル通信業界へ大型の投資が始まったことから、似た傾向が読み取れる。

すでに述べたように、市場創造型イノベーションは、最も堅牢な効率化イノベーションおよび持続型イノベーションと比較しても相当に大きな可能性をもつ。だが、まだ存在していない市場に対するイノベーションは高リスクに映る。従来のプロダクト開発では、市場のセグメントを重視し、同じプロダクト／サービスを購入しそうな似通った顧客グループを想定してきた。投資するかどうかの判断も開発と同様、通常はセグメントの決定に基づいておこなわれる。「Ａ国の国民が自由に使える所得はいくらだろう」や、「Ｂ国で娯楽に費やされる平均支出額はどのくらいだろう。その額は増えているのか減っているのか」といった問いが、たいていの場合、投資判断を左右する。マーケターやアナリストや投資家は、プロダクトタイプごと、プライスポイント［ある特定の顧客グループにとって魅力的な小売価格］ごと、彼らの顧客である個人や企業の人口統計や趣味嗜好などの特性ごとに市場をセグメント化することが多い。

だが、この手法は数十億の人々を考慮の外へ追いやってしまう。なぜなら、彼らは貧しすぎ、ろくな教育も受けておらず、彼らのためにプロダクトを開発してもうま味がないと見なされているからだ。しかし、そうした考えはまちがっていると歴史が示してきた。

たとえば、AT&Tがいかにして携帯電話革命を支配するチャンスを逃したか。数十年前、AT&Tは、21世紀を迎えるころに世界で何台の携帯電話が出回っているかの予測を、ある有名コンサルティング会社に依頼した。コンサルティング会社は100万台そこそこと見積もり、AT&Tは結果的に投資を見送った。(5) AT&Tが入手したあらゆる既存データは「期待薄」を示していた。当時の携帯電話は重くてかさばり、値段が高く、ほとんどの人には手の届かない代物だった。投資しないのは理に適《かな》っていた——少なくとも紙の上では。

だがいまや、世界のどこであろうと携帯電話のない場所など想像できない時代になった。2001年時点で10億台、現在の契約数は世界で75億台以上にのぼる。(6) ニューヨークでもニューデリーでも、地下鉄のなかで乗客と目を合わせようとしても合わせられない。年代、性別、職業を問わず、みなうつむいて、携帯電話の画面をのぞき込んでいるからだ。

無消費は、途方もないイノベーションのカギとなる。だが、無消費を見つけるには、ほかの人が見逃しているものをとらえる新しいレンズが必要だ。

バリアを特定する

では無消費の在処《ありか》をどうやって突き止めればいいのか。同僚のひとり、スコット・アンソニーは著書『イノベーションへの解　実践編』のなかで、無消費を特定する方法にまるごと1章を割いている。(7) 無消費の原因となりうるバリアや制約には、おもにスキル、資産、アクセス、時間の4つがある。ときには市場にすでに出回っているある解決策が、未来の消費者の解決策を阻むこともある。ひとつずつ見ていこう。

スキル：自分にとって有益な解決策がすでに市場に存在していても、無消費者がそれを利用するのに必要なスキルをもち合わせていないことはよくある。たとえば50年前は、コンピューターを操作するにはきわめて高度なスキルが求められ、コンピューターを使う必要のあった大学や大企業の技術専門家は、巨大で複雑な機械を操作できなければならなかった。巨額の費用に加えて、操作のむずかしさも消費を阻むバリアだった。

資産：一般に、資産は最もわかりやすい制約である。自分にとって有益な解決策がすでに市場に存在していても、それを買えるだけの金を無消費者がもたない場合を指す。120年前、一般市民にとって自動車は高価すぎたが、ヘンリー・フォードが解決策を生み出して値段を下げ、大勢のアメリカ人が購入できるようになった。別の例にパーソナルコンピューターがある。アップル、IBM、マイクロソフト、インテルなどのメーカーは、一般的な無消費者でもコンピューターが買えるように、時間をかけてイノベーションを進化させていった。現在、コンピューターはたいていの人のポケットに入っている。

アクセス：有益な解決策が市場に存在していても、無消費者が置かれた状況や場所からは入手できない場合を指す。かつてオフィスでよく見られたコピー室を憶えているだろうか。大きくて使い方が複雑なコピー機を一カ所にまとめて設置してあり、そこまで出向かないとコピーできなかった。だが、キヤノンとリコーが小型でシンプルで値段の安いプリンターを開発し、いまや小さな事務所にも家庭にもプリンターが設置されるようになった。イノベーションによってアクセスのバリアが取り払われたのだ。現在は、携帯電話からワイヤレスで指示するだけで何千というページを家庭のプリンターで印刷することができる。

時間：有益な解決策が市場に存在していても、利用するのに時間がかかるために無消費者が利用しない場合を指す。メキシコでチェーン展開しているクリニック、クリニカス・デル・アスカルは糖尿病治療の総合的な解決策を提供している（第7章で詳述する）。同社は時間のバリアを念頭に置いて解決策をととのえた。メキシコでの一般的な糖尿病治療は、患者が症状に応じて内科や眼科など複数の病院の医師を訪ねなければならず、移動だけでも相当な時間がかかっていた。クリニカス・デル・アスカルの解決策はちがう。患者はひとつのクリニックへ行くだけでよく、そこで専門の異なる複数の医師に診てもらえるのだ。診察する患者が増えれば収入も増えるので、病院も診療の効率化に積極的に臨んでいる。

現実の苦痛

無消費へつながるバリアを特定することはきわめて重大な手がかりだが、イノベーターが探し求めるべきものはそれだけではない。何かを成し遂げようと苦心しているのに、既存の解決策のなかに自分にとってよい選択肢がないから、人は無消費者となる。

イノベーションがうまくいくかどうかわからないのは、顧客が過去におこなったことをもとに未来を予測するデータに頼っているからだ。しかもそのデータには根本的な何かが欠けている。人がなぜその選択をしたのかを説明せず、顧客が将来どのような行動をするかを必ずしも予測するわけではない。そのうえ、人が商品やサービスを買わないこと——無消費——を選択した理由も把握できていないのだ。

これらのことは、人が何かを購入するという選択に至った理由を示す「片づけるべきジョブ」の理論（ジョブ理論）で説明することができる。[8] マーケターの多くは、人口統計学的な数字に注目したり、見込み顧客をセグメント化したりするが、そのやり方では人がプロダクトやサービスを買うことを選択した、人口統計学のデータには表れない根本的な原因を見逃してしまう。

片づける必要のあるジョブは人生のなかで日々生じる。些細なジョブもあれば、大きなジョブもある。突然浮上するジョブもあれば、定期的なジョブもある。片づけるべきジョブがあると気づくと、それを片づけるため、私たちは手を伸ばして、何かを自分の人生に引き入れようとする。私たちが商品を買うということは基本的に、なんらかのジョブを片づけるために何かを「雇用」するということだ。その商品がうまくジョブを片づけてくれたら、後日、同じジョブが発生したときに、同じ商品を雇用するだろう。ジョブの片づけ方に不満があれば、その商品を「解雇」し、問題を解決してくれそうな別の何かを探して雇用するはずだ。

もう少し説明しよう。ある朝、私は通勤途中にニューヨーク・タイムズ紙を買うという選択をするかもしれない。私は65歳、身長２０３センチメートル、靴のサイズは16［約32センチメートル］。妻と私は子どもたちを大学に進学させた。ＳＵＶ車で通勤している。私にはたくさんの特徴と属性があるが、私にニューヨーク・タイムズ紙を購入するという行動を選択させた原因は、こうした特徴のせいではない。購入した理由はもっと具体的なものだ。ニューヨーク・タイムズ紙を買うのは、飛行機で隣りに乗り合わせたおしゃべりな乗客との会話を避けたいからかもしれない。私がバスケのファンで、スポーツ欄をチェックして、息子が応援しているバスケットボール・チームのプレイオフ進出の見込みの薄さをからかいたいからかもしれない。私に関する人口統計学的な情報や心理的特性の情報を収集し、同じ新聞のほかの購入者とのあいだに関係を見つけようとするマーケターは、こうした理由に目を向けることはない。その日、私が新聞紙を雇用して片づけようとしたジョブを彼らが理解することはないだろう。あるいは、読む時間がなくて購入しなかった日についても、私がその行動を選択した（新聞を買わなかった）ことに関するデータは見つけられないだろう。

顧客がプロダクトやサービスを雇用して片づけるジョブについて、その入り組んだ複雑さと微妙な差異に至るまで理解しなければ、イノベーションの成功は断言できない。市場創造型イノベーションは、片づけるべきジョブが片づいていないところから発生する。これまで不適切な解決策しかなかったり、解決策そのものが存在しなかった問題を解決できるかどうかに、イノベーションの成否がかかっている。セルテル社のモ・イブラヒムは、アフリカには遠方の村に住む母親と話したければ、数日かけて会いに行かなければならない者がいることを知っていた。大多数の人にとって、これは不適切な解決策だ。マイクロエンシュア社のリチャード・レフトリーは、不測の事態からなんとしても家族を守りたいと思っている人々に選択肢がほぼないことを知っていた。どちらの機会も消費経済のレンズを通して見ていては明らかにならなかっただろう。

人は、満足のいかない方法でジョブを解決するプロダクト／サービスを「雇用」するよりは、それなしで、つまり無消費者のままでやりすごしがちだ。レフトリーが自社の保険商品が市場のどの保険商品とも競争していないと気づいたときもそうだった。レフトリーは無関心と競争していた。彼の商品はじつのところ、無と競っていたのだ。無消費者は、既存の選択肢でジョブを解決するより、何も選ばずやり過ごしている。彼らの本当のジョブを理解すれば、突如として市場にはたくさんの可能性が満ちているように見えるはずだ。無消費は、その地の人の苦痛や不便をイノベーションで解決できる大きな可能性があることを教えてくれる。

保険を買おうと思って、朝、目覚める人はいない

すでに人に雇用されているプロダクトよりはるかに優れたものをつくろうとするなら、イノベーターは未来の顧客の立場になって考える必要がある。競争する相手が無だとしてもだ。片づけるべきジョブを深く理解すれば、無消費者が無関心を、またはそれまでやりくりしてきた次善の策を「解雇」することになる解決策を生み出すことができる。表面上はたやすく思えるかもしれない。だが、顧客がジョブを片づけるために何を解雇して何を雇用するのか、その意思決定プロセスは入り組んでいる。

何かを「雇用」する決定を下す際に重要な役割を果たすふたつの相反する力が、互いに争っているのだ。

新たな解決策へと変化を強要する力

第一に、変化を押し進め《プッシュ》ようとする力――顧客が解決しようとしている不満や課題は、行動を起こしたくなるほど重大なことでなければならない。些細な不平不満を感じる程度では、新しい何かをしようとするきっかけにはなりにくい。第二に、その問題を解消するための新たなプロダクト／サービスを引き入れ《プル》ようとする力も強くなければならない。片づけるべきジョブの新たな解決策は、顧客に進歩を遂げさせて、人生をよりよくするものでなければならないのだ。

変化に抵抗する力

「私はこのやり方に、あるいはこの問題を抱えて生きていくことに慣れている」「すごく気に入っているわけではないけど、このままでもまあいいかなあ」。これが無消費者にありがちな、現在の習慣に引きずられた状態だ。顧客の行動を押しとどめようとする「現在の習慣」は、顧客をきつく縛っている。知った悪魔（この場合、苦痛や不便を抱えて生きること）のほうが、知らない何かよりは耐えられる気がするのだ。私は長いこと携帯電話を買い替えることを拒んでいた。新しい電話ならあれこれすばらしいことができると、周囲の人が請け合ってくれたにもかかわらず。それでも拒んでいたのは、自分の携帯電話になじみがあって安心していられたからだ。ノーベル経済学賞受賞者のダニエル・カーネマンが示したように、古いものが魅力的なのは、頭を使って考える必要がなく、解決策として一定の効用のあることが直観的にわかっているからである。人には損失回避という心理性向があり、「損をしたくない」気持ちのほうが「得をしたい」気持ちよりも2倍強いことを、1979年にカーネマンとエイモス・トベルスキーが明らかにした。(9)

加えて、新しい解決策を雇用するときに感じる不安もまた強力だ。価格への不安、新しい何かを学ぶことへの不安、未知のものへの不安はときに巨大となる。あなたの家にも古い携帯電話が1台ぐらいは、ガラクタ入れの引き出しかクローゼットに埃にまみれて入っているのではないか。あなただけではない。古い携帯電話を手放そうとしない消費者は多い。新しいものに交換するときに、いくらか値《ね》がつくかもしれないのに。なぜか。新しい解決策に不安があるからだ。もし、新しい電話がすぐ動かなくなったら？　もし、なんらかの事情で予備の電話が必要になったら？　もし……？

イノベーターは、新たな解決策を魅力的なものにしさえすれば顧客から受け入れられると考えがちで、その変化を妨げる強い力の存在には目を向けない。

マイクロエンシュア社のレフトリーは失敗をつうじて、そのことに気づいた。彼のビジネスモデルは、保険販売に伴う資金を自社では負担せず、携帯電話会社と大手保険会社を仲介し、毎月の通話時間を購入した新規および既存の携帯電話契約者から、少額の取り分を収入として得ることだ。保険会社が新規顧客にアクセスしたい場合、レフトリーの会社にコンサルティングと商品開発サービスを依頼してくることもよくあり、未来の顧客を理解して、彼らの興味を引く手立てを見つけ出すのもマイクロエンシュア社の仕事だ。同社は当初、顧客がプリペイドの通話時間の料金をほんの少し増額するだけで、携帯電話会社から無償で保険を受けられるプログラムを作成した。保険に加入するには、氏名、年齢、近親者の情報を提供するだけでよい。つまり、実質的に〝無料〟（通話時間の追加購入特典として保険が提供される）の保険のために必要なのは3つの質問のみで、顧客獲得はたやすいように思えた。

だがそうではなかった。大々的に宣伝したにもかかわらず、マイクロエンシュア社は1年以上経っても1万人程度の顧客しか獲得できず、市場は広がらなかった。加入手続きを3つの質問に絞って簡素化したものの、そもそもその保険商品自体が、地域の多くの顧客が置かれている状況では意味のないものだった。彼らの片づけるべきジョブを解決していなかったのだ。基本的に、それは従来の保険商品と変わらず、新興市場経済向けに保険料を安くしたにすぎなかった。レフトリーは振り返る。「パンフレットには〝スカイダイビングと水球は適用外〟のような告知が印刷されていた。貧困地域の無消費者がそんな金のかかるスポーツを夢にも思うはずがないのに。まったくばかげていた」

無消費者の彼らが本当に片づけたいと思っているジョブのレンズを通して見ることが、レフトリーと彼のチームが何を売るかだけでなく、どうやって売るかについて考え直すきっかけとなった。「さあ保険を買おうと思って、朝、目覚める人はいない」。レフトリーは気づいた。そうではなく、彼らは自身の人生を破壊しかねない悪い事態が起こるのではないかと不安を抱えて目覚めるのだ。その日病気になって仕事に行けないリスク。自分の屋台が燃えてなくなるリスク。強盗に遭うリスク。洪水ですべてを流されるリスク。人生が叩き壊される残酷な運命のリスク。片づけるべきジョブは、「私に保険を売って」ではなく、「家族のために生活費を稼ぎつづける手助けがほしい。自分の身の上に、手に負えない事態が起こることを心配しなくてもいいように」だった。この段階での同社の戦略は、慎重ではなく、創発的であるべきだった。解決策を拡大するまえに、まず市場を創造する方法を学ばなければならなかったのだ。

同社はこの教訓から、従来の保険モデルのほぼすべてを変えることにした。保険に加入するための3つの質問でも多すぎる。「手続きのどの段階であきらめてしまうのかを追跡したところ、氏名、年齢、近親者の3つの質問に答えるところで80%の人が手続きをやめていた」。低収入国で暮らす人にとって、年齢や近親者といった質問に答えることは簡単ではない。自分の年齢を知らなかったり、さほど気にしていなかったり、複雑な家族構成のなかから近親者をひとり選ぶことができなかったりする。そこで同社は、未来の顧客の心のなかにある変化に抵抗する力を弱めるために、自社のビジネスモデルを根本から改革したのだ。

顧客に何も質問しなかったらどうなる？　マイクロエンシュアとパートナーの保険会社は顧客についてたったひとつの情報――携帯電話番号しかもたないことになる。さらに、保険会社はその情報だけで保険を提供し、書類の記入や質問事項や証明の類いもいっさいなしでその電話番号に直接、保険金を支払うことになるのだ。「保険会社にとってきわめて異例なことだった」とレフトリーは言う。顧客の年齢すら知らないことは、過去のデータや先の見通しや予測される保険数理表をもとに築かれてきた業界にとって、まさに過激な考えだった。だが、そのイノベーションによって、「保険加入が着信音購入と同じくらいシンプルになった」。無料の保険は強力なマーケティングツールとなり、保険というものにいったん触れた顧客には、上位商品を売ることも、他の保険商品とのクロスマーケットも格段にやりやすくなった。

「われわれは暗号の解読に成功した」とレフトリーは言う。それは大成功と言ってよかった。年齢制限や適用外項目のない、携帯電話番号だけで加入できる新しい保険商品をインドで提供しはじめた初日に、100万人が加入したのだ。ただし、同社は首尾よく暗号を解読したものの、その結果どうなるかについては準備ができていなかった。続く3カ月で加入はさらに190万件増えた。「そこまで大量のデータを扱えるようなシステムを構築していなかった。ハードドライブとUSBフラッシュメモリをいくつも差し替えながら、ぎりぎりの綱渡りで乗り切ったよ」

だからといって、マイクロエンシュアがやすやすと成功したわけではない。新興経済で市場を創造することは容易ではない。同社は当初、非営利的組織としてスタートしたのだが、寄付による基金や譲渡にありがちな遅々としたプロセスに頼っていては成長に追いつけないことがあとになってわかった。寄付金が承認されるのを待っているあいだに、事業をたたむ寸前まで追いこまれたことも何度かあった。毎週数百万の顧客が加入してくるようになるころには、資金提供者に頼ることは長期的かつ持続可能な成長に適した戦略ではないことが明白になっていた。「たとえば、大手の財団に打診して、すべての手続きを順序よくたどるとしよう。運がよければ6カ月後に小切手が手に入るが、6カ月後に倒産しているかもしれない。そんなに長くは待てないんだ」

明確な市場の存在と計り知れない可能性を秘めた好機を手に、レフトリーと彼のチームはついに、アクサ保険会社やサンラム、オミダイア、国際金融公社（IFC）、テレノールなどが加盟している保険コンソーシアムの関心を引くことに成功し、マイクロエンシュアは利益追求型のベンチャー企業へ転向できた。他の保険会社にはまったく見えなかった市場で、実験をおこない、新しいプロダクトやサービスをつくり出す余裕が生まれたのだ。各市場で現地の人を雇用してチームを立ち上げ、現地で操業することで、地域に多数の職を新たに創出した。

誤解のないように言うと、既存の会社が成長するチャンスを探していないというわけではない。探してはいるのだが、残念なことに、既存のビジネスモデルと市場調査に用いるツールに惑わされている。そのため、大勢の人が抱える苦痛のなかにチャンスを見いだすことができない。多くの地域に無消費経済が存在するということは、起業家が無消費者の苦痛の軽減に取り組むようなビジネスモデルを構築していかなければならないことを示している。苦痛をターゲットに構築するビジネスモデルの興味深い点は、ひとたび成功の兆しが見えるやいなや、機会が一気に誰の目にも明白になるというところだ。

次に、家電メーカーのギャランツの事例を見てみよう。

世界を席巻した中国の電子レンジメーカー

梁昭賢《リアンチヤオシエン》は、のちに世界でも指折りの家電メーカーとなるギャランツを立ちあげた。25年前はほぼ無名だったが、今日では世界中で売られている電子レンジのおよそ半数がギャランツ製だ。ものすごい数の電子レンジが日々製造されている。だがリアンはこの巨大企業を、中国の低賃金につけ込んだ輸出で築いたわけではない。中国国内で目にした不便さに、まず着目したのだ。

当初、競合他社にはこの機会が見えていなかった。たとえば1992年、中国では20万台の電子レンジしか売れず、しかも都市部にかたよっていた。電子レンジの平均価格は約3000元（当時の価値でおよそ500ドル）で、平均的な中国国民にとって手の届きようのない値段だった。たいていの中国人は、電子レンジを不要の贅沢品と見なし、また多くの家電メーカーも一般的な中国人無消費者のことを、電子レンジなど〝貧しすぎて〟買えない人たちだと見ていた。中国市場最大手の家電メーカーですら電子レンジの年間売上は約12万台にすぎなかった。

だが、ギャランツの創業者の目には別のものが映っていた。それは、小さなアパートの住人だ。彼らはガスコンロや、場所をとるようなかさばるものをもっていなかった。多くは電熱器を使用していて、手狭な部屋の温度が上昇することもよくあった。彼はまた、時間に追われる中国人が増えつづけていることも、小さなアパートで部屋に空調もなく、時間に追われている人びとは、部屋が暑くなる料理をしたがらないことも理解していた。リアンはこの不便さに、巨大市場創造の好機を見た。

ギャランツが中国国内の電子レンジ市場に集中する選択をした理由は、世界的な著名ブランドの多くが中国を無視することにした理由とまったく同じだった。つまり、「既存の需要は小さく、電子レンジは高価すぎて中国の一般的な消費者には購入できない」

だからギャランツは、中国に市場を創造するビジネスモデルを開発した。他の多くのブランドやメーカーと同様に、中国の人件費の安さを利用してはいたが、ギャランツが電子レンジを低価格で製造するただの業者だと考えるのは正しくない。同社は中国の一般的な消費者を念頭に置いて、ゼロからスタートを切ったのだ。

一般的中国人の顧客を惹きつけるために、同社の幹部陣は中国にある他の家電メーカーとは異なる考え方をしなければならなかった。1990年代半ば、中国のほとんどのメーカーの操業率は約40%

だったが、ギャランツは自社の工場を24時間365日稼働させて、資産を最大限に活用した[10]。他社がテレビで宣伝していても、ギャランツは新聞を利用して、ナレッジマーケティングを導入した。ナレッジマーケティングとは、自社製品の使い方や、新しいモデルの説明を含めて、企業が顧客に情報を提供する手法だ。この戦略によって、同社の宣伝費とマーケティング費用は劇的に抑えられ、同程度の売上高がある他企業と比較すると、ギャランツが広告に費やす額はおよそ10分の1だった。

中国でよく読まれている英字新聞チャイナデイリー紙の記事が、電子レンジを初めて使用する消費者が使い方を憶えたのはギャランツの功績だと書いている。「1995年、ギャランツは電子レンジの使い方の知識を全国的に普及させた。『電子レンジの使い方ガイド』『専門家が教える電子レンジの豆知識』『電子レンジの料理レシピ』などの特集を150紙以上へ掲載した。『よい電子レンジの選び方』といった書籍出版にも約100万元（12万481ドル）を出資している[11]」。こうした取り組みは、中国の人々に電子レンジについて教えるだけでなく、同社のブランド認知を高めた。

ギャランツはさらに、人件費の安さだけを武器に輸出攻勢をかける他企業には必要のない能力をいくつも開発した。エンジニア、販売員、マーケティング専門家が新たに必要になれば採用活動を実施し、新しい流通経路が必要になれば開発し、新しいオフィスや工場やショールームが必要になれば、そのつど建てた。中国市場で成功しようと思うのなら、ギャランツは現地に雇用を大量につくり出さなければならなかった。製造を開始してからわずか2年後には、同社は5000店に達するほどの販売ネットワークを全国に展開していた[12]。

現在、ギャランツは世界最大の電子レンジ研究開発センターを擁し、さらに、アメリカ、日本、韓国をはじめとする複数の国で研究機関やＲ＆Ｄセンターとのパートナーシップを積極的に築こうとしている。また、世界中の２００近くの国や地域に流通センターを構えている。ギャランツが低価格電子レンジの輸出のみに専念したなら、こうした投資の多くは必要なかっただろう[13]。

ギャランツの事例を見ていると、無消費者をターゲットにした市場創造の影響力が直に伝わってくる。１９９３年に20人だった従業員は２００３年には１万人以上に増大した。１９９３年の製造ラインは１本で、１日当たりの生産量はおよそ４００台。２００３年になると製造ラインは24本に増え、１日に５万台を生産するようになった。２０１６年には１日に約10万台の電子レンジを生産している。

ギャランツの成功はめざましく、２０１３年には45億ドル以上の売上を記録、従業員数は４万人を超えた。現在、同社は世界の電子レンジ市場の40%以上を占め、創業者のリアンは、10億１０００万ドルという途方もない資産を保有して、フォーブス誌の世界長者番付に悠々《ゆうゆう》とランクインしている。こうしたリアンの富やギャランツの成功は、中国のために中国で起こした市場創造型イノベーションが基盤にある。中国の無消費をターゲットにして成功したあと、グローバル市場でも大きなシェアを握ったのだ。

組織／イノベーション	無消費と影響
サファリコム／Mペサ ——銀行口座をもたずともモバイルマネーの受け取り、送金、貯蓄ができるプラットフォーム	**無消費：**Mペサ以前のケニアでは、国民の85%以上が銀行口座をもたず、銀行システムが国内におよそ1200の支店をつくるのに100年以上かかっていた。 **影響：**2007年のサービス開始以降、2200万のケニア人が生活にMペサを取り入れた。同サービスは現在、毎月45億ドル以上のマネーを扱っている。ケニア全土に4万カ所以上のMペサ代理店があり、結果として雇用も彼らの収入も増えている。数百万人は、かつては無縁だったローンや保険などの他の金融サービスも利用できるようになった。
トララム／インドミーヌードル ——3分で簡単につくれる、うまくて安いインスタント食品	**無消費：**数千万人が1日当たり2ドル以下で生活しているナイジェリアでは、1日に3度の食事をとれない人が大勢いる。 **影響：**トララムはナイジェリア国内で年間45億食以上の袋麺を売り上げている。13の製造工場をもち、数万人を雇用し、これまで国内に3億5000万ドル以上を投資してきた。現在もナイジェリア経済への貢献は毎年数千万ドルにのぼる。インドミーの登場前にはヌードルという食べ物を知っていたナイジェリア人はほとんどいなかった。
セルテル／モバイル電話技術 ——最低25セントから通話時間を購入できるプリペイド式携帯電話サービス	**無消費：**2000年、アフリカ大陸に住む8億人のうち携帯電話をもっている人は約2.5%、2000万しかいなかった。たとえば、コンゴ民主共和国では、人口5500万人以上に対して電話所有者は3000人、ナイジェリアでは1億2600万人に対して100万人以下だった。 **影響：**今日ではアフリカ経済の年間1500億ドルが通信市場からもたらされている。2020年には450万人の雇用を支え、205億ドルを納税し、アフリカ経済に2140億ドル以上の価値を提供すると予測されている(14)。モバイル通信の普及は、モバイルマネー・プラットフォームのMペサや、マイクロエンシュアの保険サービスなど、他の技術も可能にした。現在では、教育および健康・医療サービスにも活用されている。

組織／イノベーション	無消費と影響
ギャランツ／電子レンジ ――一般的な中国市民向けの安価（45ドル以下）な電子レンジ	**無消費：**1990年代初期、人口11億人以上の中国に電子レンジは100万台もなかった。 **影響：**現在では中国国内でギャランツ製電子レンジが1300万台以上売られ、世界市場のシェアは43%。従業員数は4万人を超え、エアコン、冷蔵庫、洗濯機、食洗機など他の家電製品にも進出している。中国で電子レンジが急増したことから、冷凍食品産業も急激に発展し、市場規模が100億ドルを超えたという統計もある。雇用、生産性、収入、規制などあらゆる面を向上させ、国の発展に貢献している。
フョードル・バイオテクノロジーズ／マラリア尿検査（UMT） ――2ドルで受けられ、20分以内に結果が判明する採血不要のマラリア検査	**無消費：**世界で年間2億人以上がマラリアに感染する。罹患しやすい地域では、発熱するとすぐにマラリアだと考えて、マラリア用の薬を服用する人が多い。正しくマラリアと診断されるためには、体調の悪いなか血液検査を受けに病院に行かなければならないが、多くの人にその余裕はない。世界で年間5億件以上の血液検査が病院経由で実施されている。 **影響：**マラリアではないのに誤って薬を服用することのないよう、フョードルはシンプルな非侵襲性（針や管などを体内に挿入せずに診断する方法）のマラリア検査法UMTを開発し、マラリアかどうかを簡単に判断できるようにした。同社はまだ新しく、UMTも最近発売が始まったばかりだが、病院の検査を簡単に受けられない大勢の人に届けようと、すでに生産能力と流通網を確保した。
フォード・モーター社／フォード・モデルT ――一般的なアメリカ人が購入できる自家用車	**無消費：**1900年、米国ではわずか8000台の車しか登録されていなかった。当時の典型的な車は高価で運転もむずかしく、富裕層しか買えなかった。 **影響：**1909年から1924年のあいだに、フォードは1000万台の車を販売し、アメリカの景観を根底から変化させた。数万件以上の雇用を創出し、競合他社より高い賃金を支払い、従業員向けにいくつかの社会保障制度も始めた。保険や物流の業界のほか、人々が郊外へ転居できるようになったため住宅や道路建設などの業界の発展にも寄与した。モデルTはまさにゲームチェンジャーだった。

組織／イノベーション	無消費と影響
アースイネーブル／床材 ——セメント製の5分の1のコストで作成できる自然素材を原料とした床材	**無消費：**ルワンダの80％以上の家庭の床は土でできている。こうした床は蚊やその他多くの寄生虫の温床になっている。セメント製の床はひとつの解決法ではあるが、ひとり当たりGDPが703ドルにすぎないルワンダの国民にとっては高価すぎる。 **影響：**アースイネーブルは創業から数年しか経っていないが、すでにルワンダの300以上の村に47000㎡の床面積を提供している。
クリニカス・デル・アスカル／糖尿病治療 ——メキシコの安価で便利な糖尿病治療	**無消費：**現在、糖尿病はメキシコにおいて、死亡と四肢切断の第1位の原因であり、年間8万人の命を奪っている。糖尿病を患うメキシコ人の数は1990年の560万人から現在では1600万人以上と3倍に増えた。だが、1年で1000ドルかかる治療費は、ほとんどのメキシコ人にとって高すぎ、医療システムも非常に不便である。 **影響：**クリニカス・デル・アスカルは、糖尿病治療にかかる費用を年間1000ドルからおよそ250ドルに削減した。同社の統合ソリューションは、失明や四肢切断や腎機能障害などの、糖尿病に関連する合併症も60％減少させた。同社が治療した5万人以上の患者の95％が、糖尿病に特化した治療をそれまで受けたことがなかった。同社は3カ月ごとに2カ所のペースでクリニックの数を拡大している。
グルポ・ビムボ／パン ——手ごろで良品質のパン	**無消費：**以前はメキシコで手ごろで品質のよいパンを見つけるのはひと苦労だったが、世界最大の製パン企業グルポ・ビムボが、一般メキシコ人をターゲットに、これまでとはちがった製パン市場を創造した。 **影響：**現在、グルポ・ビムボは、年間総計140億ドル以上を売り上げ、22カ国165カ所に工場があり、12万8000人以上の従業員が世界中で働いている。時価総額110億ドルを超える同社は、100以上のブランドを所有し、エクアドル、コロンビア、ペルー、またアメリカ、イギリス、中国でも販売している。同社で最も低い賃金で働く従業員も、メキシコの最低賃金の2倍以上を受け取っている。

組織／イノベーション	無消費と影響
オプティカス・ベル・デ・ベルダッド／眼鏡処方 ――一般メキシコ人向けの眼鏡処方とアイケアサービス	**無消費：**メキシコ人の約43％に、矯正眼鏡が必要な視力障害がある。既存の解決策は平均75ドルかかるので高価すぎ、多くのメキシコ人は眼鏡をかけず、よく見えないままで生活している。 **影響：**2011年12月に1号店をオープンしてから、ベル・デ・ベルダッドは24万件以上の視力検査を実施し、15万本以上の眼鏡を売り上げた。眼鏡の平均単価は約17ドルで、メキシコでの眼鏡がないことによる不便さは過去のものになりつつある。同社は2020年までにメキシコ全土に330以上の店舗を展開する計画だ。
マイクロエンシュア／保険 ――1日当たり3ドル未満で暮らす貧しい人たちでも加入できる保険	**無消費：**保険は低所得国ではまったく売れない商品である。北アメリカ、西ヨーロッパ、日本、中国（これらの国の人口合計は世界人口の34％以下）が、保険料の81％以上を占める。たとえば、中東とアフリカはわずか1.6％、アジア（中国と日本を除く）は11％である。低所得国に住む人のための保険商品は従来、なきに等しかった。 **影響：**マイクロエンシュアは社名に「マイクロ」がついているが、実体はマイクロ（極小）どころではない。同社のイノベーションによって、10年ほどのあいだに、バングラデシュ、ガーナ、ケニア、インド、ナイジェリアなどの国で5000万以上の無消費者が保険に加入した。顧客の85％以上は、マイクロエンシュアが登場するまで保険商品を購入したことがなかった。

無消費はどこにでもある

無消費をターゲットにしたビジネスには大きな機会がある。これを理解すれば、以下に挙げる起業家たちと同じように市場創造型のイノベーションを展開することが可能だ。新しい企業が世界の何億という人たちが抱える不便や苦痛を軽減し、その過程で現地の経済を力強く変えていくことだろう。

見えないものを「見る」

従来の考え方では、成長と繁栄は消費経済のなかで模索するものだった。たしかに大部分の資本が消費経済に流れ、どこかに斬新な成長の機会がないか探している。だが、消費経済ではなく無消費経済に集中することは、企業の新たな成長エンジンに点火するすばらしい機会になりうる。点火された成長エンジンは次に、地域に雇用と収入をもたらし、雇用と収入は最終的に、人が人生で成し遂げる進歩の助けとなる。

直観に反するかもしれないが、多くの貧しい国に存在する無消費のなかに、市場創造型イノベーションを展開することは可能なのだ。その多くは、無消費にチャンスを見いだし、不便や苦痛を見抜き、まだ見ぬ未来を発想できるイノベーターたちの奮闘によって実現される。

まさにレフトリーと彼のチームがマイクロエンシュアで実践していることがこれである。バングラデシュの首都ダッカの貧しい地区に滞在していたとき、レフトリーは、ほかの人には思いもよらないような新たな商機を見いだした。簡素な入院保険である。申し込んだ人——無料で——は誰でも、2晩か3晩を病院のベッドで過ごす状態になったら保険金の50ドルを受け取れる。請求を申請するとただちに携帯電話の番号のもとへ50ドルが届くのだ。年齢やそれまでの健康状態などいっさい問われずに。

この商品のアイデアは、レフトリーが病気でわが子を亡くした母親と交わした、悲痛な会話に由来する。その母親は、地域の病院へ病気の子どもを連れていったのだが、特別に診てもらうための金がなく、ただ待つしかなかった。2日間、医師にも看護師にもまったく診てもらえず、そのままこの病院にいても無理だと悟った母親は、近くの個人クリニックへ向かい、子どもを治療してくれるかどうか尋ねた。治療すると言われた。ただし、母親が半額前払いで合計5ドル支払うのなら。必死になった母親は、わが子をクリニックへ残したまま急いで帰宅した。持ち物すべてを売って治療費を工面するためだった。翌日病院へ戻ると、子どもは亡くなっていた。

「彼女は打ちのめされ、弱りきっていた。私にも痛いほど伝わった。チームに戻ってこの出来事をみなに話し、われわれで解決すると決意した。こうした市場のゆがみに対処するプロダクトをうちで考え出さなければならないと」。嘆く母親を減らすためにできることはあるのだ。

レフトリーによると、インドでなんらかの理由で入院した患者のうち24％が収入を失くし、入院費に追われ、貧困ラインを下まわって退院するという。マイクロエンシュアが当初考えた商品は病院に支払い請求と必要書類を提出してもらうという、あとから思えば病院に頼りすぎ、手間のかかりすぎるものだった。試行錯誤を繰り返し、現在のシンプルな商品に行き着いた。また、入院するときの前金が現金である必要はないことも学んだ。前述の母親のように、前もって現金払いを求められる場合でも、数日以内に保険金が入ることがわかっていれば借金して費用を工面できる。「最終的に本当にいい商品になったと思う。人の役に立てる商品に」とレフトリーは語る。あのときの母親にぜひもう一度会いたいそうだ。「何年も探している。あの母親に会えたら、あなたの経験がこうして保険という商品になり、多くの人の命を救っているのだと伝えたい。そのチャンスが来る日を待っている」

われわれは世界中の苦痛に対してすべての答えをもっているわけではない。だが、探しもしないのに見つかりはしない。人が日々直面している不便や苦痛から無消費の機会を見つけ出すレンズをもち、片づけるべきジョブのよりよい解決策を生み出すことで、苦痛を切り崩していけるはずだ。さらには、苦痛を抱える地域社会を繁栄へと導く市場をつくりはじめることも。

いる。たとえば、電子レンジの主要部品のマグネトロンを開発するのに、平均的企業はおよそ8億ドルから10億ドルを費やしたが、ギャランツは4億ドル程度だった。また、事業運営の効率化にも取り組み、他社と比較して操業コストを5%から10%低く抑えた。さらに、サプライヤーから一括購入して即時払いを実践する購買手法によって、部品や消耗品のコストも削減した。要するに、ギャランツがコスト効率をこれほど重視したのは、中国の無消費者をターゲットにしていたからなのだ。
"Microwave Oven Maker Needs Reheating: Galanz's Low Pricing Stalls." Samsung Economic Research Institute (Beijing Office), February 29, 2008.

13 "About Galanz: Profile." Galanz. April 6, 2018. http://www.galanz.com/about/about_detail.html.

14 "Number of unique mobile subscribers in Africa surpass half a billion, finds new GSM study." GSMA. February 1, 2018. https:// www.gsma.com/newsroom/press-release/number-of-unique-mobilesubscribers- in-africa-surpasses-half-a-billion-finds-new-gsma-study/.

とって有益である。

4 “FDI Flows,” Data. OECD, February 19, 2018, https://data.oecd.org/fdi/fdi-flows.htm.

5 “Cutting the Cord.” *The Economist*, October 7, 1999. http://www.economist.com/node/246152.

6 “Number of mobile phone subscriptions worldwide from 1993 to 2017 (in millions).” Statista, February 19, 2018. https://www.statista.com/statistics/262950/global-mobile-subscriptions-since-1993/.

7 Scott D. Anthony, Mark W. Johnson, Joseph V. Sinfied, Elizabeth J. Altman. *The Innovator's Guide to Growth: Putting Disruptive Innovation to Work* (Boston: Harvard Business Press, 2008), 45-60.
邦訳『イノベーションへの解　実践編』スコット・アンソニー&マーク・ジョンソン&ジョセフ・シンフィールド&エリザベス・アルトマン著、栗原潔訳、翔泳社、2008年

8 著書『ジョブ理論』のなかで、共著者たちおよび長年の協力者であるボブ・モエスタ、そして私は、「片づけるべきジョブ」の理論をさらに詳しく説明している。
Clayton M. Christensen, Taddy Hall, Karen Dillon, David Duncan. *Competing Against Luck: The Story of Innovation and Customer Choice* (New York: HarperCollins, 2016).
邦訳『ジョブ理論　イノベーションを予測可能にする消費のメカニズム』クレイトン・M・クリステンセン&タディ・ホール&カレン&ディロン&デイビッド・S・ダンカン著、依田光江訳、ハーパーコリンズ・ジャパン、2017年

9 Daniel Kahneman and Amos Tversky. “Prospect Theory: An Analysis of Decision under Risk.” *Econometrica* 47, no. 2, March 1979: 263-92.

10 ギャランツは電子レンジメーカー数社の委託製造業者でもあった。その委託製造契約では、契約上の納品義務を完了したあとに、自社の目的のために製造ラインを稼働させることができた。製造技術や工場に多額の資金を投じる必要がなく、ひとつには、これが低コストで電子レンジビジネスに参入できた理由だった。だが、一般的な中国人顧客に売るためには、これで充分ではない。中国の無消費者をうまくつかまえるには、地域の代理店、流通、サポート体制も開発しなければならなかった。

11 De Xian. “Innovative firm leads in microwave market.” *China Daily News*, December 19, 1996. http://www.chinadaily.com.cn/epaper/html/ cd/1996/199612/19961219/19961219010_1.html.

12 サムスン経済研究所の北京支所が実施した研究に詳説されているように、ギャランツは一般的な中国人が買える手ごろな価格にするために、ほかにもたくさんのことをおこなって

【第３章】原注

1　ビジネススクールの教授であった故C・K・プラハラードは、その独創的な著書『ネクスト・マーケット』で、ピラミッドの底辺（Bottom of Pyramid: BoP）に向けたプロダクト／サービスを開発することの大きな可能性を説明している。BoPは世界で最も貧しい人々を指し、ほとんどは1日あたり2ドル以下の稼ぎしかない。プラハラード教授は、そのような貧しい人を自社の消費者とは見ない多くの企業にとっても、彼らの要求を満たすことが利益につながると論じた。貧しい人は金がないために、市場に出回っている既存のプロダクト／サービスの無消費者であることが多いが、値段の問題は無消費の制約のひとつにすぎない。無消費を特徴づけるのは、所得階層ではなく、そこに苦痛（不便）があるかどうかであり、ここから2つのことが浮かびあがる。第一に、所得階層は苦痛の尺度の代用になりうるが、同じではない。第二に、苦痛で特徴づけられる無消費に焦点を合わせることは、同じ苦痛を抱える高額所得者にも低額所得者にも、また中間所得者にも利用できる解決策を生み出せるということである。貧しい人のためだけのイノベーション開発と、無消費者をターゲットにしたイノベーション開発との微妙な差異について考えておくことは重要だ。
C. K. Prahalad. *The Fortune at the Bottom of the Pyramid: Eradicating Poverty through Profits* (Upper Saddle River, NJ: Prentice Hall, 2006).
邦訳『ネクスト・マーケット―「貧困層」を「顧客」に変える次世代ビジネス戦略』C・K・プラハラード著、スカイライト コンサルティング訳、英治出版（増補改訂版）、2010年

2　世界銀行のウェブサイトに成長率の算出法が掲載されている。「成長率は年平均として計算し、百分率で表す。注記がないかぎり、成長率は実質価格をもとに計算する。計算方法には主として、最小二乗法、指数関数的成長率を仮定した算出法、幾何級数的成長率を仮定した算出法がある。ある期間から次の期間への変化率は、前者の期間の比例変化率として算出する」。未来を予測するこうした計算法は、過去の経済データに依存し、そのデータはおもに地域の人口動態に基づいている。たとえば、最小二乗法による成長率は、正確さを確保するうえで充分に長期の蓄積データがある場合に用いられる。だが、無消費経済は統計に表れないため、こうした計算に含めることがむずかしい。
"Data Compilation Methodology." Data. The World Bank, February 19, 2018. https://datahelpdesk.worldbank.org/knowledgebase/articles/906531-methodologies.

3　ただし、経済は消費経済と無消費経済とに完全に二分されているわけではない。たとえば、おおむね消費経済に属しているからといって、その経済のなかに存在するあらゆる消費経済に属するわけではない。所得をベースに分類した場合、アメリカで7万5000ドル以上を稼ぐ個人は消費経済側に属すると言えるが、そちら側にも、市場に出回っている特定のプロダクトが、所有できれば恩恵があるとわかっていても、高すぎて買えない人はいるだろう。消費経済と無消費経済に分けて考えるモデルは、なぜ無消費者（潜在的消費者）がいまは自社のプロダクトを購入していないかを理解するのに役立つので、イノベーターに

第4章

プル対プッシュ——2つの戦略

食品会社を経営していますが、食品より発電のほうをよく知っていますよ。

——ディーパック・シングホール、トララム・アフリカCEO

章のテーマ

毎年、私たちは低〜中所得国の開発支援に数十億ドルを費やしている。こうした資金はおもに、貧しい国を発展へと後押しするための資源を押し込む《プッシュ》目的で使われる。しかし、過去70年以上にわたって数兆ドル相当の資源をプッシュしたあとでも、貧しい国の多くは貧しいままで、以前より貧しくなった国すらある。なぜ発展を実現するのも持続させるのもこれほどむずかしいのだろう。

このような試みの多くには、発展の重要な要素であるイノベーションが欠けている。発展と繁栄が根づきはじめるのは、社会が必要とする資源を引き入れる《プル》イノベーションを展開したときだ。投資家や起業家、顧客、政府など経済のステークホルダーに利益をもたらす新しいイノベーションが登場すれば、彼らにはインフラや教育、ときには政策も含め、イノベーションがプルした資源を維持しようとする動機が生まれる。プル戦略の場合には、すでに市場が存在するという強みがあり、繁栄を長く持続させるには市場の存在が不可欠である。


2017年、インドでひときわ話題をさらった映画がある。多額の予算をかけたハリウッドの超大作でもなければ、〝ボリウッド〟の絢爛《けんらん》豪華なミュージカルでもない。タイトルは『トイレ――ある愛の物語』。嫁ぎ先にトイレがないことを知った若い花嫁の試練と苦難の記録だ。花嫁の考えに理解を示す者と示さない者とで村は真っ二つに分かれ、つづいて大混乱と笑いが巻き起こる。最後には夫が愛妻のためにトイレをつくり、ハッピーエンドを迎える。

ヒットしそうもないタイトルだが、この物語はインドの痛いところを突いている。インドでは、半数以上の家庭にトイレがない。映画なら笑えても、現実ではトイレがないことは笑い話ではすまない。

世界銀行によると、インドの死亡者の10人にひとりは劣悪な衛生環境が原因である。汚染された地下水を飲む子どもたちには感染症が慢性化し、子どもの主要な死因である下痢で命を落とす人数は毎年30万人を超える。さらに数百万人が汚染水による発育不全で健康を害している。多くの人が夜、あたりが暗くなるのを待ってから公共の場を利用して排泄《はいせつ》し、この状況が女性に対する性的暴行や暴力をはじめとする一連の問題を引き起こしている。よりよい衛生設備の追求は同国にとってきわめて重要な意味をもち、かつてマハトマ・ガンジーは、衛生設備は聖なる場所であって、「政治的自由より重要だ」と言明した。

　解決策はシンプルに思える。もっとトイレをつくればいい。インドのナレンドラ・モディ首相も、自身が展開するクリーン・インディア・キャンペーンの一環として、寺院よりも優先してトイレを建設すると宣言した。実際に、２０１４年から２０１５年にかけて、インド政府は１０００万基以上のトイレを建設し、２０１９年までに、さらに６０００万基を追加する計画だ。インドの深刻な衛生問題に照らせば、この政策に非などあろうはずがなかった。[1]

　だが、トイレを建設するだけではだめだったのだ。２０１５年半ば、政府は大多数のトイレが使用されていないことに気づいた。「トイレをつくればつくるほど、トイレを使うようにと住民を説得する仕事が増えていった」と、農村開発大臣および飲料水衛生大臣のチャウダリー・バーエンダー・シンは述べている。〝説得〟は、さまざまなかたちでおこなわれた。ある農村地帯では、政府の役人と、人々にやる気を出させる有志の〝モチベーター〟がチームを組んで村々をまわり、新たに設置された公衆トイレや民家のトイレを使わずに、屋外で用を足す人たちを公衆の面前で辱めた。ある村では、幼い子どもたちが、用足しに野原へ向かう人を見かけたら、あとを追って笛を吹くように教え込まれた。さらにインド政府は、奨励金という手段に訴えて、トイレを利用するように仕向けた。「トイレがつくられれば、人は自動的に使うものだと決めつけていた。だがそうではなかった。入念に利用状況を観察し、段階に応じて村議会に現金を与えなければならない。習慣として定着するまでには長い時間がかかる(2)」

モチベーターに辱められる？　子どもに笛を吹かれる？　トイレの利用に報奨金？　何かがまちがっている。いくら善意の取り組みであっても、人がなぜその決断を下したのか、根本的な原因を理解せずに、解決策を押しつければ、このような歪《ブッシュ》みを引き起こしかねない。たとえば、ある村では干ばつが起こり、少ない水は飲料と身体の清拭にまわされ、トイレを清潔に保てなくなった。別の村では、急いで設置されたため、トイレはただそこにあるだけで、なんの設備ともつながっていなかった。当然、すぐにハエがたかって臭気を放ち、誰も使わなくなる。

この問題に苦悩する多くの村を研究してきた開発コンサルタントのカマル・カーは、コミュニティ主導型総合衛生管理（ＣＬＴＳ）アプローチの先駆者となった。ＣＬＴＳのウェブサイトには、次のように書かれている。「ただトイレを提供するだけでは利用される保証はなく、公衆衛生と清潔さが向上することもありません。公衆衛生に対する初期のアプローチは、高い基準を設定し、報酬として政府が奨励金を与えるものでした。しかしこれでは、トイレを受け入れるかどうかにバラツキが生じ、長期の持続可能性が乏しく、たまにしか使わないという問題が起こります。また、奨励金に頼るという文化も生んでしまいました」。CLTSアプローチでは、たんにハードウェアを提供すれば公衆衛生問題が解決するとは想定していない。[3] だが、成果を挙げるのは口で言うほどたやすいことではない。

貧困は苦しい。貧しい地域では必ずと言っていいほど、食料、衛生、安全な水、教育、医療、公共サービスなどの資源が不足している。このことから、貧困は主として資源による問題と見る向きが多かった。この前提に基づいて、過去数十年にわたり、ほとんど資源だけを中心にした金のかかる「プッシュ戦略」が実行されてきた。私たちは善良な意図をもって、貧しい地域に欠けている資源を豊かな地域からプッシュして問題を解決しようとする。だが、性急にトイレをプッシュしようとしたインドの取り組みを見てもわかるように、プッシュ戦略ではなかなか成果が定着しない。せいぜい一時的に成功したように見えるだけだ。学校や病院、道路、空港、そしてトイレも、どれもそれ自体はよい投資なのだが、順序をまちがうと、知らず知らずのうちに利益より害をもたらすこととなる。ケンブリッジ大学の経済学者ハジュン・チャンは、著書の『はしごを外せ　蹴落とされる発展途上国』（日本評論社）のなかで、富裕国スタイルの制度を貧困国に構築することの問題点を考察している。[4]

誤解のないように言うと、資源をもたない人に資源を提供する行為には真の価値があるものももちろんある。だが、資源をプッシュするだけでは、価値よりも支出金額のほうが上回ってしまう状況も少なくない。また、プッシュ戦略は、貧困を治療法のない慢性疾患のように扱っているとする見方もある。これは金のかかるアプローチだ。アメリカだけでも、医療費関連の国の支出2・7兆ドルのうち80％以上が慢性病の治療に費やされている。[5] 慢性疾患はなかなか完治しない。人によっては苦しみが長く続くことを意味するかもしれない。もっといい方法があるはずと信じたくなるのは当然だろう。私たちは貧困に対して同じことをしているのではないか。つまり、大量の資源をプッシュして痛みを取り除こうとするが、改善したかどうかわかりやすい痛みの途去にばかり気を取られ、病気そのものを治しているのではないということだ。こうしたアプローチでは、本来できることから目を逸らせてしまう。

プッシュ戦略とプル戦略

プッシュ戦略を主導するのは開発の特定分野の組織または専門家であることが多く、彼らの考えによって低所得国に推奨される解決策の内容が決まっていく。プッシュされる資源の多くはよいもので、貧しい国の人たちからも歓迎されるが、残念ながら、解決策を吸収する素地を鑑みずに実行されることがよくあり、そうなると、善意と希望で始まったプロジェクトがあっという間に深い失望に変わる。

例として、世界有数の威信と人気を誇るスポーツイベント、FIFAワールドカップ（W杯）を取り上げてみよう。ワールドカップの開催国の座をめぐっては数年ごとに激しい誘致合戦が繰り広げられている。国や自治体が大々的なキャンペーンを張り、W杯の開催にはたしかに巨額の費用がかかるが、一方で莫大な恩恵もあるのだと地域の住民を説得にかかる。決定した開催国はメディアのまえで華々しく発表され、当地の関係者は歓喜に沸き返る。晴れがましい国際イベントに向けて新しい資源とインフラをその地に注げば、諸外国からの訪問客が押し寄せ、金も大量に流れ込み、大量の雇用が創出され、最終的には地域経済の発展につながると希望を膨らませる。

だが現実には、こうした希望はほぼ実現されない。

南アフリカは、工事が間に合わないのではないかとの事前の懸念をよそに、2010年のW杯の開催国として立派に役目を果たした。だがそれでも同国は、交通機関や通信やスタジアムの整備に投じた31・2億ドルのうちわずか10％しか回収できずに終わった。[6] W杯から数年が経ったいま、ケープタウン近郊に新設されたスタジアムをはじめ、当時どれだけ金を使ったかを思い出させるものは、ニューヨーク・タイムズ紙いわく「FIFAが南アフリカに遺した悪しき産物」の象徴となっている。「白人がほとんどを占める近隣の富裕層にとってはスタジアムは使い途《みち》に乏しく、熱烈なサッカーファンの多い非白人の居住エリアからは遠い。スタジアムには2010年以降少なくとも3200万ドルの維持費用がかかっていて、市の財政を圧迫している。こうした資金は、より緊急性の高い、たとえば貧しい人々への公衆衛生と住居の提供などに充てるほうが得策だったかもしれない。住民サービスの欠如が、定期的に抗議を引き起こす火種をくすぶらせている」。南アフリカでは、W杯への支出から満足のいく見返りを得られなかった。ほぼ10年が経過しても、いまだに南アフリカは世界銀行が発表する所得格差国ランキングの上位にあり、国民の半数以上が貧困ラインを下回っている。

一方、われわれが「プル戦略」と呼ぶ戦略は、こうしたプッシュ戦略とはほとんどの面で異質である。たとえば、人的資本の教育に投資する場合、その地で求められる人材に合った教育を引き入れるほうが、高い成果を得られやすい。教育で得た知識とスキルを生かせる経済がその地にあるからこそ、求める人材への要求も明確になる。

私がこのことに気づいたのは、世界有数のＩＴ企業、タタ・コンサルタンシー・サービシズ（ＴＣＳ）の役員会のメンバーになってからのことだった。40万人近くの従業員を擁するＴＣＳは、インド最大級の民間企業だ。ここ数年、顧客からの依頼にデータ分析、モビリティ、クラウドコンピューティング、ＩｏＴといったデジタルサービスに関連する案件が増えはじめたため、同社は需要を満たすべくビジネスモデルに「デジタル教育」を引き入れた。60万個以上に細分化されたデジタルテクノロジーの項目を従業員20万人にすでにトレーニングしているが、教育への熱意はまだ続きそうだ。新入教育であれ、既存従業員を対象とする場合であれ、同社の教育は通常、市場のニーズまたはプロジェクトの仕様に基づいておこなわれる。そうすれば、教育をただちに現場で生かせるからだ。従業員は

なぜ学習しているのかを理解でき、会社側もなぜ投資しているのかを理解できる。(7)

われわれの調査では、プル戦略は他の戦略に比べて、持続可能な繁栄の起点となる効果がはるかに高いことがわかっている。その理由を3つ挙げておこう。

第一に、プル戦略は、日常の消費者の不便や苦痛、あるいは市場の具体的なニーズに応えようとする現場のイノベーターによって始められることが多い。

第二に、声高な主張に引きずられがちなアプローチとは反対に、プル戦略では現状把握や調査を重視したアプローチを採る。解決したい難題に、自分が正しいと思い込んでいる答えを――たとえ善良な意図からであっても――押しつけようとするのではなく、イノベーターは現場で学び、持続可能な方法で難題を解決しようとする。ＴＣＳの場合、四半期ごとに、組織に引き入れるべきスキルを調査してカリキュラムを見直し、それに応じて投資する。

第三に、プル戦略は、まず市場を創造することに、あるいは市場のニーズを見きわめることに集中する。そのあとで、市場の存続に必要な資源を引き入れていく。プル戦略は、何かを動かそうとする強い熱意から出現し、たとえはじめは不完全であれ、市場の創造または持続にとって重要な解決策を生み出すという決意で臨んでいるのだ。市場創造を求める声が高まることで、プル型の解決策は命を吹き込まれ、定着していく。例として、ある製麺会社がナイジェリア経済に与えたとてつもない影響を見てみよう。

驚異のインスタント麺

ナイジェリアの消費者におそらく最も愛されている商品は、最もつつましい商品でもある。インスタント麺のインドミーヌードルだ。1食ずつ個装された20セントのインドミーは、ナイジェリアでは知らない人がいないない。15万人以上が加入するファンクラブは3万を超える小学校に支部があり、模範的なナイジェリアの子どもたちを表彰するヒーローズ・オブ・ナイジェリア賞のスポンサーも務めている。

2016年、私はハーバード・ビジネス・スクールのアフリカ・ビジネス・クラブの年次会議でスピーチした。出席者はおよそ1500名、学生が運営する、アフリカに関する会議としては世界最大の規模だ。スピーチのなかで、当時われわれが研究対象にしていたすばらしい企業トララムに言及したのだが、聴衆の表情はぼんやりしたままだった。[8] ところが、私が「インドミーヌードルをつくった会社です」と言うと、聴衆は沸き返った。なぜインスタント麺で歓声が上がるのか？　それが開発と繁栄にどう関係してくるのだろうか。

トララム社がインドミーヌードルをつうじてナイジェリアで成し遂げたことは驚嘆に値する。まだ同国が軍事政権下に置かれていた1988年にナイジェリアに参入して以来、トララムは3億5000万ドル以上を投資して、10万以上の職を生み、物流会社を展開し、電気や上下水道をはじめとするインフラを構築した。加えて、教育機関を設立し、地域の共同体組織に資金を提供し、莫大な税金を納めてきた。トララムの躍進を示す最も華やかな証拠は、ナイジェリアの商業の中心地ラゴス州に新しく深水港をつくるにあたり、その建設と運営に15億ドルを投じた官民パートナーシップ事業の主導的役割を担ったことだろう。大げさではなく、ひとつの袋麵からここまで発展したのだ。

トララムは、ないも同然のところでも市場は創造できることを示した。市場の誕生から恩恵が得られ、それがさらなる発展につながることも。

インドミーヌードルはナイジェリア社会にあまりにも浸透しているため、麵類は本来、彼らの伝統的な食べものではないことを忘れているナイジェリア人もいるかもしれない。トララムがナイジェリアでインドミーを販売しはじめてから実際には30年ほどしか経っていない。同社の成長の経路は、発展についての社会通念をひっくり返すものだった。

１９８８年、同社がインドミーヌードルを販売しはじめた当時、ナイジェリアは投資を引き寄せるにはほど遠い状況だった。国は軍事政権下にあり、人口９１００万の平均寿命は46歳、国民ひとり当たりの年間収入はわずか２５７ドル（現在は約５３５ドル）、電話を所有しているのは人口の１％以下、安全な水を入手できるのは人口の半数ほど。適切な衛生設備を使えるのは37％、１日２ドル以下で暮らす人の割合は78％にのぼっていた。しかし、こうした気が滅入るような状況でも、ハレシュとセイジェンのアスワニ兄弟は、安くて手軽な食べ物の市場に巨大な機会を見いだした。彼らにとっては、苦痛に満ちた現状が市場創造のチャンスだった。

インドミーヌードルは3分もかからずに調理でき、卵を入れれば栄養価の高い食事となる。ところが1988年当時のナイジェリア人は、ヌードルを食べたことも見たこともない人がほとんどだった。「最初は虫を売っていると思われた」と、トララム・アフリカの現CEO、ディーパック・シングホールは当時を振り返って言う。それでもアスワニ兄弟は、国の成長と都市化、自分たちが提供するプロダクトの利便性から、ナイジェリアに市場を創造できると確信していた。ナイジェリアの不利な人口統計に注目する代わりに、ヌードル市場を創造できるビジネスモデルの開発に集中したのだ。

きわめて貧しい水準にあった一般的なナイジェリア人をターゲットにしたことで、トララムは同国に長期的に投資していく覚悟を決めた。1995年、コスト管理を向上させるため、製麺部門をそれまでのインドネシアからナイジェリアへ移転した。これを実現するには、電気、廃棄物管理、水処理などのインフラを事業に引き入れなければならない。「食品会社を経営していますが、食品より発電のほうをよく知ってますよ」。シングホールの言葉には当時の苦労が表れている。

トララムはタタ・コンサルタンシー・サービシズ（TCS）と同様に、教育ビジネスにも参入し、電気技師、機械技師、財務など、ビジネスに関連するさまざまな訓練コースを設立した。こうした投資が必要だったのは、ナイジェリアの教育の基本インフラが存在しないか標準以下だったからだ。だからトララムはそれらを「プル」する戦略を採った。

整備したインフラが今度は新しい機会を大量につくり出す側になった。たとえば、トララムが現地大学の新卒生を雇用し、トレーニングを施したとしよう。まず、自社の事業の生産性が上がり、それにより地域の生産性も上がる。次に失業者が減り、有職者は生活のための犯罪に手を出す確率が低いことから間接的に犯罪も減る。[9] さらに、個人消費が増え、政府の税収も増える。どれも地域開発の目標に挙げられる項目だが、トララムの幹部陣にとっては、ビジネスの成功を追求するうちに自然にそうなったにすぎなかった。

17年連続で前年比36％の成長

多くの新興市場と同じく、ナイジェリアには公式経済下の成熟したサプライチェーンが存在せず、工場から消費者の手元へ届くまでのあいだに、商品が盗まれたり、所在を見失ったりするおそれが多々あった。そこでトララムは、スーパーマーケットのサプライチェーンに投資する決断を下す。物流とロジスティクス全般を網羅するもので、並大抵の投資ではなかった。それは物流倉庫と店舗を建て、数百台の社用トラックを購入し、数千人のドライバーを雇用して、近隣地域の個人商店かトララム系列の店舗まで箱に詰めたインドミーヌードルを届けることを意味していた。

一見過剰に思えても、経営陣は、商品が顧客の手に届かなければ成功はないとわかっていた。貧しい国の企業は、どうすれば商品の値段を下げられるかに多くの時間を費やしがちだが、反面、自社の商品を消費者がいかに簡単に入手できるようにするかはあまり考えない。物流をビジネスモデルの中核と見ていない企業は少なくない。だが、これから発展しようとする貧困国では、値段の安さと入手しやすさの両方が、市場創造型イノベーションを成功させるカギとなる。

市場創造型イノベーションは、ただのプロダクトやサービスではない。解決策全体、つまり企業に利益をもたらすビジネスモデルと結合したプロダクトやサービスを指す。この解決策をつくり出すために、企業はインフラや工場、物流、ロジスティクス、販売など、ビジネスモデルに必要な要素も含めて整備するのだ。そしてこれらは、地域にとってもインフラの基盤となっていく。トララムはナイジェリアでこれを成し遂げ、いまも成長しつづけている。

同社は現在、インドミーヌードルの原材料の92%を自社で管理し、ナイジェリアで13の製造工場を稼働させている。

トララムの投資は、どの指標から見ても充分に報われている。歩調を合わせるように、国としてのナイジェリアも途方もない恩恵を受けている。今日、同社はナイジェリアで年間45億食以上のインドミーヌードルを売り上げている。30年前には麺の存在を知るナイジェリア人はほとんどいなかったのに、現在ナイジェリアは世界のインスタント麺消費国の11位にランクインするまでになった。８５０0人以上を直接雇用し、特約販売店１０００店と一般小売店60万店のバリューチェーンをつくり、年間10億ドル近い売上があり、同時にナイジェリア政府に数千万ドルにのぼる税を納めている。100台以上の車両を所有する物流管理会社も設立した。その会社はトララム以外のナイジェリアの企業にもサービスを提供するようになり、収入の65％は外部の顧客からのものだ。現在、その会社はナイジェリアで最大級の運送企業に数えられている。(10)

トララムがもっとありふれた別のアプローチを採っていたら、すなわち国の経済状況や投資しやすい環境がととのうのを待っていたら、自身が創造した市場を17年連続で前年比36％以上成長させるという驚くべき成功は成し遂げられなかっただろう。市場はさらに大きくなり、16社の製麺会社が誕生したほか、包装材や小麦、パーム油、塩、砂糖、トウガラシ、また物流、広告、営業、小売りなど、原材料の供給や事業の各段階にかかわる業界への投資を集めている。こうした企業が合わさって、ナイジェリアで数万人の職を直接創出している。

ナイジェリアのような環境で市場を構築するには、周囲がリスクと見て尻込みすることを自社に取り込む必要があったし、これは当面変わらないだろう。

ナイジェリアのラゴス州に、新たに深水港を建造し運用するプロジェクトがある。15億ドルを投じるこの官民パートナーシップの主導的役割をトララムが担う理由のひとつは、リスクを取って成長につなげる思惑があるからだ。港の建造が成功したら、同社はコスト削減に努め、他社に港湾サービスを提供することだろう。

トララム・アフリカの企業戦略の部門長を務めていたアンクール・シャルマが、2016年2月、自社の独立型アプローチについてこう述べている。「市場を創造する際には、確実な成功のために必要なことをおこなう。ある国では電力発電所を建て、別の国では工場から小売店へ商品を移動するための運送のインフラに数百万ドルを投資した。コストを抑え、自分の運命は自分で支配するという当社の理念に沿ってのことだ。参入したどんな市場にも熱意をもって取り組み、そこで成功するために必要なことはなんでもする」

インドミーヌードルは、ひと袋20セントのインスタント麺にすぎない。どうしてこれほど注目されるのか。貧困からイノベーションをつうじて繁栄できるというプロセスを体現しているからだ。

トララムがナイジェリアでおこなった投資は、無消費と貧困の文脈に当てはめてみると、発展と繁栄に投資が強力な影響を与えるという基本原則どおりの成果を挙げている。また、市場創造型イノベーションが、経済に多くの資源を引き入れる力の大きさも明らかにした。さらに、ある状況においては、イノベーションのローカライゼーションが成功に欠かせないということも。アスワニ兄弟はナイジェリア人ではなかったが、中身はナイジェリア人そのものだ。実際に、兄のハレシュ・アスワニはナイジェリアのオグン州の族長の地位を授けられている。地域社会が個人に与えうる最高級の名誉を授かったのは、ナイジェリア経済の発展に対する献身が認められたからだ。

トララムがナイジェリアで成功したため、大手グローバル企業からナイジェリアへの数億ドル規模の対外直接投資（FDI）が活発化しようとしている。2015年にはアメリカの多国籍食品企業ケロッグが、ナイジェリアにおけるトララムの物流業の半分を4億5000万ドルで買収し、両社は2017年に60億ナイラ（約1700万ドル）のシリアル製造工場を始動させている。

トララムがナイジェリア経済に与えた影響（通貨単位はナイジェリアナイラ）[11]

・経済へ付加した総合的な価値――年間2410億ナイラ
・従業員収入――年間76億ナイラ
・政府税収――年間45億ナイラ
・製造部門への投資――700億ナイラ
・創出した直接雇用数――8570
・経済をつうじて創出した総雇用数――42850
・製造工場数――13
・倉庫数――13
・販売店数――2500
・販売店の系列店数――30000

・小規模販売店網数――290
・トラックおよび他の車両数――1000以上
・トララム以外の製麺会社数――16

トララムがナイジェリア経済に引き入れたものの明細

・発電施設
・上下水道処理工場
・15億ドルの深水港
・教育――従業員向けに、財務、エンジニアリング、マーケティングに特化した技術トレーニング
・ロジスティクス――トララムは現在、ナイジェリア最大級の物流管理会社を運営している
・対外直接投資――トララムの物流事業の半分を買収したケロッグの4億5000万ドル
・持続可能な地域社会開発プロジェクト――トララム・グループの25%を所有するトララム財団が、ナイジェリア人に便益をもたらす幅広い社会プログラムに出資している（四肢欠損の障碍をもつ人のための人工装具、孤児の養護、学校に通いたい子どものための奨学金など）

プル・の力と必要性

トララムはナイジェリア経済に多くの要素を引き入れた。それらがなければ、ヌードル市場の創造もできず、不可能とまでは言わないまでも、ナイジェリア経済の維持は非常に困難だったにちがいない。このヌードル市場には磁力がある。そのおかげで、教育を受けた学生は雇用され、政府へ納めた税金は他のプロジェクトの投資に回され、新しい技術は生産的に活用されるといった道筋がつけられた。これらはすべて、トララムが創造したヌードル市場を成長させるために経済に引き入れられたものだ。巨大な無消費人口の要求を満たす市場を創造すると、そこには多くの資源が集まってくる。これがシンプルながらも強力な、プル戦略の原理だ。

それでも疑問は残る。なぜトララムは一般的なナイジェリア人にひと袋のヌードルを届けるために、電力、水、教育、物流などにまで投資する必要があったのか。操業場所がナイジェリアでなく、たとえばアメリカだったなら、こうしたことは必要ないはずだ。

企業がいつどのような状況で、ビジネスの中核ではない部分でもコストを内部化し統合するべきかという疑問については、私が学生に教えている経営理論のひとつ、「相互依存型とモジュール型の理論」と呼ぶ理論に照らして考察できる。企業は、仕様化でき、検証でき、予測できるインプットをサプライヤーから確実に入手できない場合には、相互依存型（統合）のビジネスモデルを開発するべきである。ここで言うインプットには、安定した電力、良質な原材料、スキルを備えた従業員をはじめ、顧客が企業のプロダクトを「雇用」して片づけたいジョブ（仕事・用事）を、適切に片づけられるようにするために必要な要素すべてが含まれる。

言い換えれば、顧客のジョブを片づけるためにサプライヤーから入手するインプットのなかに信頼できないものがある場合には、企業はその部分を自社に組み入れ、インプットそのものを創造し管理しなければならない。トララムがナイジェリアで事業を始めた当初は、梱包と物流の面から数社とパートナー契約を結び、小麦、製粉、食用油も外部から調達していた。だが、外部からの供給品が信頼できなかったため、自社のビジネスモデルに組み入れ、自前で解決するしかなかったのだ。[12]

他社からのインプットが信頼できるなら、他社へ委託したほうが業務は簡単になるはずだ。その場合、トララムは多くの要素を自社に統合する必要はなく、モジュール型のビジネスモデルになっていただろう。貨物輸送のUPSやフェデックスと提携するアメリカの多くの企業と同様に、トララムは信頼できる業者に物流と配送を委託しただろうし、電力、水、原材料などもサプライヤーから供給を受けただろう。

信頼できる企業を見つけられなかったことこそが、トララムがビジネスモデルに多くの要素を統合することになった理由だ。同社が物流、梱包、電力などの要素を統合することに成功したのち、興味深いことが起こった。多くの企業が、トララムはこれらを提供するのに信頼できるサプライヤーだと気づき、わが社にも売ってくれないかと打診してきたのだ。かくしてトララムのコストセンターは一転してプロフィットセンターになった。

これがプル戦略の力だ。

自社のインフラから自国のインフラへ

市場創造型のイノベーターは、無消費者に対応する新たな市場をつくり出すために、ビジネスの中核をなす部分かどうかにかかわらず、必要なことを全部実行しようとする。こうして構築されたインフラは、自社にとどまらず、その国のインフラにもなる。そしてインフラそのものよりも重要なことは、苦しい状況であってもイノベーションは可能だという文化が、市場創造型イノベーションをつうじて市民に広まることだ。市場創造型イノベーションは往々にして苦しい状況で始まり、必要なものをプルしていかなければ成り立たないため、こうした文化的素地のあることがきわめて重要なのである。

残念ながら、市場が要求するよりまえに、または吸収できる体制がととのうまえにそうした投資をプッシュされた国が、そのままそれを維持していけることはめったにない。しかも、プッシュされた中身そのものに、低レベルの教育しかおこなえない間に合わせの学校や、維持していけそうもない真新しい道路、先進国からたんにコピーしてきたようなその国に合わない体制など、役に立たないものが多く交じっているのだ。貧困国を支援するために用意された、善意あふれる、だが持続しないプロジェクトが次々に流れ込むだけでは、恒久的には何も残らないだろう。

公衆衛生経済

インドの公衆衛生問題を、巨大な市場創造の好機を探すレンズを通して見るとどうなるだろうか。市場創造型イノベーションの促進に取り組む投資家や企業、衛生専門家などが集まった国際的な共同事業体「トイレット・ボード・コーリション（トイレ評議会連合：ＴＢＣ）」は、市場創造をつうじて問題解決にアプローチしようとしている。ＴＢＣが「公衆衛生経済」と呼ぶ範囲に、インドだけでも６２０億ドルのビジネスチャンスがあると彼らは言う。ＴＢＣは左の表のように公衆衛生経済を３つに分けて説明している。

「公衆衛生システムをスマートで持続可能な、利益を生む経済へと転換する、今世紀最大のチャンス」と、ＴＢＣ事務局長のシェリル・ヒックスは言う。毎年３・８兆リットルにのぼる人間の排泄物は、企業が再利用して浄化水、再生エネルギー、有機肥料、プロテイン製品などに変換できることが期待されている。「イノベーションには現状を画期的に変える力がある。うちの公衆衛生経済でも、

公衆衛生経済	説明	仕事の種類
トイレ経済	あらゆる環境と収入に適したトイレを提供するプロダクトとサービスのイノベーション	家庭用および公衆トイレの据えつけ、メンテナンス、修理、衛生関連用品
循環公衆衛生経済	トイレの資源（排泄物）を、従来の廃棄物管理に代わるシステムへ供給	収集、移送、排泄物処理、有機肥料／プロテインオイル／他に加工
スマート公衆衛生経済	業務の効率化とメンテナンスの確実な実施を促進し、消費者の利用状況および健康に関する知見を蓄えるデジタルシステム	消費者および健康データの収集／分析／配布、およびそのためのセンサーとデータ移送

出典：トイレット・ボード・コーリション2018

バイオ資源やエネルギー、肥料、プラスチック、プロテイン、それからコミュニティの健康状態の確認に役立つデジタルデータまで、さまざまなかたちで〝プロダクト〟を生産するのに、あらゆる方法が探求されている」。

たとえば、イノベーションによってデータ追跡機能が進歩すれば、コミュニティ内の伝染病の発生を、病院に重症患者が殺到するよりはるかに早い段階で察知できる。同様に、スマートテクノロジーは、ビジネスや健康上の意思決定の形成に役立ち、政策策定にも有意義な影響を及ぼせる。さらには、一見関係なさそうな他の産業でも、新興のこの公衆衛生経済に参加できる可能性がある。ひとつの市場が生み出されると、それに続いて関連のある別の市場が生まれるからだ。機会を見つけ、市場創造型の新しい解決策を導入することで、インドがいま切実に必要としている公衆衛生インフラを引き入れられるかもしれないとヒックスは考えている。

銀行はなくてもバンキング、テレビはなくてもノリウッド

ここまで、長期的な好ましい変化の触媒となるプル戦略の力を紹介してきた。では次に、ケニアでごく短い期間に2000万人がモバイルマネー・プラットフォーム「Mペサ」を自分たちの生活に引き入れたときに、プル戦略がどのように作用したかを見てみよう。Mペサ以前のケニアでは、従来のバンキングシステムは人口の15%以下にしかサービスを提供しておらず、Mペサが誕生した2007年、人口3800万に対して銀行支店は1000店ほどしかなかった。一方、携帯電話網を利用して構築されたMペサは、ケニアの数百万もの一般家庭に浸透し、今日では1カ月当たり45億ドルを超える取引がおこなわれている。[13] 従来のプッシュ型のアプローチだったら、ケニアの銀行支店を増やし、既存の銀行経済へ参加する人を増やそうとしたはずだ。だが、このアプローチでは、なんらかの影響を社会に及ぼすまでに、はるかに多くの資金と長い時間がかかり、結局はMペサより少ない人数にしか届かなかっただろう。

ナイジェリアの〝ノリウッド〟産業はどうだろう。ナイジェリアで映画産業が盛んなことはあまり

知られていないが、それはおそらく、ナイジェリア映画がアフリカ人や国外移住したアフリカ人に向けて製作されているからだ。年間製作本数の多さから見ると、ノリウッドの１５００本はインドのボリウッドに次ぐ2番手の位置につけている。電気を利用できるのが人口の60%以下、テレビのある家庭が40%にも満たない国としては、驚くべき数字だ。[14] ノリウッドが成功できたのは、まさに無消費をターゲットにしたからだ。ナイジェリア映画が隆盛になるまえは、大多数のアフリカ人はハリウッドやボリウッドの映画を消費していた。一般的なアフリカ人の文化や体験を取り入れた、彼らの生活を描写したような映画はほとんどなかった。だから、西洋やインドの映画は娯楽としておもしろくはあっても、彼らとはほぼ無縁な世界の話だった。それをノリウッドが変えたのだ。

ノリウッドの年間興行収入はおよそ10億ドルにのぼる。ハリウッド映画の２０１９年の予測興行収入３５０億ドルにはかなり見劣りするものの、だからといってノリウッドがナイジェリア経済に大きな影響を与えていないわけではない。ノリウッド産業は現在１００万人以上を雇用していて、これは農業に次いで第2位である。[15] さらに、映画産業は海賊版の防止や著作権保護に関連があることから、そのためのガバナンスを巧みに引き入れてきた。雇用の主要な供給源であり、映画の販売と輸出によって高い収入が見込める同産業の重要性が認識され、現在ではナイジェリア輸出促進協議会、ナイジェリア著作権委員会、国立映画ビデオ検閲委員会が、ノリウッドから海賊版を削減するプログラムに協力している。

井戸をつくってクビになる者はいない

プル戦略がプッシュ戦略より効果を上げるのなら、なぜプル戦略のほうにもっと資源を充てないのだろうか。これにはいくつか理由がある。ひとつは、プッシュしたことによって、解雇される人はいないからだ。つまり、「貧しい国に井戸をつくってクビになる者はいない」。井戸から勢いよくあふれ出る水、ピカピカの教室で真新しい制服を着て学ぶ子どもたち、新しくできた立派な道路や病院のまえでおこなわれるテープカットの儀式など、貧困国においてこれほど満ち足りた気分になれるイメージは見当たらない。

反対に、壊れた井戸、学齢に達している子どもたちが路上にいる姿、放棄されたインフラほど気が滅入るイメージもあまりない。

プッシュからプル戦略へ重点を変えたらどうなるだろう。2016年にODAに費やされた1430億ドルの大半を、そのときは見込み薄な状況だとしても、貧困国に直接市場を創造する取り組みに回したら、どれほど多くの市場が生まれるだろう。第二のトララム、ノリウッド、Mペサがどれほど多く出てくるだろう。どれほど多くの雇用が創出されるだろうか。

私は考えずにいられない。尊厳をもって働ける仕事に就き、食べ物や医療、教育というあたりまえに見えるものをあたりまえに家族に与えられる父親や母親が世界にどのくらいいるのだろうと。いまの苦痛が過去のものになりはじめたとき、どれほど多くの人に希望と目的が芽生えてくるだろうと。

「人類の歴史において、私たちはいわゆる極貧を撲滅できる最初の世代になる」と、世界銀行総裁ジム・ヨン・キム［2019年2月1日付で辞任］はよく口にする。キム総裁は正しいかもしれない。だが、貧困を終わらせることばかりに集中していたら、貧困は終わらない。[16] 貧困のパラドクスなのだ。

13 Elvis Ondieki, "M-Pesa transactions rise to Sh15bn daily after systems upgrade," *Daily Nation*, May 8, 2016, https://www.nation.co.ke/news/MPesa-transactions-rise-to-Sh15bn-after-systems-upgrade/1056-3194774-llu8yjz/index.html.

14 "World Development Indicators: The information society," The World Bank, accessed February 20, 2018, http://wdi.worldbank.org/table/5.12.

15 Rebecca Moudio, "Nigeria's film industry, a potential gold mine?," *U.N. AfricaRenewal Online*, May 2013, http://www.un.org/africarenewal/magazine/may-2013/nigeria%E2%80%99s-film-industry-otential-gold-mine.

16 Efosa Ojomo, "Obsession with ending poverty is where development is going wrong," *Guardian*, February 8, 2017, https://www.theguardian.com/global-development-professionals-network/2017/feb/08/obsession-with-ending-poverty-is-where-development-is-going-wrong.

10 トララムはほかにも、漂白剤や植物性油など進歩の速い消費財の市場をナイジェリアに創造している。トララムが漂白剤の「ハイポ」を売り出すまえは、洗濯に漂白剤を用いる人はナイジェリアに5%しかいなかった。製造と物流を強化した結果、この数年で市場は6倍に成長し、漂白剤の利用者は人口の30%に達したと同社は報告している。

11 これらの投資の多くは、明記されないかぎり、30年以上かけておこなわれた。そのあいだ、ナイジェリアのナイラとアメリカのドルの為替レートは劇的に変化した。たとえば、1アメリカドルは1995年には約22ナイジェリアナイラだったが、本書の執筆時点では、約360ナイジェリアナイラとなっている。

12 マイケル・ホーンとジュリア・フリーランド・フィッシャーが共同で執筆した論文“The Educator's Dilemma: When and how schools should embrace poverty relief”(教育者のジレンマ：学校はどの時点でどのように貧困救済にかかわるべきか）のなかで、アメリカで州を越えた牛肉輸送が一般的ではなかった時代、グスタフス・フランクリン・スウィフトの見事な事業統合によって、大勢の人たちが安価に、そして楽に牛肉を手に入れられるようになった事例が紹介されている。「数世紀前から、企業は売上を増やし、効率よく荷を運ぶために、主軸ではない活動を自社に統合してきた。たとえば、牛肉を市場で売るためのスウィフトのアプローチは、地域の内側だけで飼育・食肉加工・販売を完結させていた19世紀後半のビジネスモデルでは飽き足らず、より広い範囲で統合しようとするものだった。当時は牛肉を長距離輸送する技術がなく、牛肉産業には規模の経済がまったくなかった。スウィフトは飼育・加工段階と販売段階の両方の統合に大きな好機を見いだした。牛肉を安価に加工できるカンザス・シティを食肉加工の中心に据え、世界初の鉄道冷蔵車両を設計した。さらには、届いた牛肉を新鮮な状態で保存できるように保冷庫を製作して、中西部から北東部までの小売業者に販売した。遠隔の市場で牛肉が売れるかどうかは、遠くから運ばれてきたその肉が傷んでいないことを顧客に納得させられるかどうかにかかっている。スウィフトはその能力に長けていた。当時は冷蔵と精肉プロセスを知る人が少なかったため、温度と貯蔵状態を良好に保つにはスウィフトがプロセス全体を監督しなければならなかった。言い換えれば、スウィフトが牛肉産業に革命を起こすには、地元の牛肉を地元で売るという中核業務の域を超えて、相互依存の事業部門を新たに統合する必要があったのだ」
Michael B. Horn and Julia Freeland Fisher, “The Educator's Dilemma: When and how schools should embrace poverty relief,” Clayton Christensen Institute for Disruptive Innovation, accessed May 1, 2018, https://www.christenseninstitute.org/wp-content/uploads/2015/06/The-Educators-Dilemma.pdf.
『イノベーションへの解』のなかで、共著者のマイケル・レイナーと私は、第5章を丸ごと割いて相互依存型とモジュール型の理論を解説している。
Clayton M. Christensen and Michael E. Raynor, *The Innovator's Solution: Creating and Sustaining Successful Growth* (Boston: Harvard Business Review Press, 2003), 125–126.
邦訳『イノベーションへの解 利益ある成長に向けて』クレイトン・M・クリステンセン&マイケル・E・レイナー著、玉田俊平太監修、櫻井祐子訳、翔泳社、2003年

【第4章】原注

1 Rama Lakshmi, "India is building millions of toilets, but that's the easy part," *Washington Post*, June 4, 2015, https://www.washingtonpost.com/world/asia_pacific/india-is-building-millions-of-toilets-but-toilet-training-could-be-a-bigger-task/2015/06/03/09d1aa9e-095a-11e5-a7ad-b430fc1d3f5c_story.html?utm_term=.d28251385c4e.

2 同前。

3 "The CLTS approach," Community-Led Total Sanitation, accessed March 15, 2018, http://www.communityledtotalsanitation.org/page/clts-approach.

4 チャンは著書のなかで、貧困国への経済成長を期待した投資の多くは、現在繁栄している国の場合とは異なる段階でおこなわれていると指摘する。多くの場合、早すぎる段階で投資されるため、持続させるまでに至らないのだ。
Ha-Joon Chang, *Kicking Away the Ladder: Development Strategy in Historical Perspective* (London: Anthem Press, 2007).
邦訳『はしごを外せ　蹴落とされる発展途上国』ハジュン・チャン著、横川信治・張馨元・横川太郎訳、日本評論社、2009年

5 "Chronic Diseases; The Leading Causes of Death and Disability in the United States: Chronic Disease Overview," Centers for Disease Control and Prevention, accessed February 5, 2018, https://www.cdc.gov/chronicdisease/overview/index.htm.

6 Mirele Matsuoka De Aragao, "Economic Impacts of the FIFA World Cup in Developing Countries," Honors Theses, Paper 2609, April 2015, https://scholarworks.wmich.edu/cgi/viewcontent.cgi?article=3609&context=honors_theses.

7 Madhura Karnik, "TCS is quietly transforming itself to take on India's emerging tech scene," *Quartz*, July 3, 2017, https://qz.com/1000424/tcs-is-quietly-transforming-itself-to-take-on-indias-emerging-it-scene/.

8 トララム・グループはインドネシアのマラングで1948年に創立された。生地織物の売買からスタートし、製造、不動産、インフラ、銀行、小売り、電子商取引を扱う複合企業体へ進化した。

9 Gillian B. White, "Can Jobs Deter Crime?," *The Atlantic*, June 25, 2015, https://www.theatlantic.com/business/archive/2015/06/can-jobs-deter-crime/396758/.

第2部

イノベーションと社会の繁栄

第5章

アメリカを変えたイノベーション物語

南北戦争後の100年間にアメリカが経験した革命的な変化は、政治的なものではなく経済的なものであった。際限なく続くつらい肉体労働や家事労働から、暗闇と孤独から、若すぎる死から人を解放した。たった100年間で、日常生活はまさしく一変したのだ。(1)

――ロバート・ゴードン、『アメリカ経済　成長の終焉』

章のテーマ

想像してみてほしい。平均寿命が45歳、乳児死亡率は15%以上、屋内トイレの普及率は5

%未満という国を。この国に住む一般的な人々は、苦労して得た収入の約52%を食費に回している。政府からの援助はなきに等しく、行政府は市町村から連邦まであらゆるレベルで腐敗がはびこっている。公務員の職は能力ではなく縁故によって決まる。これほど貧しい国はいったいどこなのか。

19世紀のアメリカ合衆国だ。いまの時代からは想像もつかないが、アメリカはその昔、絶望的なほど貧しかった。現代のとくに貧しい発展途上国でも、当時のアメリカよりはいくぶん豊かといえる国がある。それほど貧しかった。そうした時代を振り返ると、今日の経済大国アメリカへの変遷は奇跡のように思われる。しかし、このあと見ていくように、アメリカの成長物語の中心には、世界の数多くの国々を貧困から繁栄に導いた原動力、すなわち「市場創造型イノベーション」が存在していた。

当時のアメリカは貧しく、無秩序で、インフラも粗末な状態だったが、ふつうでは気づきにくい好機を見いだせる多くのイノベーターや起業家にとっては肥沃な大地だった。本章では、アメリカ史に燦然と輝く市場創造型イノベーションの立役者たち、アイザック・メリット・シンガー、ジョージ・イーストマン、ヘンリー・フォード、アマデオ・ジャンニーニを紹介する。もちろん、アメリカの成長は彼らだけの力によるものではなく、大勢の人たちの努力の上に成り立っている。だが右に挙げたイノベーターたちは、イノベーションという文化には世界を変容させる力があり、繁栄が芽吹いて花開くのはその文化があってこそだということを見事に実証した特別な存在なのである。

わが家の地下室には古風なシンガーミシンがある。近所のゴミ捨て場に出されているのを見て、私はもち帰らずにはいられなかった。使い古され、錆びてはいたが、それでもまだ美しかった。足踏み台の部分だけでも芸術品である。この古い道具を復元し、かつての輝きを取り戻させることに時間を注いだ。

このミシンに惚れ込んだのは、高度な職人技に魅せられたからだけではない。ある人物の姿がミシンに重なったからだ。アイザック・メリット・シンガーは、アメリカで最も有名なイノベーターではないかもしれない。ミシンの発明者としての認証も得ていない。しかし、シンガーがアメリカ文化に与えた影響の大きさはいくら言っても言いすぎではない。

いまでは忘れられがちだが、こうしたイノベーターが躍動した時代のアメリカは決して豊かではなかった。アメリカ人の大半が貧しいうえに、多くの人が暮らす街なかの生活環境は劣悪だった。(2) 安アパート《テナメント》が建ち並ぶ地域では、下水が路地に流れ出し、玄関先に出されたゴミが腐敗し、道路は馬糞だらけだった。家事労働を見ても、たとえばノースカロライナ州の一般的な女性は、家庭で日々使用する水を調達するためだけに1年に約２４０キロを歩き、36トンの水を運んでいた。[3] 今日、アメリカの犯罪率の増加を嘆く声がよく聞こえてくるが、私たちの祖父母世代の暮らしはいまより貧しかっただけでなく、安全面においてもはるかに劣っていた。１９００年の殺人事件の発生率は現在よりかなり高く、２０１６年と比較すると2倍だった。[4]

19世紀のアメリカ政府は、今日の貧困国の政府と共通する点が多い。地方自治体、州政府、連邦政府の役人は、合法的なビジネスマンからも不法行為の加担者からもあたりまえのようにリベートや賄《わい》賂《ろ》を受け取り、政治の腐敗が蔓延していた。いわゆる「大物」が大都市の政治組織を牛耳り、水道などのライフライン、警察による保護と治安、ゴミの収集、輸送といった公共サービスを裏で支配していた。また公職者のなかには、自分への票と引き換えに住民に施しを与える者もあった。[5]

労働条件は大半の人にとって過酷であり、職場での事故が頻発していた。１９０７年の12月だけを見ても、７００人近くの鉱山労働者が命を落としている。[6] また、早ければ11歳から、多くの子どもたちがごくわずかな賃金で工場や鉱山で働いていた。子どもの権利を擁護するための団体「全米児童労働委員会」が１９０４年に設立されたが、現実には1万４０００人が（合法的に）炭鉱労働に従事していた。成人女性には子どもよりはやや高い賃金が支払われ、成人男性にはさらに多く支払われたが、それでも貧しい生活から抜け出せるほどの額にはほど遠かった。[7] 労働者は頻繁にストライキを敢行し、州の軍隊や裕福な経営者の私設軍隊が鎮圧に送られ、死亡者が出ることもあった。当時のアメリカは、比較的平和で安定した今日の姿とは別世界だった。国家としての統一性に欠け、混沌としていた。80のタイムゾーンに分かれていた時期さえある。シカゴの正午が、ネブラスカ州オマハでは午前11時27分、ペンシルベニア州ピッツバーグでは午後12時31分だったのだ(8)。

しかし、多くの起業家とイノベーターが経済の表舞台に登場する時代になって、アメリカの状況に変化が生じはじめる（鉄道網の拡大により、のちの標準時となる鉄道時間が登場したこともそのひとつ）。起業家たちは市場創造型イノベーションの先駆者となった。既存プロダクトを簡素化し低価格で販売する新しいビジネスモデルをつうじ、かつてはほぼ不可能と考えられていた変化がひとつずつ現実になっていった。本章で紹介するアイザック・シンガー、ジョージ・イーストマン、ヘンリー・フォード、アマデオ・ジャンニーニはその時代においては、自らの事業の成功を願って懸命に働いたにすぎない。しかし、彼らがアメリカの繁栄に与えた影響は、個人の思惑をはるかに凌《しの》ぐ、絶大なものだった。

イノベーションの先駆者たちが、アメリカにどれほどの富をもたらしたのかを正確に数値化することはできないが、どの指標に照らしても莫大であることはたしかだ。彼らがつくったものだけでなく彼らがアメリカの地に吹き込んだイノベーションの文化を見れば、南北戦争後のアメリカで起こった革命的変化は、政治ではなく経済だったことがよくわかる。こうしたイノベーターのサバイバルストーリーに目を向けると、アメリカのめざましい変遷の背景を知ることができる。

本章では、アイザック・シンガーの逸話を通して市場創造型イノベーションのもつパワーを紹介する。また、コダックの創業者で、貧しく、高校中退者だったジョージ・イーストマンの逸話においては、無消費者をターゲットとすることで生じる機会に焦点を当てる。ヘンリー・フォードの逸話では、モデルTがアメリカ社会にどれほど溶け込んでいったかを見てほしい。モデルTによる影響はガソリンスタンドや道路にとどまらず、人々が収入を得る方法、収入を消費する方法にまで及んだ。フォードは人々が生き、働き、遊ぶ方法に変化をもたらす役割を果たしたのだ。最後のアマデオ・ジャンニーニは、当時支配的だった銀行業のビジネスモデルを根本から変えた人物だ。以来、彼のビジネスモデルは何十年にもわたって人の生活すべてに大きな影響を及ぼしている。今日、バンク・オブ・アメリカという名で知られる大銀行は、はじめは貧しい移民相手に金を貸す小さな銀行だった。彼はそこからスタートし、現代の私たちにとってはあたりまえとなっている銀行業務を次々に実践していった。

この4人と、ここでは取り上げないが大勢のイノベーターによる偉業は、アメリカ経済のみならず、世界経済にまでも巨大な波及効果をもたらした。起業家が大勢の無消費者を消費者に変える道を追求する、イノベーションという文化がアメリカ社会に浸透し、繁栄を生む好循環が始まったのだ。

新たな産業の誕生

アイザック・シンガーが世界に影響を及ぼす大人物になるとは、少年のころの彼を知る人には想像できなかっただろう。1811年、貧しいドイツ移民の子としてニューヨークで生まれ、充分な教育を受けずに育った彼の唯一の夢は俳優になることだった。[9] 19歳のとき、機械工場で短期間、見習い工として働いたが、その道で生きていくという選択肢は彼のなかにはなかった。俳優業にも挑戦したものの大成できなかった。あるときから彼は、すでに世にあったが洗練されてはいなかったミシンをあれこれいじるようになる。ミシンで商売をするというアイデアは理屈としては悪くなかった。当時、どれほど熟練した針子でも手縫いでは1分間に40針が限界であり、一方で、手縫いに勝る技能を発揮する機械はまだ登場していなかったからだ。

シンガーは、より優れたミシンをつくることに商機を見いだした。機械の改良を重ね、シンプルで、安価で、信頼性の高いミシンを完成させた。シンガーのミシンは、裁縫の技術をもたない者でも1分間に900針を進めることができる。1枚のシャツを縫うのに平均で約14時間かかっていたのがたった1時間に短縮されたのだ。[10]

仕立てや衣料について詳しい専門家は、シンガーの試みは失敗に終わるだろうと予測した。[11] そんなもの誰が買う？　シャツを仕立てるための布地さえろくに買えないアメリカの家庭に、値の張るミシンを購入する金などあるはずがない。そもそも女にそんな機械を扱えるのか、と疑ってかかる者もいた。

しかしシンガーはひるまなかった。弁護士のエドワード・クラークと組んで「I・M・シンガー商会」を創業し、やがて事業が軌道に乗りはじめる。彼らのイノベーションは製品だけでなく、困難な環境のもとでも生き残れるビジネスモデルを創出したことにあった。[12] 支店の設置、販売員やサービス員による戸別訪問、使い方の直接指導、金の持ち合わせの少ない客への掛け売りなどは、彼らが起こした革新の例だ。典型的なシンガーミシン1台の小売り価格は100ドル（2017年の価値に換算すると約1400ドル）もしたが、わずかながらも5ドルの値引きと、月々3ドルの月賦払いを可能としたことで、年収500ドルの家庭でもミシンを買えるようになった。

現代では珍しくはないこうしたビジネスモデルも、シンガーの時代には前例のないものであり、これが同社の想像を絶する成長につながった。1858年の年間販売台数は3000台にすぎなかったが、エベネゼ・バタリックという名の仕立て人が標準サイズの婦人服の型紙を発売し、それを用いて誰でも家庭で服をつくれるようになった1863年には、シンガーのミシンはすでにアメリカで最も人気のあるミシンとなっており、世界市場独占への道を歩みはじめていた。1873年には需要の高まりに押され、週間7000台を生産できる、全米最大のミシン工場を設立することになった。その10年後には、週間1万台の生産能力を有するヨーロッパ最大のミシン工場を設立している。[13] やがてシンガーミシンはグローバル企業となり、[14] ヨーロッパで年間50万台以上、アメリカでは40万台近くを生産する規模となった。[15] 会社の成長につれて、販売、製造、物流、保守・修理、広告宣伝、社員教育、会計管理などの分野で、莫大な数の雇用が創出された。

シンガーが経済に直接与えた影響も大きかったが、間接的な影響はそれをはるかに凌いでいた。別のイノベーションや産業の触媒となり、新たなインフラの構築も後押しした。たとえば、ニューヨークやシカゴの貧困地区に、製造段階ごとにタスクを区切って作業を標準化した小さな下請け工場ができはじめた――現代におけるサプライチェーンの先駆けである。大手メーカーは、特定のデザインに合わせて布地を裁断し、縫い線に印をつけ、梱包し、縫製の指示をつけて下請け工場に送るだけでいい。下請け工場では家族総出で作業にあたり、世帯収入の増加と将来への希望がもたらされた。[16] シンガーミシンはまた、タンスや衣装箱の業界にも思わぬ恩恵を与えた。新しい衣類を収納する場所が必要になったためで、ここにも新たな産業が出現した。

おそらく最も注目すべきは、シンガーミシンが衣料品業界にもたらした革命だ。19世紀後半に出現した百貨店で、大勢の人が自分のサイズに合う衣類を購入できるようになったことで、1860年から1870年のあいだに業界の規模は2倍になった。1890年には10億ドル（2018年の価値に換算すると260億ドル）を売り上げる一大産業となった。[17] ミシンの需要の増加は、鉄鋼、木材、木綿業界にも好景気をもたらし、衣料品の好調で百貨店が潤い、百貨店に売り場のある靴業界にも波及した。

こうした新しい産業や市場が創出されると、生き残っていくためのインフラや制度を整備する必要性が生じた。I・M・シンガー商会は自社で製造したミシンをより効率的に輸送するために鉄道まで敷いている。ロシアのポドリスクにある自社工場に電力を供給するためにタービン発電所を建設し、同発電所はその後、町全体に電力を供給するようになった。モスクワではシンガーの営む鋳物店から近隣の紡績工場に銑鉄を供給した。スコットランドでは鉄道の駅を建設し、同駅は今日も存続している[18]。これらはすべて、各国政府からの直接的な支援を受けることなくおこなわれた。しかもI・M・シンガー商会は、多くの公共サービスの財源となる税を支払うことで、各国の政府にも貢献したのだ。

1890年当時、アメリカ人にとって、連邦政府はあまり頼りにならない存在だった。連邦政府は、軍、外交、国土、財務、関税については管理していたが、その他については野放しに近かった。具体的には、当時の連邦政府には労働省がなく（1913年に創設）、復員軍人援護局（1930年）、保健福祉省（1953年）、住宅都市開発省（1965年）、運輸省（1967年）、エネルギー省（1977年）、教育省（1979年）も存在しなかった。こうした省庁が設置されたのは、独立国家としてのアメリカが誕生してある程度の年月を経たあとのことである。民衆からの要求に応えるかたちで、あるいは新しい市場を管理する必要性に駆られて、これらの省庁が創設され、徐々に進化していった。運輸省が創設されたのは、ヘンリー・フォードのモデルTが市場に出てから約60年後だった。大半の省庁には、それぞれの前身と言える組織が存在したが、みな小規模で、地位はあまり高くなく、影響力も小さかった。しかしシンガーのようなイノベーターにとって、監督省庁があるかどうかは問題ではなかった。

たいせつな思い出を保存するイノベーションを世界中に届けたジョージ・イーストマンにとってもそれは同じだった。

コダック――未来を撮る

現代を生きる私たちにとって、写真を撮り、思い出を残すことはあまりにもたやすい。家族で過ごしたバカンスの写真から、実際に訪れることはないであろう遠い異国の風景写真まで、毎日大量の写真に囲まれて暮らしている。ある推計によると、私たちは毎年６５７０億枚以上の写真をアップロードしているらしい。「現代人は2分間ごとに、１５０年前に存在した写真の合計枚数以上の写真を撮っている」[19]との記事もある。

かつて、写真はそう簡単に触れられるものではなかった。写真技術そのものは１８３０年代に発明されていたが、50年が経っても、実際に写真を撮ることができるのは、高い技術を身につけたプロか、高額な費用を出せる富裕層に限られていた。写真撮影には暗室（ウェットラボ[20]）での作業が伴うため、化学の知識と専門技術が求められるうえ、写真機に付随して、化学薬品、現像タンク、丈夫な乾板フォルダーと三脚など、多くの備品も必要になる。ジョージ・イーストマンがイーストマン・コダック社を設立するまで、写真撮影は多額の金のかかる、日常とは無縁の存在だった。そうした時代背景を考えると、イーストマン・コダック社は、写真の無消費者という巨大な層をターゲットとし、成功した会社だと言える。

1854年7月12日に生まれたジョージ・イーストマンは高校を中退している。当時の学業成績から判断すると、とくに聡明というわけではなかった。家は貧しく、未亡人だった母と2人の姉を支えなければならず、姉のひとりはポリオを患っていた。イーストマンははじめ、銀行の事務員として働き、生計を担った。当時の庶民には手の届かなかった写真撮影と記憶の保存という、世界で何百万人にも及ぶ無消費者が消費者に転換できたのは、この元事務員の奮闘と創意工夫によるところが大きい。イーストマンのイノベーションとそこから生じた巨大市場は、計り知れないほどの経済発展と雇用をもたらし、広告産業や映画産業など新たな10億ドル産業を誕生させた。

23歳のころ、イーストマンは休暇に写真機をもっていってはどうかと同僚に言われた。はじめは楽しそうだと思ったが、すぐにカメラは重く、扱いにくく、値段が高いうえ、現像にも高価な道具が必要なことがわかった。そこでイーストマンは、手軽に撮影して現像できるよい方法はないかと模索しはじめる。母親がふだん使っていた台所のテーブルを実験場所に3年、ついに思いどおりのものが完成した。イーストマンはつねづね、人にとってとりわけ貴重な財産である「体験」は簡単に保存されるべきであり、ふつうの人々（本書でいう無消費者）がいつでも撮りたいときに手軽に写真を撮れるようになるべきだと考えていた。

この新しい写真機を手に、彼はイーストマン・コダック社を設立した。「自分の仕事はたんに乾板を製造することではなく、写真そのものを日常の一部にして、写真機を鉛筆と同じくらい気軽に使えるようにすることだと考えるようになった」とイーストマン自身が述べている。(21) 既存品はあるのに消費できていない人たち（無消費者）をターゲットにするという決断は、イーストマンがまったく新しいビジネスモデルの創出に向かうきっかけとなった。彼は、「人々が解決したがっているジョブ（用事・仕事）」、ここでは人生のたいせつな瞬間を残したいという願いを直観的に理解した。撮った写真を長時間ながめて過ごすことはないかもしれない。しかし、どこかで立ち止まり、写真を見て思い出をよみがえらせることができるのなら、無消費者を写真の消費に向かわせるには充分な理由になる。

コダックが1888年に発売した写真機セットは業界を変容させるきっかけとなった。使い勝手のよい25ドルの写真機に、写真を100枚以上撮ることのできるフィルムがあらかじめ充塡されている。写真を撮り終えた顧客がイーストマン・コダック社に写真機を送ると、現像された写真と、新しいフィルムの入った写真機が持ち主に送り返される。現像と空フィルムの補充サービスは10ドルだ。コダックは「あなたはシャッターを押すだけ。あとは私たちにお任せください」と宣伝し、事業は急成長した。

「写真を撮る」という概念が社会に広まったのを見て、12年後にコダックは販売価格がたった1ドル（現在の価値に換算すると27ドル）のカメラ「ブローニー」を開発した。フィルムは別売で15セント。大規模な販促キャンペーンを張り、またたく間に「コダックの瞬間《モーメント》」というキャッチフレーズが流行語となった。(22)

かつては1日1ドル未満で暮らしていた男が空前の成功を収め、繁栄を手にした。その後数十年間にわたり、イーストマン・コダックは何億台ものカメラとフィルムを販売し、かつては富裕層にしか縁のなかった業界を永久に変えた。

こうした偉業を成し遂げるためにイーストマンは、「顧客重視」「低コストで大量生産」「世界中で販売」「果敢な宣伝広告」という会社の基本方針に沿ったビジネスモデルをつくり上げた。高校に進むアメリカ人は人口の10％未満、道路の敷設率も10％未満（ヘンリー・フォードのモデルTはまだ出現していない）、輸送用コンテナが普及していなかった１８９０年代の話である。だがこうした環境の未整備もイーストマンの足かせにはならなかった。コダックは数十億ドルを売り上げる巨大企業となり、当時のアメリカで最も成功した会社のひとつとして数えられるようになる。

１９６６年には、コダックの従業員数は10万人を超え、世界でのカメラの総売上が40億ドル（現在の価値に換算すると３００億ドル以上）を突破した。カメラの開発に必要な素材や技術から、その結果として生まれた100億ドル規模の巨大産業まで、イーストマンがアメリカの発展に及ぼした影響は莫大だった。これほどまでの成長を誰が予測しただろう。[23] イーストマンは創業当初からほぼ一貫して、無消費をターゲットにしつづけた。

今日では、写真どころか動画の撮影と保存も平凡な日常の一部となっている。しかし150年前はそうではなかった。イーストマンのイノベーションと、無消費をターゲットにするという彼の決断が新しい市場を創造し、その市場がのちの多くのイノベーターによってさらに洗練され、発展していったのだ。イーストマンは巨大な富を築いただけでなく、世界中の多くの人々に雇用とビジネスの機会を提供する市場を創造した。

フォードのモデルT

115年前に誕生したフォード・モーター社は、本書の執筆時点で年間1500億ドルの売上を誇り、世界で20万人以上を雇用し、2000億ドル以上の資産を有する巨大企業となっている。しかし、ヘンリー・フォードが大衆のための車をつくる、という大胆な決意をしたころ、それが実現すると本気で思う者はいなかった。半年以内に撤退するだろうと予想する者さえいた。[24] だがフォードはあきらめなかった。そして宣言する。「私は大勢の人のための車をつくる。家族で乗るのに充分な広さがあり、それでいて大きすぎることはなく、走らせるのも手入れをするのもひとりで扱えるサイズの車だ。最高の素材を用い、最高の腕をもつ技術者を雇い、現代の工業技術で可能なかぎりシンプルなデザインの車にする。価格は抑えるので、それなりの給料を得ている人なら買わずにはいられない車となるだろう。家族いっしょに豊かな時間を過ごしてほしい」

イノベーターが変革を実現させようとするときにまず必要なのは、自分以外の人には想像すらできない、可能性に満ちた新しい世界を思い描くことだ。当時、フォードの決意を聞いた評論家がばかばかしいと切り捨てたのは無理もなかった。フォードの車が世に出たころのアメリカについて振り返ってみよう。(25) １９００年代初頭の国民ひとり当たりのＧＤＰは２０１８年換算で７８００ドルに達し、イギリスの８８００ドルに迫っていた。しかし一般的なアメリカ人の暮らしはまだ厳しく、大半の家庭には電気が供給されておらず、高校に進学できる子どもは少なく、平均寿命は47歳前後で、道路インフラに関しても、少なくとも自動車道はまだ敷設されていなかった。

当時、一般的な市民は、車が必要だとも車にはアメリカ社会を変革する可能性があるとも思っていなかった。大多数の人々にとって、仕事も遊びも家の近所でおこなうものであり、現代における多くの新興国と同様に、当時のアメリカで車を買えるのは富裕層のみであった。そうした状況を打破しようと現れたのがヘンリー・フォードだった。

１８６３年に生まれたヘンリー・フォードは、子どものころからイノベーション志向が強かったそうだ。ミシガン州ディアボーンで農場を営む父親を手伝いながら、フォードは農作業の肉体的負担を緩和するための奇妙な道具をつくっていた。これまでに紹介した他のイノベーターと同様、フォードも正式な教育を受けていなかった。[26] ある機械工に弟子入りしたあと、馬のいらない新しい車の魅力にとりつかれたフォードは、仕事の空き時間を利用して12年以上、車をつくりつづけたあと、そのときフルタイムで働いていた「エジソン照明会社」を辞めて、「デトロイト・オートモービル社」を共同で創業する。同社はうまくいかず、2年ほどで解散の憂き目に遭うが、それでも自動車会社をつくって成功するという彼の強い決意は揺らがなかった。

1903年、オハイオ州の自動車メーカー、アレグザンダー・ウィントンとのカーレースに自ら設計した車で挑んで勝利した経験とともに、フォードは少人数の出資者と「フォード・モーター社」を設立した。アメリカの〝自動車の大衆化〟の種が蒔《ま》かれたのだ。[27]

無消費をターゲットとしたビジネスモデルを立ち上げ成功させるために、フォードは車づくりの核心からは離れたように見える仕事にも精を出した。言い換えれば、当時の彼の車づくりには、いまの感覚では不合理と思われる出費を伴う、多くの資源や有形無形の要素を結集させる必要があった。今日ではこれを「垂直統合」と呼んでいるが、当時のイノベーターたちにとっては、たんに新しい市場を創造するのに必要なことを実行しているにすぎなかった。

当時の自動車メーカーの大半は消費経済に照らして富裕層のみをターゲットとし、1台1台をオーダーメイドでつくっていたため、会社の規模は小さくて済み、大量の資源を導入する必要はなかった。

　これとは対照的に、フォードは多くの仕事を並行して機能させるには何をしなければならないのかをつねに考えなければならなかった。1920年代になると、フォードが消費者に自社の車を届けるためにおこなった投資は、自動車組立工場のみならず、鉄溶鉱炉、林業、炭鉱、ゴム農園、鉄道、貨物輸送、ガソリンスタンド、製材所、ガラス工場など多岐に及んだ。[28] これは自動車業界で初の試みだった。こうした投資は結果的に、フォードのインフラのみならず、アメリカ全土のインフラになった。

　フォードのモデルTは文字どおり、アメリカの景観を一変させた。1900年、アメリカの自動車登録台数は8000台にすぎなかったが、10年後の1910年には45万8千台、1920年には800万台となり、1929年には2300万台を超えている。[29] アメリカの国内外を問わず、車の台数が増えた最大の要因はモデルTの登場だった。1922年の例を挙げると、約250万台の新車登録台数のうち、約200万台をモデルTが占めていた。

　自動車が安価になるにつれ、市街地での移動にも農作業にも、以前ほど馬を必要としなくなった。モデルTを農作業用に改造する者もいたため、馬やラバの需要はますます減った。20世紀初頭までは、アメリカでは馬を維持するために、鉄道を維持するのにかかるコストとほぼ同額の年間20億ドルが費やされていた。ニューヨーク市では、市の職員が毎月4万5千トンの馬糞を処理しなければならなかった。馬糞は市内のあらゆる場所で見られ、住民は不快な思いをしていた。自動車推進派のひとりは、

「すべての戦争による死者の数を合計しても、馬が原因で死ぬ人の数の半分にも満たない」と言っている。少々大げさかもしれないが、当時の人々が抱いていた恐怖感をうまく表現している。「1930年には、マンハッタンのビルの3階の窓に届くほど馬糞が山積みになっているだろう」と述べた評論家さえいた。ありがたいことにヘンリー・フォードの自動車が出現したことで、そうした光景を目撃せずに済んだが[30]。

新たな自動車市場の創造をフォードが決断し、そのために多くの資源が必要になったことは、アメリカの発展にきわめて大きな役割を果たした。そうした資源のひとつが道路だ。アール・スウィフトが著書“*The Big Roads*”（ビッグ・ロード）のなかで、「1909年時点では、アメリカの約350万キロの道路のうち、人の手で何かが施された部分はわずか8％だった。しかも、その8％のうち、半分は砂利道だった」と述べている。当時のアメリカに、コンクリートの舗装道路はわずか15キロしかなかった。しかし自動車の普及に伴って道路の改良が進み、アメリカ人はそこから大きな恩恵を得ることになる。

道路建設がアメリカの経済と社会に与えた影響の大きさは計り知れない。スウィフトによると、「道路建設に投じられる10億ドルごとに、年間4万8000件のフルタイム雇用が創出され、想像できないほど大量の資源が消費された。具体的には、1600万バレル（25億リットル）のセメント、50万トンを超える鉄鋼、8200トンの爆薬、1億2300万ガロン（4億7000万リットル）の石油製品、ニュージャージー州全体を膝の高さまで埋めることのできる量の土砂が用いられた。また、7600万トンの砂利や砕石が消費された」のだった[31]。

道路そのものが重要であるのは言うまでもなく、それにも増して重要だったのは、道路が人々にもたらした恩恵だ。農村部の学校では、道路が整備される以前は出席率が約57％にとどまっていたが、整備後には77％に急上昇した。1トンの貨物を1マイル（約1・6キロ）先まで移動させるためにかかる費用は、未整備の道路では22セントだったが、整備後の道路では12セントで済むようになった。輸送費が値下がりしたことで、人や物資のより遠方への移動が可能となり、都市内や都市間での商業取引が活発になった[32]。

道路とそれに伴う恩恵以外にも、フォードのイノベーションはアメリカ社会に多大なものをもたらした。社会の進歩や豊かさ、民主主義の成熟度を判断するための重要な決定要因のひとつとして労働者の賃金と収入が挙げられるが、フォードがそれらに及ぼした影響は特筆に値する[33]。フォードが工場に組み立てラインを導入したことで、労働者の作業は単調になった。非熟練労働者は同じ作業を1日9時間、週6日間繰り返し、およそ2・34ドル（現代の価値に換算すると60ドル）の日給を得ていた。仕事の単調さから、製造工場の離職率は急上昇し、年間370％という驚くべき数字となった。その結果、フォードは工場の仕事を円滑に進めるために、ひとつの職に4人の労働者を雇わなければならないという苦境に陥った。こうした状況を長く続けるわけにはいかない。1914年、打開策としてフォードは1日5ドルの最低賃金制を導入し、工場労働者の賃金を実質的に倍増した。専門家や同業者は、賃上げをするなどフォードはどうかしていると非難した。ウォール・ストリート・ジャーナル紙は社説でこう論評している。「賃上げによってフォードは同業者を裏切ったばかりか、全米の企業を危険にさらした。就労期間に関係なく最低賃金を2倍にするというのは、信仰心のない世界で聖書を説くようなものだ。経営努力の一環としてなされたこの大失策は、彼と彼の率いる業界、そして組織の秩序に大きなしっぺ返しをもたらすだろう」[34]

幸いなことに、フォードはこうした主流派の批判に揺らぐことはなかった。一方で、彼の決断はフォードで働く労働者がフォードの顧客となることを見越してのことではないかと見る向きもあった。賃金が上がればフォード車を購入できる、と。フォードはのちに、当時の賃上げについて、「(同社の歴史上)最も賢明なコスト低減策だった」と述懐している。他のメーカーも結局はこうした動きの影響を受け、フォードにならい、各社で賃上げが進むこととなった。[35]

フォードはまた、「経済全体を弱体化させる」という非難を浴びながらも、週6日制から5日制への転換に大きく貢献した。フォードの見解は当時の主流派とは異なっていて、労働者の生産性の維持(さらには向上)のために、また、経済全体への潜在的波及効果のためには、労働時間の減少が不可欠であると考えていた。「労働者の余暇を無駄な時間と考えたり、余暇は上流階級の特権であると考えたりするのはやめるべき時期に来ている。週に5日のみ働く者は週に6日働く者よりも多くの物品を購入する。休暇が増えると服を買う。食の楽しみも増すだろう。乗り物に乗る機会も増える。こうして消費が増えると生産の必要性が増し、仕事が増え、賃金がさらに上がるのだ[36]」

こうした改革が工場の効率性を向上させた。フォード・モーター社は、1909年には950ドル（2018年の価値に換算すると約2万5000ドル）だったモデルTの価格を、1927年には260ドル（2018年の価値に換算すると約3700ドル）にまで引き下げ、モデルTは、フォードの工場労働者を含む一般的なアメリカ人にとってますます買いやすい車になった。モデルTの売上は爆発的に伸びた[37]。

1923年のアメリカの自動車登録台数は1500万台をわずかに上回るレベル（人口1000人に対して約135台）だった。当時の経済学者は、車を買う余裕のある人の大半はすでに少なくとも1台は購入しており、2台所有している家庭もあるという理由から、今後はそれほど売れなくなると考え、自動車産業の成長は頭打ちになると予測した。しかし予測は大きく外れた。2014年の時点では、アメリカの人口1000人に対して自動車保有台数は816台となっている[38]。2億6000万台の自動車がアメリカの街路、自動車道、ハイウェイを走っているのだ。

フォードとモデルTのことを考えるとき、ひとつのイノベーションが莫大な数のアメリカ人の生活を一変させたことを、そして、フォードが育んだイノベーションの文化と、多くの人々のライフスタイルを変えうる可能性についても考えずにいられない。この種の影響力の大きさは、現代の物差しをもってしても予測できないことが多い。次に紹介するバンク・オブ・アメリカの物語でもそれは同じだ。

バンク・オブ・イタリアからバンク・オブ・アメリカへ

19世紀末から20世紀初頭にかけて多くのプロダクトがそうであったように、融資や銀行口座といった金融サービスも、大半が富裕層のためだけに存在していた。信用できる人物であれば労働者階級にも融資をしようとアマデオ・ジャンニーニが提案しても、誰にも相手にされなかった。[39] この状況を変えてみせると決意したジャンニーニは1904年、サンフランシスコで「バンク・オブ・イタリア」を開業し、よその銀行が相手にしない小口客を中心に銀行業務を開始した。[40] 一時は世界最大の商業銀行の座に君臨した「バンク・オブ・アメリカ」はこうして誕生した。

ジャンニーニのことを、「銀行業務の民主化と大衆化に誰よりも奔走した人物」「近代銀行業における偉大なイノベーター」と歴史家は称賛してきた。[41] バンク・オブ・アメリカの紛れもない大成功と、ジャンニーニの銀行が実現した新しいビジネスモデルはまさに称賛に値する。アマデオ・ジャンニーニは、金融サービスの無消費者だった何百万人ものアメリカ人を消費者に変えた。だがそのために彼は、当時主流であった銀行業のビジネスモデルを変革しなければならなかった。

市場創造型イノベーションとは、プロダクトやサービスそのものだけを指すのではない。市場創造型イノベーションの中心には、利益を生み出しながらイノベーションを大衆化し、大勢の無消費者がそのイノベーションを入手できるようにするというビジネスモデルがある。そうしたビジネスモデルがあって初めて変革の力を発揮することができるのだ。

高校を中退し、15歳で継父の農産物会社を手伝うようになったジャンニーニが銀行家になろうと思い立ったのは、旧来の銀行の慣行に対する軽蔑心があったからだ。銀行は、基本的に富裕層以外は相手にしておらず、彼のような庶民をあからさまに無視していた。だからといって銀行を責めるわけにはいかない。当時のアメリカ人は今日のように裕福ではなく、裕福でない人と銀行が取引をするためのビジネスモデルは確立していなかった。そのため、銀行が融資をする相手は鉄道敷設やビル建築の一大事業に取り組む大企業であり、貧しい人には、その人がいくら勤勉であってもいっさい融資をしなかった。今日の多くの貧困国と同様に、一般的なアメリカ人が銀行から融資を受けることは非常に困難だった。銀行側から見れば、庶民とは、きちんと返済してくれる保証がなく、リスクの高い相手であり、実際、銀行はあらゆる手を尽くして貧しい人々から融資を願い出る気持ちを失わせようとしていた。どうにか融資を受けられたとしても、課せられる金利は〝2桁台後半の数字〟という非常に高いものだった。

ところがジャンニーニは、この〝銀行が相手にしたくない〟グループの人たちに商機を見いだした。

小口客こそ銀行にとって最高の顧客だと考えたのだ。小口客なら、ひとたび関係を築くことができれば、他行に鞍替えされることもなく、長く忠実な顧客でいてくれる。[42] 彼は、カリフォルニア州の一般的な住民に低金利で融資をおこなうことで、銀行として充分に利益を上げられると考えた。セントラル・バレーの顧客に課した金利はわずか7%。他のどの銀行とも比較にならない低金利である。ジャンニーニは、定職に就いている人であれば、相手を問わず10ドルから300ドルの融資をおこなった。これまで銀行と縁のなかった無消費者に対しても、苦労して稼いだ金をマットレスの下やブリキ缶に保管するのではなく、安全で、利息を得ることのできる銀行に預けるようにと説得してまわった。

ただし、これらを実践するには古くからの銀行の慣習を打ち破る必要があった。のちにサンフランシスコ・クロニクル紙は、ジャンニーニが「絶対的で保守的な銀行の慣習を壊しにかかった」と報じている。

ジャンニーニは路上で通行人を呼び止め、顧客になりそうな人に口座を開くようにと勧誘した。こうした行為は他の銀行家からは見下されるものだった。当時の一般的な銀行の顧客獲得方法は、威厳のある応接室で裕福な顧客と一対一で向かい合い、好印象を得るように努めるというものだったからだ。また、ジャンニーニは顧客に対し、銀行サービスの提供のみならず、銀行を利用することの利点に関する教育をおこなった。銀行内に地元住民に助言をおこなう係員を配置し、同行の株式を購入するよう勧め、全国に支店を設けて貧困層や労働者階級のニーズに対応した。現代では銀行に支店があるのはあたりまえだが、100年前はそうではなかった。ジャンニーニは現代の銀行のモデルをつくったのだ。

加えて、彼はバンク・オブ・アメリカをたんなる銀行とは考えていなかった。顧客のニーズに合わせてさまざまなサービスを銀行業務に統合していった。たとえば、設立から2年後の1906年、サンフランシスコに大地震が勃発したとき、地震の混乱のさなか、建物が火に包まれるまえに、彼は機転の利く従業員2人の助けを借りて金庫室から8万ドル分の金貨を取り出して馬車に積み、野菜で隠して運んだ。このようなとっさの対応を取れなかった他の銀行家は、その後数週間にわたって、火災の熱で金庫室のドアを開けられないという災難に見舞われた。地震で町が破壊された翌日に、他の銀行家から、通常業務が復旧するまでの6カ月間、銀行業界でモラトリアム（業務の一時停止）を実施しようという提案がなされたが、ジャンニーニは加わらなかった。「助けを必要とする人たちは半年も待ってなどいられない[43]」。そして翌日にはノースビーチに急ごしらえのデスクを設置し、「顔とサイン」だけで、生活を立て直すための資金を必要とする小規模業者や個人に貸し付けをおこない、町の再開発を後押しした。

こうした行動は「金庫室に入っている金は、銀行のためにあるのではない。顧客の役に立つためにある」というジャンニーニの信念を物語っている。ジャンニーニの銀行は、1920年代半ばにはすでに、ユーゴスラビア、ロシア、メキシコ、ポルトガル、中国、ギリシャ、その他数カ国からの移民たちがそれぞれ集まって暮らす移民街の小口客にも融資するようになっていたため、「バンク・オブ・イタリア」という名称は実情からずれてしまっていた。そこで1930年に「バンク・オブ・アメリカ」と行名を変更する。新しい名称を得た銀行は1945年、世界最大の商業銀行となった。

ジャンニーニはまた、カリフォルニアワイン、ハリウッド、ハイテク産業等、創生まもない弱小の業界にも融資した。ウォルト・ディズニーが初めての長編アニメ映画、『白雪姫』の製作で予算を超過した際には、ジャンニーニが名乗りを上げ、200万ドルを融資した。また、ヒューレット・パッカード（HP）社の創始者、ウィリアム・ヒューレットとデビッド・パッカードにも初期資金を提供している。ディズニーもHPもいまでは何百何千億ドルの売上を誇る巨大企業となり、毎年、巨額の投資資金を得ているが、当時、これほどまでの成長を予測した者はほとんどいなかった。世界で最も著名な俳優のひとりで、監督と製作者でもあったチャールズ・チャップリンでさえ、かつてはこう述べていた。「映画は一時的な流行にすぎない。あらかじめ準備されたドラマだ。観客は生身の人間を舞台で見たいのだ(44)」

ジャンニーニが生み出した一般市民が資金を得ることのできる市場はもちろん重要だが、それにも増して重要なのは、そうした市場の存在が一助となって整備された団体やインフラだ。銀行が一握りの富裕層だけを相手にしていた時代には返済についての懸念が少なく、確実に返済してもらうためのインフラに投資する必要は乏しかった。しかし、何十万人もの一般人に貸し付けをおこなうようになると、そのインフラは重要どころか不可欠な存在となる。ジャンニーニは、貸し付けた相手が堅実に事業をおこなっているかどうかをスタッフに調査させた。さらに踏み込み、銀行幹部が、農業従事者である顧客が遠方の市場で作物を販売していくためには協同組合の設立が必要と判断した場合、設立をバンク・オブ・アメリカが支援したこともある。(45) その結果、1919年には、カリフォルニアの農業従事者グループは協同組合をつうじて総額1億2700万ドルを売り上げた。

小口客に対するジャンニーニの献身が、バンク・オブ・アメリカを存続させ、さらには人の暮らしにも大きな変化をもたらした。私たちの両親・祖父母世代が、貯蓄や複利、投資の価値について理解できるようになったのもそのひとつだ。すべての世代のアメリカ人がそうした知識の恩恵を受けてきた。ジャンニーニの足跡を知れば、現代の貧しい国の小口客にも、同様の大きな変化が起こると信じることができる。ジャンニーニ、そして彼のあとに続いた人たちのおかげで、私たちは見えないところにも可能性のあることを学んだのだ。

歴史に残るイノベーターたち

市場創造型のアメリカ人イノベーターの名前を数人挙げよと言われると困ってしまう。思い当たる人物がいないからではなく、選べないほど大勢の名前が思い浮かぶからだ。アメリカの歴史は国の繁業に寄与したイノベーターの逸話で満ちあふれている。もちろん、すべてのイノベーターが新たな市場の創造に成功したわけではないし、すべての起業家が自身のビジネスモデルを成功させたわけでもない。歴史には痛ましい失敗談もあふれている。トーマス・エジソンについて言えば、成功談より失敗談のほうが多い。電動ペンは売れただろうか？「私は1万回失敗したのではない。うまくいかない方法を見つけることに1万回成功したのだ」というエジソンの言葉は有名だ。一方で彼は白熱電球や蓄音機、映写機など、いくつかの偉大な発明に成功し、それらは現在のゼネラル・エレクトリック社に受け継がれている。

思い浮かぶ偉人の名前は尽きないが、あえて数人を挙げてみよう。

サミュエル・インサル――エジソンの仕事仲間で、電気の無消費に着目し、手ごろな価格の電気を全米に普及させる方法を開発した。彼の会社、コモンウェルス・エジソン・カンパニーは、技術的イノベーションに、時間帯と使用時間に基づいた料金請求、家庭への安価な電気配線、需要の増加を目的とした電気製品の無償配布といったビジネスモデルのイノベーションを融合させた。1892年の創業当初、同社の顧客はシカゴに住む5000人だけだったが、1920年代には、32州に400万人以上の顧客を有するまでに成長した。

サラ・ブリードラブ・ウォーカー――「マダムＣＪ」の愛称で知られるこの女性は、アフリカ系アメリカ人社会での化粧品の無消費に着目して起業した。１９００年代初頭、アフリカ系アメリカ人をターゲットとした商売が成功するなど誰も思わない時代に、マダムＣＪは自身にとって、そして他者にとっての好機を見いだした。「自分のためだけの金儲けでは満足できませんでした。私と同じ人種の女性にたくさんの仕事を与えたかったのです」と１９１４年に語っている。[46] 実際、彼女のビジネスは成功し、自力で百万長者となった初のアフリカ系アメリカ人女性となった。しかしより重要な功績は、何千人もの女性の雇用を創出するという自身の望みを実現させたことだ。正式な教育を受けておらず、かつては日給１ドル50セントで働いていた女性がやってのけたのだ。

チャールズ・グッドイヤー――ニューヨークのスタテン島沖の港湾で自ら釣った魚を食べて暮らし、借金を返せずに投獄された経験さえある貧困時代を経て、加硫《かりゅう》ゴムを発明した。夏場は溶けて悪臭を放ち、冬場は岩のように固まるゴムを見てきた多くのアメリカ人が「ゴムのビジネスは死に筋だ」と助言したが、グッドイヤーは実験を継続し、長年の試行錯誤の末、ついに耐久性に優れ、安価なゴムを発明した。２０１８年には世界の工業用ゴムの需要は１５００億ドルにのぼっている。

ジョルジュ・ドリオ――法人として投資をおこなう世界初のベンチャーキャピタル企業、アメリカン・リサーチ&デベロップメント社（ARDC）を設立し、アメリカにおけるイノベーション文化の制度化に貢献した。同社が支援したスタートアップのひとつに、一時期14万人以上の従業員を雇用し、140億ドルを売り上げて大成功を収めたコンピューター会社、ディジタル・イクイップメント社（DEC）がある。ドリオはフェデックスの創設者、フレッド・スミスのアドバイザーも務めた。

どのイノベーターも、ひとりの力でアメリカの運命を変えたわけではない。しかし、彼らの偉業の波及効果でアメリカは大きく変わっていった。

イノベーションの文化

私たち夫婦が初めて家を買ったとき、私はその〝修繕が必要な家〟のことを楽観視していた。実際は修繕が必要どころではなかった。妻のクリスティンは、はっきり「ぼろ家」と呼んでいた。まだ私が初めての就職先で働いているころに、家族が増えることを見越して全財産をはたいて購入した家だった。家とは名ばかりの代物だったが、プロに修理を頼む余裕はない。壊れている箇所はすべて自分で修理するしかないうえ、修理する必要のない部屋はひとつもなかった。ペンキを塗るだけで済むのはいいほうで、窓からの雨の浸入を防いだり、配管からの水漏れを防いだりと、大掛かりな作業もあった。それでも、初めて家の鍵を手にした日には思いもしなかったことだが、少しずつ、このぼろ家が本物のわが家へと変化していくのを実感するようになった。手のかかる家をいまの状態にするまでには、多くの時間と費用と忍耐力、失敗してもへこたれない精神力が必要だった。こうして修繕したわが家は、時を経て、いまでは私たち家族の象徴となっている。私たちの価値観、私たちにできること（またはできないこと）、労力を惜しまず問題を解決しようとする前向きな姿勢、そうした家族の姿をこの家は映し出している。

アメリカはかつて、修繕の必要な、傷だらけの国だった。だが、試行錯誤と市場創造型イノベーションへの投資を通してイノベーションの文化を築き上げた。シンガー、イーストマン、フォード、ジャンニーニ、そして本章で触れたその他のイノベーターは、大勢のなかのほんの一握りにすぎないが、彼らはアメリカ文化の礎となったイノベーション精神を体現する人物だ。彼らが切り拓いた道を、のちの世代が受け継ぎ、アメリカの繁栄をさらに少しずつ前進させた。かつてヘンリー・フォードが言った「あらゆる成功が他の成功の母となる」の言葉どおりに。こうしたイノベーションのすべてが結集して、アメリカの運命を変えたのだ。

ucop.edu/uploads/giannini_public/7b/9e/7b9e282bf8dd-4250-bdd7-9cd42235c269/apgiannini-book-a-retrospective.pdf.

43 Jerry Useem, "20 That Made History," *Fortune*, June 27, 2005.

44 Richard Morin, "UNCONVENTIONAL WISDOM," *Washington Post*, November 15, 1998, https://www.washingtonpost.com/archive/opinions/1998/11/15/unconventional-wisdom/24f94e64-5010-4ca1-9786-8c5c30bf6a68/?utm_term=.a3c06a9278ea.

45 バンク・オブ・アメリカのビジネスにとって、耕作者や摘み取り作業者、缶詰作業者などの農業従事者は非常に重要であった。1919年に同行が融資した資金7400万ドルのうち、半分以上は農業従事者に対するものだった。

46 Henry Louis Gates Jr., "Madam Walker, the First Black American Woman to Be a Self-Made Millionaire," *PBS*, accessed March 9, 2018, http://www.pbs.org/wnet/african-americans-many-rivers-to-cross/history/100-amazing-facts/madam-walker-the-first-black-american-womanto-be-a-self-made-millionaire/.

understood-that-raising-wages-wouldbring-him-more-profit.

35 Steven C. Stanford, "Henry Ford—An Impact Felt," *Henry Ford Heritage Association*, March 1, 2018, http://hfha.org/the-ford-story/henryford-an-impact-felt/.

36 "Henry Ford Quotations: Popular Research Topics," Collections & Research, The Henry Ford, accessed April 7, 2018, https://www.thehenryford.org/collections-and-research/digital-resources/popular-topics/henry-ford-quotes/.

37 1800年代後半から1900年代初頭にかけて鉄鋼価格が著しく低下したことも関係する。1872年には56ドルだった鉄鋼1トンあたりの価格は、1900年には11.50ドルまで値下がりしていた。市場創造型イノベーションが全米に広がるにつれ、製品輸送のための交通手段の重要性が増した。鉄鋼を主材料とする鉄道線路の長さは、1860年には約5万キロだったが、1990年には約30万キロに延びており、その結果、1865年には1トンを1マイル（約1.6キロ）運ぶごとに20セントかかっていた貨物料金が1900年には1.75セントへと大幅に値下がりした。多くのアメリカ人の生活に鉄鋼がかかわるようになったことは（鉄道、自動車、建物など）、イノベーターが鉄鋼価格の低下を目指す動機となった。鉄鋼業界の効率性改革に大きな役割を果たしたのは、19世紀から20世紀にかけてきわめて大きな影響力を発揮したイノベーターであるアンドリュー・カーネギーだ。彼は鉄鋼業界を統合し、規模の経済を巧みに活用した。
Michael Dahlen, "The Rise of American Big Government: A Brief History of How We Got Here," *The Objective Standard*, January 28, 2014, https://www.theobjectivestandard.com/issues/2009-fall/rise-of-american-big-government/.

38 "Fact #962: January 30, 2017 Vehicles per Capita: Other Regions/Countries Compared to the United States," Vehicle Technologies Office, Office of Energy Efficiency & Renewable Energy, January 30, 2017, https://energy.gov/eere/vehicles/fact-962-january-30-2017-vehicles-capita-other-regionscountries-compared-united-states.

39 Daniel Kadlec, "America's Banker A.P. Giannini," *TIME*, March 8, 2017, http://content.time.com/time/magazine/article/0,9171,989772-2,00.html.

40 "A. P. Giannini, Branch Banking," Who Made America?, PBS, accessed March 1, 2018, http://www.pbs.org/wgbh/theymadeamerica/whomade/giannini_hi.html.

41 Ralph J. Christian, "Statement of Significance," form for United States Department of the Interior, accessed March 2, 2018, https://npgallery.nps.gov/pdfhost/docs/NHLS/Text/78000754.pdf.

42 Alex E. McCalla and Warren E. Johnston, "Giannini: A Retrospective," Giannini Foundation for Agricultural Economics, accessed March 2, 2018, https://s.giannini.

的はおもに娯楽であった。長距離の移動手段はほとんどが鉄道か船で、短距離の移動には馬と馬車が利用されていた。また住居は職場の近くに構えるのが一般的だった。しかしフォードには、ほかの人には見えない未来が見えていた。

28 "Is the recession heralding a return to Henry Ford's model?," *The Economist*, March 27, 2009, http://www.economist.com/node/13173671.

29 "State Motor Vehicle Registrations (1900-1995)," U.S. Department of Transportation Federal Highway Administration, accessed March 1, 2018, https://www.fhwa.dot.gov/ohim/summary95/mv200.pdf.

30 "Earl Swift, *The Big Roads* (New York: Houghton Mifflin Harcourt, 2011).

31 同前、255。

32 アメリカ全土に自動車が普及しつつあったが、多くの州では道路建設が難航していた。スウィフトは「(アメリカの) ほとんどすべての州がよりよい道路の建設を切望していたものの、実現能力が足りないことに苛立っていた。ほとんどの州にとって、必要最低限の規格のハイウェイを建設するだけでも予算オーバーであり、多くの州にとっては技術的に不可能だった」と述べている。イノベーションとインフラの関係については第10章で取り上げる。
同前、24、38。

33 この点に関しては、アダム・プシェヴォルスキの研究が包括的でわかりやすい。市民が経済的自立を獲得するにつれて、政治的自由と民主的自由があとに続くのだ。ファリード・ザカリアは、アダム・プシェヴォルスキの研究を要約し、著書"*The Future of Freedom*：*Illiberal Democracy at Home and Abroad*"のなかで、「国民ひとり当たりの所得が(現在の価値で) 1500ドル未満の民主主義国家では、民主主義を維持することのできる年数は平均で8年しかない。1500ドルから3000ドルの国では平均で18年、6000ドルを超える国はより弾力性があり、簡単には倒れない。6000ドルを超える国で民主政権が倒れる確率は500分の1だ。国が豊かになると民主主義は不滅になる」と述べている。この理論に照らせば、民主主義を存続させるうえで、一方では、民主主義の価値を高めることに熱心なアメリカ政府が称賛されるであろうし、他方では、労働者の所得増加に貢献し、ひいては民主主義の安定に貢献しているイノベーターが称賛されるだろう。
Fareed Zakaria, *The Future of Freedom: Illiberal Democracy at Home and Abroad* (New York: W.W. Norton & Company, Inc., 2007), 69-70.
(邦訳『民主主義の未来―リベラリズムか独裁か拝金主義か』ファリード・ザカリア著、中谷和男訳、阪急コミュニケーションズ、2004年)

34 Daniel Gross, "Henry Ford Understood That Raising Wages Would Bring Him More Profit," *The Daily Beast*, January 6, 2014, https://www.thedailybeast.com/henry-ford-

February 27, 2018, http://www.pbs.org/wgbh/theymadeamerica/whomade/eastman_hi.html.

23 ジョージ・イーストマンは、ビジネスとイノベーションの手腕もさることながら、気前のよさでも知られていた。1889年には、「かなり高額のポケットマネー」を従業員全員にプレゼントしている。以降もそうした行為は続き、あるときには従業員に、通常の賃金に加えて、会社の利益に応じた額を「賃金配当」として手渡した。当時としては珍しい行為だった。イーストマンは、組織の成功は従業員の忠誠心と創意工夫によるところが大きいと心から信じていた。1919年、自身が保有する株式の3分の1の額にあたる1000万ドル（2017年の価値に換算すると1億4630万ドル）を従業員に支給したのも、こうした信念の表れである。また、その後すぐ従業員のために、退職年金プログラム、生命保険プラン、障害給付金の制度を導入した。彼の気前のよさは生来のものであり、対象は従業員だけにとどまらなかった。マサチューセッツ工科大学（MIT）に2000万ドル、ロチェスター大学、ハンプトン大学、タスキーギ大学にも100万ドル単位の寄付をしている。さらに、アメリカおよびヨーロッパ各地（ロチェスター、ロンドン、パリ、ローマ、ブリュッセルなど）にある多数の歯科医院にも資金を提供した。
"About us: George Eastman," Heritage, Kodak, accessed February 27, 2018, https://www.kodak.com/corp/aboutus/heritage/georgeeastman/default.htm#.

24 Henry Ford, *My Life and Work* (New York: Garden City Publishing, 1922), 31.

25 1800年代半ば、アメリカの知的財産法はまだ成熟していなかった（「無きに等しかった」と言うべきかもしれない）。ケンブリッジ大学の経済学者、ハジュン・チャン教授の言うとおり、「自らの発明品であることの証拠がなくても特許が付与されていた」ため、既存のイノベーションから利益をかすめ取りたい不心得者によって、他人の特許のテクノロジーを勝手に導入したり、レントシーキング（利潤を得るために法律や政策、税制を変更させようとすること）したりする行為が横行した。1898年に議会が適切な連邦破産法を採択するまで、アメリカには破産法が存在しないか、存在したとしても未熟な状態であったため、特許に基づく訴訟合戦は当時の司法制度に大きな負担をかけていた。加えて、1860年代には起業家や出資者の責任を有限とする連邦法がなく、製造業の大半は非法人組織が運営していた。

26 フォードはのちに、デトロイトにあるゴールドスミス・ブライアント・ストラットン・ビジネスカレッジ（現在の名称は「デトロイト・ビジネス・インスティテュート」）で学んでいる。しかしフォードが少年時代に受けた「教育」は基本的に実地教育だった。父親の農場周辺で道具の修理の仕方を学び、デトロイトに移ってからは機械工に弟子入りしている。

27 現代の感覚からすれば、「無理なく買える車」というアイデアは理に適っている。しかし当時の感覚ではばかげた発想だった。出資者のなかには、とても成功するとは思えないという理由でフォードから手を引く者もあった。車の運転は金持ちの特権であり、運転の目が、シンガーの会社は大きなリスクを取り、自社の製品を販売するために必要なインフラを整備した。その結果、政府の援助に頼らず、また、高い関税を課そうとする政府の介入にもかかわらず、ロシアで成功を収めることができた。できるだけ多くのミシンをロシアの無消費者の手に届け、新規市場を創造するというシンガーの信念は揺るがなかった。

無消費をターゲットとするというシンガーの戦略が、ロシアでの成功にどのように貢献したか考えてみたい。当時のロシアは貧しく、ミシンを販売しても、支払いはほぼすべてが分割だった。法体制も資本市場も金融機関も未発達だったし、経済界にも政界にも混乱が生じていた。そのうえロシアでは、シンガーの事業にとって重要な、熟練労働力が不足しており、国土が広く、人口が分散していた。つまり、現代の発展途上国や新興国に似た状況にあった。

それでもシンガーはロシアに工場を建設した。加えて、何千もの商店と2万7000人以上の従業員を擁するロシア最大の一般消費者向け事業を立ち上げた。非熟練工を雇って訓練する（教育インフラの整備）など、経営面・組織面におけるイノベーションを次々と断行し、ロシアでの事業はシンガーの組織全体のなかでもとりわけ大きな成功を収めた例となった。

15 遠隔通信と輸送技術の進歩のおかげで世界が狭くなった現代でさえ、多国籍企業を展開することは容易ではない。しかしシンガーは、そのような技術の存在しない1800年代にこれをやってのけた。さらに、シンガーが事業を拡大した時代のアメリカのインフラは、現在の新興国の多くと同じレベルかそれ以下であった。だからこう問わずにはいられない。現在の新興国のような地域でイノベーターが無消費をターゲットにしようとする場合、ビジネスモデルにはどのようなイノベーションが必要だろうか。

16 Quentin Skrabec, *The 100 Most Significant Events in American Business: An Encyclopedia* (Santa Barbara: Greenwood, 2012), 39.

17 同前、38。

18 "Singer Railway Station," Overview, Gazetteer for Scotland, accessed February 24, 2018, http://www.scottish-places.info/features/featurefirst11985.

19 Rose Eveleth, "How Many Photographs of You are Out There in the World?," *The Atlantic*, November 2, 2015, https://www.theatlantic.com/technology/archive/2015/11/how-many-photographs-of-you-are-out-there-in-the-world/413389/.

20 「ウェットラボ」とは、液状でときに揮発性をもつ化学薬品を扱う場所を指す。

21 "About us: George Eastman," Heritage, Kodak, accessed February 27, 2018, https://www.kodak.com/corp/aboutus/heritage/georgeeastman/default.htm#.

22 "George Eastman, Easy-to-Use Cameras," Who Made America?, PBS, accessed

『シャツの唄』

指は擦り切れ傷だらけ
瞼は重く充血し
粗末な身なりの女がひとり
針と糸をちくちくと
縫う！縫う！縫う！
食べるものなくきたない部屋で
苦しげに声を絞り出し――
この嘆きが金持ちに聞こえるか！
針子は唄う、「シャツの唄」

11 縫製や衣料業界についてシンガーよりもはるかに詳しい専門家の多くが、シンガーは失敗すると見ていた。当時としては無理もなかった。エドウィン・ワイルドマンが著書"*Famous Leaders of Industry*"（産業界の著名なリーダーたち）のなかでこう書いている。「世間はミシンに対して懐疑的だった。シンガーがビジネスについて説明しはじめたとたん、退出を促されることがしばしばあったし、プロの仕立て屋で裁縫についてよく知っている人物からも、ミシンの製造はあきらめたほうがいいと助言を受けていた。その人物はさらに、家庭用ミシンが実用化されることは決してないという意見に自分も賛成だとシンガーに伝えた」
Edwin Wildman, *Famous Leaders of Industry; the Life Stories of Boys Who Have Succeeded* (Boston: The Page Company, 1921) 251-252.

12 シンガーの生きた時代には、ミシンの「発明家」を名乗る者が数多く存在し、競争に明け暮れ、権利を主張しようと先を争って（たいていは素性の怪しい特許事務所で）特許を取得した。訴訟合戦を招いたあげく、シンガーを含むほぼすべてのミシンメーカーが倒産の危機にさらされた。そこでミシンに関してさまざまな特許を有する業者が集合し、ミシンの売上による収益を分かち合うことを交換条件に、特許の相互使用に合意する。ミシンの特許を最初に取得した人物、エリアス・ハウは、この方法を実施するようになって初めて富を得た。彼はそれまで、発明品の商品化にことごとく失敗していた。成功を収めるために最も重要なものは、技術的イノベーションよりもビジネスモデルのイノベーションであることがここから読み取れる。

13 Geoffrey Jones and David Kiron, "Globalizing Consumer Durables: Singer Sewing Machine before 1914," Harvard Business School Case 804-001, October 2003. (Revised January 2017.)

14 シンガーの数ある偉業のなかでもとくに注目すべきは、1800年代後半という時代にあって、真のグローバル企業を構築したことだ。アメリカ、ロシア、スコットランド、イギリス、ドイツ、オーストリア、その他の数カ国に、製造、物流、販売の拠点を置いた。当時、各国の経済レベルには差があり、それぞれの国が独自のインフラ、制度、文化を有していたことに注意してほしい。たとえばロシアは当時、開発の遅れた不毛の地とみなされていた

【第5章】原注

1 Robert J. Gordon, *The Rise and Fall of American Growth: The U.S. Standard of Living Since the Civil War* (New Jersey: Princeton University Press, 2016), 1.
（邦訳『アメリカ経済　成長の終焉（上・下）』ロバート・J・ゴードン著、高遠裕子・山岡由美訳、日経BP社、2018年）

2 1890年当時、ニューヨーク市民の半数以上が「狭く、換気状態の悪い、窓を開ければすぐそこに悪臭を放つ通風孔のあるアパートにぎゅう詰めで住んでいた」。また、子どもたちがアパートの壁に向かって放尿することがよくあった。さらに、下水道のパイプには「穴があいていて、可燃性で毒性の強いガスが漏れ出していた」
Robert J. Gordon, *The Rise and Fall of American Growth: The U.S. Standard of Living Since the Civil War* (New Jersey: Princeton University Press, 2016), 97, 103.（邦訳は原注1参照）

3 同前、57。

4 "Rate: Number of Crimes per 100,000 Inhabitants," 2016 Crime in the United States, Department of Justice: FBI, accessed March 8, 2018, https://ucr.fbi.gov/crime-in-the-u.s/2016/crime-in-the-u.s.-2016/tables/table-II.

5 Faith Jaycox, *The Progressive Era* (New York: Facts on File, Inc., 2005), 79.

6 同前、267。

7 同前、22。

8 Jack Beatty, *Age of Betrayal: The Triumpth of Money in America*, 1865-1900 (New York: Alfred A. Knopf., 2007), 3.

9 アイザック・メリット・シンガーが敬愛される人柄であったという話は、あまり聞こえてこない。シンガーには、妻と多くの愛人とのあいだに、計24人の子どもがいた。のしあがる過程で支援者や仲間を何度も切り捨て、派手好きな性格でも有名だった。しかし、この押しの強さが——たとえばシンガーミシンのマニュアルを50カ国語に翻訳させたことからもわかるように——好機を逃さずとらえ、新しい道を切り拓くという彼のビジネス手法につながっている。本文中で述べるとおり、シンガーのイノベーションは世界を変化させたのだ。

10 シンガーが30歳を過ぎたころ、巷ではミシンが普及するまえの針子の悲哀を歌った曲が流行していた。

第6章

アジアの繁栄

ソニーの使命は、まだ存在しない市場のための製品を考案することだ。
——盛田昭夫《もりたあきお》、ソニー共同創業者

章のテーマ

第二次大戦とその後の朝鮮戦争を経て、日本や韓国をはじめとする東アジア諸国は極度の貧困にあえいでいた。戦前に存在した産業は戦争でほぼ壊滅状態となり、経済の先行きは暗かった。しかし今日、日本と韓国は驚くほどの繁栄を手に入れている。両国の経済復興の背景には、政府からの援助を得て事業を発展させた起業家の努力だけでなく、低コストの利点を生かし、輸出市場をターゲットとして成長した企業もあった。

政府支援や輸出は、もちろん経済復興に不可欠な要因である。しかし、日本や韓国の成長を別の観点からながめてみると、そこに浮かぶのは輝かしいイノベーションの成功物語だ。成功した企業の多くは、新しい市場の創造や、市場の拡大や成長につながるイノベーションに投資してきた。世界中にその名を轟かせる巨大企業となったところも少なくないが、創業当初は現在の輝きからはほど遠い、弱小企業であった。ソニーの初期の電気座布団はときに焦げ跡をつくることがあった。起亜《キア》の起源は自転車メーカーだった。サムスンは当初、干し魚を販売していた。

本章では、日本と韓国を繁栄に向かって一気に駆け上がらせた、イノベーションの大偉業に焦点を当てる。両国が私たちに教えてくれるのは、繁栄とは「一時の現象」ではなく「過程《プロセス》」であるということ、繁栄のためにはイノベーションへの継続的な追求が不可欠であるということだ。


第二次大戦後、日本経済は窮地に陥っていた。1950年のひとり当たりの所得はメキシコやカンボジアよりも低く、アメリカの5分の1だった。産業の大半が戦争で壊滅し、深刻な食糧不足は戦後

6、7年間にわたって続いた。食糧は配給制となり、何百万人もの人々が腹を空かせていた。工業の材料となるゴムや磁石、電動機、金属類はほとんど手に入らない。戦時中に戦闘用の資源として金物を供出した多くの家庭には、調理器具や戸口の取っ手すらなかった。大戦勃発4年前の日本の往来では、自動車より6倍多い馬車が荷を引いていた。戦後の庶民にとって、自動車は言うまでもなく、単車《オートバイ》でさえ贅沢品だった。数少ない自動車もその多くが、戦時中に日本で確実に補給できた唯一の燃料、すなわち木炭を使った木炭車に改造されていた。1949年、日本の道路の全長はわずか93 06キロであり、そのうち、舗装されていたのは1824キロにすぎなかった。これに対し、現在の日本の道路の全長は120万キロ、その大半が舗装道路である。

戦後の日本人は、1800年代のアメリカ人や、今日の低所得国に暮らす何十億人もの人々と同様に、きわめて貧しい状況に置かれていた。

そうした状況に追い打ちをかけるように、1945年から1952年まで日本は連合国軍によって占領され、連合国軍総司令部（GHQ）が定めた製造や産業に関する方針に従うことを強いられた。GHQは統治の開始直後、トラックと乗用車の生産台数をそれぞれ月々1500台と350台に制限し、復興を目指す日本は非常に厳しい現実に直面していた。

日本経済が戦後のショックから順調に立ち直るとはとても思えなかった。当時のアメリカの国務長官ジョン・フォスター・ダレスの言った、「日本製品をアメリカの大市場で売ろうなどと考えるべきではない。日本人はアメリカ人が欲しくなるような製品をつくれないのだから」[1]という有名な言葉が、そのころの日本の悲惨な状況を物語っている。ダレスの発言はつまり、「日本は問題の解決を輸出市場に求めるな、日本人が何を売ろうと、アメリカ人は買わない」ということだ。ダレスの言い分にも理はあった。いまでは遠い昔の話だが、当時、「メイドインジャパン」は信用のおけない粗悪品の代名詞だったからだ。[2]

そのころ、盛田昭夫と井深大《いぶかまさる》は共同で、戦時中に空襲を受けた百貨店の一角に、東京通信工業（TTK）を創業した。ラジオ修理店としてスタートしたこの小さな会社から、イノベーションの先駆けとなる商品を発売したが、当時は「質の悪い日本製品」の域を出るものではなかった。20人で発足した会社に政府からの援助はなく、彼らが創造しようとしたイノベーションに需要があるのかどうかもはっきりしなかったが、盛田らはあきらめなかった。盛田は本能的に、「不便」と「無消費」のなかから商機を見いだす才能をもち合わせていた。彼らは市場創造型イノベーションの発信基地をつくりつつあった。これが、いまや誰もがその名を知る「ソニー株式会社」の原点だ。ソニーは現在、年間、約490億ドルを売り上げ、世界で12万8000人以上を雇用し、日本においても世界においてもテクノロジーとイノベーションの代名詞と言われる存在となった。

存在しない市場を創造した日本企業はほかにも多数ある。ソニーと同じころ、トヨタ、日産、そして創業まもないホンダの名前も世界に広まりはじめた。そうした企業が、日本のみならず世界に影響を与えることとなるイノベーション企業の一角にすぎないことを、当時の世界の人たちは知る由もなかった。これらの企業による市場創造型イノベーションに後押しされ、日本経済は驚くべき速度で成長し、日本は１９６４年、終戦から20年足らずでオリンピックの開催国となった。終戦から50年後には、日本の国民ひとり当たりのＧＤＰは４万２５００ドルで、アメリカとイギリスを上回った。現在、日本は世界の経済活動の約６％を占める世界第３位の経済大国となっている。

日本の隣国である韓国も日本と同様、イノベーションを通して経済復興を果たした国のひとつだ。韓国の経済成長は理屈では説明がつかないほど見事だったため、「奇跡」とよく称される。しかし、だからこそ私たちは、貧困から立ち上がり、繁栄を手に入れた日本と韓国から重要な教訓を学ぶことができる。ここでは３つの教訓に焦点を当てる。

第一は、国家がどのような状況に置かれていようとも、イノベーションへの投資は可能だということだ。イノベーションによって創造され、維持される市場は、社会に必要な資源を引き入れる。その資源は市場の支援にも使われるため、好循環となって成長の持続性を高めていく。

第二は、市場創造型イノベーションを前進させるには、その国やその場所のニーズを見きわめ、住民が強いられている不便を現実のイノベーションと経済的機会に結びつけることのできる起業家が必要だということだ。地元の起業家の存在はそこに暮らす人々に自尊心を芽生えさせる。革新や創造、繁栄を間近で目撃することは、「自分にもできる」という自信につながり、自分たちの問題を自分たちで解決できるという自信と実行力は、社会にとってとくに貴重なもののひとつだろう。

第三は、開発途上にある国では、さまざまな資源を統合する努力が必要であるということだ。貧しい国では、義務教育制度、輸送機関、商業および統治機構のインフラがととのっていないことが多い。そうした国でイノベーションを成功させるには、ときに複数のイノベーターによる複数の事業を統合する必要が生じる。インフラや教育など、ビジネスを発展させるために必要な資源と支援を結集することで、結果的に国の成長を速めることができる。

こうした教訓を体現する最たる例のひとつがソニーだ。

ソニー――市場創造マシン

ソニーがまだ前身の東京通信工業（TTK）だったころは、国務長官ダレスの辛辣な言葉どおりの会社だったかもしれない。実際、創業当初の状況からは、ソニーの偉大な軌跡は想像もつかない。TTKが当初、製造販売していた電気座布団は熱くなりすぎて毛布や布団を焦がすことがあった(3)。戦争でダメージを受けた建物の一部を借りて運営していたため、工場の床のあちこちに穴があり、外壁はひび割れていた。雨が降るたびに工場の床に水溜まりができるという、当時ならではの趣のある作業環境だった。

しかし、19世紀のアメリカに見られたイノベーションの先駆者たちと同様に、創業当初の貧しい時代のソニーにも、厳しい状況を生き残るためのぎりぎりの戦略、間に合わせの代替策、金はなくとも知恵で乗り切る創意工夫が満ちあふれていた。資源が不足していたため、機械や道具を購入することができず、エンジニアが自らの手で、はんだごてや電気コイル、ねじ回しなどをつくっていた。明け方まで作業が続くことも多く、夜中や早朝に建物に出入りするため、地元の警察から泥棒とまちがわれることもあったほどだ。社員の給料が支払えなくなる危機にも何度か陥り、1回分の給料を2回に分けて支払ったこともある。

だが、創業者の盛田昭夫と井深大はそうした困難をものともしなかった。

ソニーの最も輝かしいイノベーションというと、ウォークマンを思い浮かべる人も多いだろう。実際、ウォークマンは4億台以上を販売し、世界的な携帯音楽プレーヤーの文化を確立した。しかし今日の巨大企業への道程はもっと地味なG型テープレコーダーから始まった。磁気材料を用いた巻取り式のポータブル録音装置で、盛田は当時、これを「テープコーダー」と呼んだ。「テープコーダー」が発明される以前は、〝録音〟とはわれわれの日常生活からは縁遠いものだった」と盛田は1950年に書いている。「従来は、録音をするには特別で複雑な技術が必要で、費用も高くついた。しかしいまではソニーのテープコーダーを使って、誰でも、いつでも、どこでも、簡単に、安い値段で、正確に録音することができる」

盛田は、顧客が人生のあらゆる瞬間を録音し、思い出を保存するために役立つこの製品に、大きな可能性を見いだしていた。「日本初の画期的な製品だ。そのうえ、手軽で扱いやすい。誰もが買わずにはいられないだろう」。だが、そうはならなかった。少なくとも最初のころは。人々はもち運びのできる録音装置に魅力を感じはしたものの、簡単には買ってくれなかった。ソニーの幹部は別の方策を迫られる。販売台数が伸びない期間がしばらく続いたあと井深と盛田が採った方策は、エンジニアのほぼ全員を動員し、彼らに営業活動をさせることだった。ソニーがこうした過程を経て学んだのは、ノーベル経済学賞受賞者のロナルド・コースの言葉どおり、「市場は探して見つかるものではない、創造しなければならない」という教訓だった。

新しい市場を創造するために、ソニーは、独自の流通、販売経路を構築する必要があった。そこで1951年、子会社「東京録音会社」を設立し、これがローカルの職（販売、流通、教育、サービス、サポート等）を創出するきっかけとなった。あるとき井深は、東京録音会社の幹部に全国を行脚して学校で実演をするように命じた。実演の効果は絶大で、あまりにも多くの学校から注文が入ったために、生産が追いつかないほどになった。さらに、顧客が製品を快適に使いこなせるように、エンジニアの一部に販売後の顧客サポートを担当させたところ、売上はさらに伸びた。ソニーは、新しい市場の創造には努力が必要であること、それには大きな見返りのあることを学んだのだった。

その後もソニーはイノベーションを追求しつづけた。新市場の創造——まず日本でつくり、その後、輸出する――に焦点を当てつづけ、決してぶれなかった。１９５５年、ソニーは世界初の電池式小型トランジスタラジオを完成させた。この電池式トランジスタラジオは、それまでの真空管ラジオと比べて、音質では劣っていたが、小さく、安く、「質もまあまあ」だった。ターゲットとしたおもな顧客は、値段の高い真空管ラジオを買うことのできない十代の若者だったが、彼らは親の耳に届かない場所で、友人と一緒に音楽が聴けることを非常に喜んだ。私自身、かつて、トランジスタラジオを買い、音楽を聴いてわくわくしたことを憶えている。私にとってトランジスタラジオは文明の進化の象徴だった。

50年代の終わりごろには、多くの競合会社が参入し、電池式トランジスタラジオの市場は数億ドル規模となった。ソニーも雇用を増やし、莫大な利益を上げると同時に、ソニー自身と日本国民に「イノベーションによって、自らの力で繁栄への道を切り拓くことができる」という希望を与えた。ソニーはそれ以降も、まず本拠地である日本で市場創造型イノベーションを発進させ、そのあと世界に進出するという成功の方程式を何度も繰り返すことになる。

１９５０年から82年のあいだに、ソニーは12種類の新たな市場を創造した。そのなかには先に挙げた電池式小型トランジスタラジオのほか、初のソリッドステート式小型白黒テレビ（１９５９年にはすでに多くの日本の家庭にテレビが普及しており、同年の皇太子の結婚式をメディアが大々的に取り上げた際には、記録的な人数である１５００万人の日本国民がテレビ中継を見た）、ビデオカセットプレーヤー、ポータブルビデオレコーダー、3・5インチフロッピーディスクドライブ、そして、あの有名なウォークマンがある。

ソニーの共同創業者、盛田は、不便や苦痛のなかにある好機を直観的に見つけ出す才能によって一大帝国を築き上げた。ウォークマンには、市場調査チームからの報告を受けて販売が一時保留になったという経緯がある。録音機能のないテーププレーヤーなど欲しくない、イヤホンでしか聴けないのは煩わしくていやだという調査結果が出たためだ。しかし盛田はそうした警告を無視し、自らの感覚を信じた。市場調査に依存せず、「人々の生活を注意深く観察し、彼らが何を欲しがるはずなのかを自分の直観を働かせて見きわめ、そこへ向かって突き進め」と社員を駆り立てた。盛田は正しかった。人々はそれまでは気づいていなかったが、「どこでも聴ける音楽」を求めていたのだ。ウォークマンは日本の市場に受け入れられ、当初、ソニーの幹部が月間売上台数を約5千台と予測していたところ、発売から2カ月で5万台以上が売れた。ウォークマンが市場に現れたその日から、私たちは音楽を聴きながら、歩いたり走ったり本を読んだり物を書いたりすることができるようになったのだ。その後40年のあいだに、ソニーは4億台以上のウォークマンを売り上げた。いまやウォークマンは、これまでに発売されたすべてのポータブル製品のなかで、最大の成功を収めたもののひとつとなっている。

新たな市場が誕生すると、そこには即座に他社の参入が始まる。ソニーが新しい市場を創造するたびに、東芝、パナソニックをはじめとする数多くの企業も続き、新しいビジネスチャンスに投資した。

ウォークマンの登場によって、ほかのメーカーも「音楽のもち歩き」は可能だと知ることになった。ここでたいせつなのは、市場はある企業一社を中心に成長するのではないという点だ。市場は、新たな消費者を創出し、イノベーションを継続し、消費者の「片づけるべきジョブ」をより深く理解するという作業を中心に成長するのだ。ソニーはその後、MP3とiPodのブームには乗り損ねたものの、業界が成長し繁栄するための種蒔きにはかかわっていた。

のちに他社が勇んで参入するような魅力ある潜在市場をソニーが見きわめて創造した回数の多さには驚嘆させられる。電気座布団からウォークマンに至るまで、自社が開発したあらゆる商品、そして自社が創造した市場を通して、ソニーは一般の日本人消費者の不便や苦痛をターゲットとした、大きな利益の見込めるビジネスモデルをつくり上げた。さらに、成功するための必要に迫られて、関連する多くの職も生み出した。新たな職が生まれるたびに日本の発展に必要な資源がそこに集結し、ソニーは無自覚のうちに国の繁栄に貢献した。

私が最近、ソニー製品を目にするたびに感じるのはイノベーションのクールさだけではない。そこには何か強力で永続的なもの――日本を世界上位の富裕国に押し上げたプロセスそのものが存在する。日本には優れた家電メーカーがほかにもあるが、日本のイノベーションの代名詞と言えばやはりソニーの名が真っ先に挙がる。戦争で荒廃した日本から、乏しい資金で、政府からの援助を受けることなく、友人同士だった2人の男が無消費をターゲットとして新たな市場を創造し、世界一流の企業を築き上げた。ただし、ソニーの例は日本の経済成長の原動力となったイノベーションの成功物語のほんの一例にすぎない。家電メーカー以外の業界にも数々の輝かしい例がある。

トヨタ──無消費から世界へ

自動車メーカー、トヨタはどうだろう。低価格でコンパクトなトヨタカローラはつねによく売れている。トヨタに成功をもたらしたおもな要因は、安価な労働力や政府からの援助ではない。それらももちろん役には立ったが、トヨタは戦後、より重要で、より永続的な、ある要因によって成長した。

1937年に創業したトヨタ自動車株式会社は、日本と東アジア地域の無消費に焦点を当てたプロダクト開発をおこなった。当時の人は誰も、トヨタが将来、世界第5位の収益を上げる巨大企業になるとは想像しなかっただろう。日本ではそのころまだ、31万輛近くの荷馬車と11万1000輛の牛車が行き来していた(4)。道路の大半が未舗装で、そうした道を自動車で走行するのは不経済で危険でもあった。道が悪ければ車は故障しやすい。全長の5分の1しか舗装されていなかった戦後の日本では、動かなくなった車が道路脇のあちこちで見られた。トヨタはそうした国内事情を考慮して車をつくった。当時の社長、豊田喜一郎《とよだきいちろう》は言明している。「トヨタは、荒れた道路に耐えられ、東アジアの人々にとって実用的な、経済効率のいい車を開発しなければならない(5)」

当時トヨタが日本で生産していた車はアメリカの消費者が満足できるレベルのものではなかった。しかしトヨタにとってそれは問題ではなかった。先進国への輸出を考えるまえに、日本と近隣アジア諸国の巨大な無消費をターゲットとする心構えだったからだ。トヨタが日本国内の販売台数と同数の車両を北米に輸出するようになるのは1980年のことだ。[6] しかし北米への輸出を開始したあとも基本的な戦略を変えることはなく、ガソリンを大量に食うアメリカ車を所有できない、アメリカ市場の低所得層をターゲットとした。

トヨタが、フォード、GM、クライスラーといった既存の自動車メーカーと競争するのではなく、まず、無消費をターゲットとするという戦略を取ったことは、日本の発展にとって大きな意義があった。その理由を大きく4つにまとめてみよう。

第一に、トヨタは本拠地である日本に、マーケティング、販売、流通、教育、サービス、製品サポート等、自動車業界に付随するあらゆる職種を引き入れるローカル市場を創造した。一例として、トヨタは名古屋の中部日本自動車学校を設立している。これが他の自動車学校のモデルとなって、日本での自動車の普及に貢献するとともに、トヨタ車の販売台数も押し上げた。もしトヨタがたんに安い労働力を利用して自動車を生産し、外国に輸出するという低コスト戦略を取っていたなら、自動車学校には投資しなかっただろうし、その自動車学校に1958年、新入社員にトヨタのセールスメソッドを教育するための「トヨタ・セールスカレッジ」を設置することもなかっただろう（その後、「日進研修センター」を建設)。無消費をターゲットにするには、プロダクトの効果的な製造や出荷に関する専門知識だけでなく、その地域の実情に関する知識も不可欠となる。

第二に、無消費をターゲットとした戦略が成功したことで、活気ある市場が生まれ、長期的な雇用を創出する土壌が形成された。トヨタが新しい工場を設立し、国内の消費者に向けてますます多くの車を販売するようになると、より多くの従業員が必要となった。たとえば、多くの会社が豊田市(豊田という市の名称は、トヨタがそこに会社と工場を置いたことに由来する)で自動車の製造にかかわるようになり、1962年には2・7だった求人倍率が、1970年には7・1にまで増加している。[7]また、全国のトヨタの販売店数は1938年にはわずか29店だったが、1980年には300店を超えた。トヨタの成長を雇用面で見ると、圧巻としか言いようがない。1957年、トヨタの従業員数は約6300人だったが、10年後には5倍以上の約3万2000人となった。現在、トヨタは日本の7万人を含め、全世界で36万9000人以上の従業員を雇用している。トヨタの初代会長である豊田《とよだ》英二《えいじ》は、従業員の教育および育成に関する方針について、「物をつくるのは人だ。したがって、物づくりのまえに人を育てなければならない」と述べている。こうした方針が、専門の教育訓練部門の設置や、販売店で働く中堅従業員の教育を目的とした職業訓練学校の設立につながった。[8]

第三に、無消費をターゲットとした企業戦略は、地域の規制や制度の枠組みを、その地の実情に沿った、適切なものに変えていった。ジェフリー・アレクサンダーが著書“*Japan's Motorcycle*

Wars」（日本のオートバイ戦争）のなかで述べている。「日本の道路を走行する車両の数が増加するにつれ、交通法や車両登録、運転免許制度、走行路の取り締まり等、一貫した政策の必要性が急速に高まった(9)」。つまり、車両というイノベーションが普及したことで、日本特有の状況に適した政策が促されたことになる。このように、イノベーションは往々にして規制に先行する。存在していないものをあらかじめ取り締まることはできないからだ。

第四に、とくに自動車産業の場合、無消費をターゲットとした戦略は日本経済に新たな産業を生み出した。車の販売やサービスに関連する仕事をはじめ、物流および輸送業界、安くなった交通費を背景に国内旅行業界も拡大した。学校や病院へのアクセスがよくなり、郊外の開発も進んだ。

片づいていないジョブから生まれたカローラ

もし、トヨタが戦後、日本の無消費をターゲットにするのではなく、アメリカの三大自動車メーカー（フォード、GM、クライスラー）と競争する道を選んでいたらどうなっていただろう。それでもトヨタは成功し、日本は繁栄していただろうか？　じつはトヨタはそのころ、ほんの短期間ではあったがアメリカ市場に打って出た時期がある。

1958年、トヨタは日本国内で成功したあとに、主力車であるトヨペット・クラウンを携えてアメリカ市場に乗り込んだ。クラウンは日本で非常によく売れた車種であったため、幹部陣はアメリカでも売れると考えていた。しかし結果は大失敗だった。ある観測筋はこうコメントしている。「クラウンは日本の荒れた道路に適合するよう設計された車であり、アメリカのなめらかで流れの速い道路には合わなかった。時速が60マイル（約96キロ）に達すると激しく振動し、ドライバーはバックミラーを見ることができないほどだった」。敗北を認め、トヨタの経営陣は１９６１年には撤退を決断した。しかし永遠に去ったわけではなかった。

アメリカ市場について研究を重ね、現地の消費者の「片づいていないジョブ」を理解したあとで、トヨタはカローラを生み出した。のちに販売台数が世界一となる車だ。トヨタはビッグ３と競争するのではなく、異なる戦略を取った。トヨタの〝販売の神様〟と称された神谷正太郎《かみやしょうたろう》は、小型車は家庭の2台目、３台目の車として重宝され、ビッグ３とまともにぶつかることはない、と当時の戦略を振り返っている。(10)

トヨタの成功は、他の日本企業にも影響を与えた。日本最大の自動車メーカーであり、現在も世界のトップクラスを維持しているトヨタだけでなく、日産、ホンダ、三菱、スズキ、マツダ等、日本経済の形成に大きく貢献した自動車メーカーがほかにも数多く存在する。

小さなバイク、大きな発展

自動車メーカーと同様に日本のオートバイメーカーも見事に世界進出を果たしたが、後者は政府からの援助なしにやり遂げたという点でさらに印象深い。戦後、日本政府は、経済の発展に直接寄与すると考えた造船や業務用大型車両など、重工業への投資を重視した[11]。そうした状況のなかでバイクはおもちゃ扱いされ、多くのオートバイメーカーは、製品開発に必要な原材料の調達にも苦労を強いられた。

政府による支援は、正しい方向に向けられれば産業と経済の発展に寄与するが、それでも政府支援が企業に成功をもたらす最大の要因となることはまれだ。実際、正しい意図、正しい計画で実施された政府主導の経済開発プログラムが成功に至らなかった例は多々ある。多くの政府が経済のさまざまな課題に対処しようとするものの、うまくいくことは少ないのだ。日本のオートバイメーカーの例に代表されるように、ある業界の企業（群）が政府からの援助なしで速やかに確固たる地位を築くという現実は、市場創造型イノベーションに宿る底力を実証するものとなっている。

日本国内にオートバイ産業が出現するまで、オートバイは非常に高価な存在だった。「当時はすべてが輸入品だった。〝オートバイのロールスロイス〟と称されたイギリス製のバイクを10台輸入し、1台2000円で販売したのだが、フォードのモデルTが1900円で売られていたから、車よりバイクのほうが高価だったことになる。20歳を過ぎたころの私の月給が7円から10円くらいだったことを考えると、バイクの値段はべらぼうに高かった。高すぎて1年に1~2台しか売れなかった」[12]。オートバイ産業のパイオニアのひとり、大関日出吉《おおぜきひできち》はそう回想する。オートバイ産業は規模が小さく目立たなかったために、政府からはたいして注目されず、支援もなかった。だがいくつかの会社は、日本人がより自由に、より金をかけずに動き回る手段が必要だと考えはじめていた。次々とオートバイ会社が設立され、やがて「浜松モーターサイクル製造業者協会」が結成された[13]。

1950年代に200社以上あったオートバイメーカーのなかで、ホンダ、カワサキ、スズキ、ヤマハが国内外で業界の舵を取るようになる。興味深いのは、このオートバイ界の「ビッグ4」が既存のオートバイ会社のシェアを奪おうとはせず、無消費をターゲットにして新たな市場を創造する戦略に出たことだ。国会で道路交通法の改正案が採択され、オートバイの運転免許の取得可能年齢が引き下げられた1952年、いち早く新たな市場創造の好機を見いだしたメーカーのひとつがスズキだった。若い消費者を対象とした低価格の60 ccバイク、ダイヤモンドフリーバイクを発売した。

ホンダも1952年、当時増加しつつあった小規模業者をターゲットに、50 ccのカブF型を発売した。小規模業者は配達用の乗り物を必要としていても大型車を買う余裕はないことにホンダは目をつけた。2万5千円（当時のレートで約70ドル[14]）という価格で販売し、12カ月の分割払いも受け入れた。可処分所得の低い消費者を相手に、各メーカーは製造だけでなく、流通、マーケティング、販売、サポート、場合によっては教育にも投資するようになった。この過程で、ビッグ4以外にも国内に広く雇用が創出された。日本のオートバイメーカーはその後の数年間で製品の改良を重ねたあと、欧米の無消費者に向けた輸出を開始し、市場の拡大に成功する。

オートバイ業界と同様の無消費者をターゲットとした戦略が、家電業界ではパナソニック、シャープ、任天堂、ＯＡ機器業界ではキヤノン、京セラ、リコーで見られた。こうした企業も、まず日本の無消費をターゲットとし、その後、世界に進出している。[15]

無消費をターゲットとした企業戦略には、国家の発展につながる大きな可能性が秘められている。プロダクトの製造能力のみならず、ローカルの雇用を増やす販売や流通の増強も求められ、繁栄を広範囲に行きわたらせるうえで不可欠な力となるからだ。

日本は戦争による壊滅状態から理想と目標をもって立ち上がり、イノベーションと機会の文化を生み出した。終戦直後の日本に関する著書でピュリッツァー賞を受賞したジョン・ダワーは、「敗戦国は過去を忘れ超越することを望んだ。借り物のイデオロギーや押しつけられたビジョンではなく、生きた体験と自らつかみ取った機会によって、日本に平和と民主主義の理想が根づいた」と論じている。

出発地点から遠い場所まで歩めることを証明したアジアの国家は日本だけではない。韓国の例も紹介しよう。

韓国――繁栄への道

朝鮮戦争が休戦した直後、韓国は壊滅状態にあった。「1953年当時、首都のソウルは統治者が4回も変わり、変わるたびに敵対者とのあいだに熾烈《しれつ》な戦いが繰り広げられた。電気の供給はほとんどなく、産業と呼べるものは繊維業だけだった[16]」とハーバード大学名誉教授のエズラ・ボーゲルは述べている。実際、その当時は、北朝鮮よりも産業化が遅れていた。1960年の国民ひとり当たりのGDPは155ドル。韓国は絶望的といえるほど貧しかった。

だが最近、韓国を訪問した際には、私が彼の地で暮らし親愛の情を深めた数十年前の貧しい国の面影はまったく見られなかった。本書の執筆時点では、国民ひとり当たりのGDPは2万7500ドルを超え、貧しい国々に対して途上国援助モデル「コリアエイド」を提供するまでになっている。韓国はどのようにして、これほどまでの復活を果たしたのだろう[17]。

いわゆる「漢江《ハンガン》の奇跡」の実現には、文化、明確なビジョンをもったリーダーシップ、重工業、貿易、アメリカからの支援、地政学等、数々の要因が重要な役割を果たした。しかし、韓国の変遷に不可欠であったもうひとつの要素、イノベーションについては、あまり語られてこなかった。

韓国の経済成長を牽引してきたサムスン、ヒュンダイ、LG、起亜自動車といった企業は現在、世界第一級のイノベーション企業として認識されている。サムスンは、韓国の1兆1000億ドルのG

DPの5分の1に貢献しているが、こうした企業も出発時点では、のちに世界的大企業になるなどとは考えられない状態だった。韓国の発展は私たちに、絶望的な状況からでも大きな成長を遂げられることを教えてくれる。

起亜は1944年、鋼管と自転車部品を製造する「京城精密工業」として発足した。その後、韓国の人々に容易な移動手段を提供することに商機を見いだし、すべての事業を自転車製造に集約すると、1952年、初めての自社製自転車、「サムチョンリ」を開発した。数年後にはホンダのオートバイのライセンス生産を開始。起亜が自動車業界に進出したのは、オート三輪のK-360を開発した1962年のことだ。K-360の出現は、一般的な韓国の人たちにとって、それまでは手の届かなかった自動車を身近なものにした。さらにその直後、荷物の収納スペースがより広く、燃料効率のよいオート三輪、T-600を発売した。起亜が初めての乗用車、ブリサを発売したのは1974年、創業から30年以上が経っていた[18]。

世界の自動車生産技術は1944年には充分に確立していた。その時点でフォードは設立からすでに40年以上が経過し、GMはオールズモビル、キャデラック、ポンティアックを買収し、三菱が自動車の生産を開始してから30年が経とうとしており、トヨタも初の乗用車を1936年に発売している。世界の人々はすでに自動車というものを知っていたし、現代社会の一部として、また見慣れたものとして車を受け入れていた。先進国には盛況な自動車市場があり、そうした国の多くの消費者が車を所有することの価値を理解していた。さらに、多くのビジネスが車を中心に回っていた。起亜は、その気になりさえすれば、人件費の安さを利用し、既存の消費市場で他の自動車メーカーと直接対決するという道を選ぶことのできる環境にあった。

それでも起亜はそうした道を歩まなかった。最初に自転車、次にオート三輪、そして何年も経ってから乗用車を開発し、つねに無消費をターゲットとしてきた。起亜が長年にわたって韓国経済に与え続けてきた影響の大きさは計り知れない。自転車とオート三輪のメーカーとしてスタートした起亜は、世界有数の自動車メーカーの仲間入りを果たしている。いまでは3万人以上を直接雇用し、約500億ドルの収益を上げる巨大企業だ。初めてカタールにブリサを10台輸出してから40年が経った2015年6月、起亜の車の輸出台数は1500万台に達した。

サムスンは1938年、まだ貧しかった韓国で干し魚、小麦粉、野菜を販売する業者として創業した。戦後、未知の領域である保険、小売り、繊維業界等に進出し、1969年には電機業界に参入している。サムスンの最初の家電製品、白黒テレビは画質があまりにも悪かったため、雑誌の定期購読と引き換えにただ同然で置いていかれることがよくあったそうだ。[19] サムスンは、その後まもなく安価な扇風機を、続いて安価なエアコンを初めて製造した。そして1983年、同社初のパソコンを発売した。

初期の製品の多くがあまりに低品質であったため、サムスンCEOの李健熙《イゴンヒ》は1993年、当時の経営幹部に「全製品」に改良が必要だと告げた。「妻子以外はすべて取り替えよ」という有名な言葉とともに、電話機やファックス機など15万台の家電製品を従業員の目のまえで焼却させた。サムスンの従業員は、低コストだからといって低品質が許されるわけではないと強烈に思い知らされた。この警告は奏功する。

１９９４年、サムスンは世界初の２５６メガビットＤＲＡＭチップを開発し、１９９８年には大量生産によるデジタルテレビを世界で初めて発売した。２００６年には世界最大の規模と収益を誇る家電メーカーとなった。デジタル研究センターだけでも、一般的なサッカー場の30倍の床面積がある。２０１７年、サムスンが研究開発に投じた１２７億ドルはアマゾンとアルファベット（グーグルの親会社）に次ぐ世界第３位の数字だ。

今日、サムスンは洗濯機や冷蔵庫からスマートフォンやスマートテレビに至るまで、あらゆる家電製品を製造している。イノベーションを次々と成功させたことで、いまではテクノロジーで業界を牽引する存在となり、世界のトップ10ブランドに名を連ねる超一流企業だ。

サムスンのイノベーションは、同社を世界的企業に押し上げただけでなく、韓国経済にも大きな影響を与えた。

「サムスン」と聞いて、外国人が思い浮かべるのは、ノートパソコンやスマートフォンのＧａｌａｘｙぐらいだろう。だが韓国の一般消費者にとって、サムスンはたんなる家電メーカーではない。韓国最大の電機メーカーであると同時に、子会社や関連会社を通して、家庭用品、証券、生命保険、建築、加工食品、化学などさまざまな市場に大きくかかわっている。韓国に暮らす人であれば、サムスンの提供する製品やサービスを直接的または間接的に毎日利用していることだろう。

本書執筆のためのリサーチにおいて、われわれに力を貸してくれたネイト・キムが、サムスンブランドの浸透について教えてくれた。彼は毎年、ソウルに帰省している。彼が仁川《インチョン》国際空港に到着すると、サムスン火災海上保険の自動車保険に加入しているルノーサムスンSM5で両親が迎えに来る。両親の住むマンションはサムスン物産が建てたものだ。冷蔵庫、洗濯機、乾燥機、エアコン、テレビといった家電製品の大半がサムスン製。医師であるいとこはサムスン医療院に、別のいとこは世界最大級の造船会社、サムスン重工業に勤務している。アメリカ人が家族旅行でディズニーワールドに出かけるように、ネイトと彼の弟は子どものころ、サムスンが所有・運営するテーマパークのエバーランドに家族旅行でよく出かけたものだった。

1938年、たった40人の従業員で創業した小さな会社が、売上が2200億ドルを超え、約50万人の従業員を雇用する巨大企業に成長した。

イノベーションには伝染力があり、ひとつのイノベーションが別のイノベーションの糧になる場合も多い。他の韓国企業もサムスンに追随し、ヒュンダイ、LG、ポスコなど多くの企業が韓国の発展の原動力となった。

次に、ポスコが韓国の発展に与えた影響について見てみよう。「ポハン総合製鉄」という社名で発足したポスコは、多くの韓国企業にとって不可欠な鉄鋼メーカーであり、輸出企業としても名を知られている。2016年には約4200万トンの鉄鋼を生産し、45年前の創業時からは想像もつかない世界最大級の製鉄会社になった。

1960年、世界銀行は、韓国に総合製鉄工場を建設することの経済的妥当性について時期尚早と結論づけている。無理もない。当時の韓国は貧しいうえに、鉄鉱石（製鉄に不可欠の原料）が不足しており、近隣国から調達する手段ももたなかったのだ。加えて韓国には、重工業を興し維持するために必要な技術力が不足していた。さらに市場の問題があった。仮に韓国で製鉄が可能になったとしても、いったいどこに売るのか。真っ先に思いつくのが日本への輸出だが、日本にはすでに世界有数の製鉄会社が複数存在していた[20]。

そこでポスコは国内に目を向けた。国内の鉄鋼需要に応えるという戦略を取ったことで、ポスコはスタートを切ることができた。韓国経済が成長するにしたがい、原材料に鉄鋼を必要とする国内産業が育っていた。ポスコはそうした産業、たとえば自動車産業や建設産業の成長を鉄鋼の力で支えた。今日、韓国で生産される鉄鋼の約25%が自動車業界で、28%が建設業界で消費されている。創業当初のポスコは、会社の敷地内に建てた掘っ立て小屋に従業員が寝泊まりし、米に嵩《かさ》増しの何かを混ぜて食べるほどの苦境にあったが、現在では韓国最大級の企業となるまでに成長した。今日、ポスコの年間総売上は600億ドルを超えている。

ポスコが韓国経済に与えた影響は、他の産業にも波及した。会社の成長の過程で多くの事業を統合する必要があったからだ。ポスコの創業者、朴泰俊《パクテジュン》は、「石炭や機械は輸入することができる。しかし才能は輸入できない」の信念から、科学技術教育を提供するポハン工科大学校（ポステク）とポスコ総合研究所（RIST）の開設を導いた。これらの研究教育機関は、「産学の連携を強めながら、自力で技術を開発し、技術面で自立する必要に応えるために設立された」ものだ。

当初、技術者や技師を育成するための教育機関としてスタートしたポステクは、現在、数学、コンピューター工学、生命科学等、20以上のコースを擁する大学となっている。韓国の経済成長と進化に伴ってポステクも進化し、韓国経済の需要に応じて形態を変えてきた。ポステクは近年、国内、国際、どちらの大学ランキングにおいてもつねに上位に位置し、ロンドンのタイムズ紙の『ハイヤー・エデュケーション』が毎年発表する、設立から50年以内の上位100大学のランキングでもひと桁順位をキープしている。(21)

ポスコは自社の社員を教育する必要に迫られて学校を設立したが、一流の教育機関が存在することで韓国という国そのものも恩恵を受けている。ここで重要なのは、ポステクがプル型、すなわち引き入れられるかたちで韓国社会の一部となり、使命を果たしたことだ。もし、教育は国の管轄だとして国が押《プッシュ》しつけていたら、同様の影響力はもちえなかっただろう。教育研究機関が持続性を維持するためには、ローカル市場あるいはグローバル市場のニーズと密接に連携する必要がある。ポステクはそれを実現した。

韓国は、朝鮮戦争休戦直後の韓国とは異なる国となった。私が同国に滞在していた1970年代前半とも異なっている。韓国の成長要因は多々あるが、とりわけイノベーションに対する韓国企業の継続的な献身が、同国の繁栄とその維持に不可欠な要因となった。現在までに韓国は、多くの面から貧しさを追い払った。そのひとつが、1960年代に入ってから顕著に改善された統治機構（ガバナンス）だ。豊かな国になったことで経済的な自由が生まれ、以前には考えられなかったほどの政治的自由も獲得した。

日韓両国のこうした発展を世界の多くの人が驚嘆の目で見ていたため、1997年、アジアに通貨危機が勃発した際の反動は大きく、東アジアの奇跡は幻影だった、いままで調子に乗りすぎていたのだと揶揄《やゆ》する向きがあった。[22]堅牢な経済成長を支える適切なシステムや構造を欠いたまま成長してしまった日本や韓国は回復できるかどうか疑わしいという見方もあった。[23]しかし両国は危機を克服し、その後も栄えている。両国の学習能力、イノベーション、市場開発におけるレベルの高さ、そして、逆境においてもそこから立ち直ることのできる力強さは、その成長が強固な地盤の上に築かれたものであることを物語っている。両国の姿は希望を与えてくれる。

どこの国にもあるように、日本と韓国にも失敗はあった。だが、彼らはイノベーションというピースを正しく塡《は》める力をもっていた。

国家を繁栄に向かわせる手段は市場創造型イノベーションだけではない。終戦直後の台湾では、小さな島の800万人の国民に向けて、繊維や加工食品などの単純な製品の開発のみがおこなわれていた。しかし、台湾はまもなく国外の市場に目を向けるようになる。(24)日本と韓国の発展にイノベーションが重要な役割を果たしたように、台湾の発展には海外進出が重要な役割を果たした。

経済発展に関して各国特有の事情をより深く理解するには、さらなる研究が必要だが、われわれは東アジアの国々の例から、たとえ厳しい環境下にあっても市場創造型イノベーションへの投資を優先することで貧困国に成長への道が開かれるということを学んだ。次の章で取り上げるメキシコとのちがいを考えてみよう。

告によると、現在、造船業が韓国のGDPに占める割合は2%弱であり、輸出に占める割合は約10%（鉄鋼業も約2%）だ。雇用の面では、韓国全体で、造船業が占める割合は約0.65%である。造船業が韓国経済にとって重要であることはまちがいないが、ひとり当たりの所得がたった50年ほどの間に劇的に増加した理由を説明するには不十分である。Council Working Party on Shipbuilding, "Peer Review of the Korean Shipbuilding Industry and Related Government Policies," *OECD*, (January 2015): 7-9, http://www.oecd.org/officialdocuments/publicdisplaydocumentpdf/?cote=c/wp6 (2014) 10/final&doclanguage=en.

18 Kia, "History of Kia," accessed March 30, 2018, http://www.kia.com/worldwide/about_kia/company/history_of_kia.do.

19 "From Fish Trader to Smartphone Maker," *New York Times*, December 14, 2013, https://archive.nytimes.com/www.nytimes.com/interactive/2013/12/15/technology/samsung-timeline.html#/#time298_8340.

20 Ahn Choong-yong, "Iron and steel helped Korea's industrial takeoff," *The Korea Times*, July 19, 2010, http://www.koreatimes.co.kr/www/news/biz/2016/05/291_69759.html.

21 Bryan Mezue, Clayton Christensen, and Derek van Bever, "The Power of Market Creation."（原注15参照）

22 Arno Tausch and Peter Herrmann, " *The West, Europe, and the Muslim World* (Nova Publishers, 2006), 123.

23 Gary Dymski and James Crotty, "Can the Global Neoliberal Regime Survive Victory in Asia? The Political Economy of the Asian Crisis," *Political Economy Research Institute*, September 2000.

24 すべての輸出が同じように生み出されるわけではないという概念については以下の資料が参考になる。Efosa Ojomo, "Assessing exports through the lens of innovation," *Christensen Institute*, June 5, 2018, https://www.christenseninstitute.

10 Toyota, "Toyopet Crown: America's First Japanese Car," Toyota, December 16, 2016, http://blog.toyota.co.uk/toyopet-crown-americas-first-japanese-car.
"After Toyopet trauma, Corona got Toyota up to speed in U.S.," *Automotive News*, October 29, 2007, http://www.autonews.com/article/20071029/ANA03/710290307/after-toyopet-trauma-corona-got-toyota-up-to-speed-in-u.s.

11 スタンフォード大学フーヴァー研究所の研究員で、カリフォルニアの海軍大学院の経済学教授、デビッド・ヘンダーソンは、日本の躍進に日本政府が与えた影響について次のように記している。「日本のめざましい成長は、当時の通産省の力によるところが大きいと考えている人が多い。どの産業に投資すべきかを通産省が決定し、他の省庁に対しても、企業が立ちゆくようにそれぞれの指導力を発揮してほしいと要請したのだと。しかし実際の日本は別のかたちで進化した。1953年から1955年のあいだ、通産省が、政策金融機関の日本開発銀行に対し、おもに4つの産業、すなわち電力、造船、石炭、鉄鋼産業に資金を供給するよう説得したのは事実だ。その期間、日本開発銀行からの融資の約83%がそれら4つの産業に向けられている。しかしそうした投資が正しかったかどうかはわからない。仮に、通産省がソニーによるトランジスタラジオの開発や自動車産業のイノベーションを制限することに成功していたとしたら、これら2つの産業が、これほどの成功を収めることはなかっただろう」
David Henderson, "Japan and the Myth of MITI," *The Concise Encyclopedia of Economics*, accessed April 9, 2018, http://www.econlib.org/library/Enc1/JapanandtheMythofMITI.html.

12 Alexander, *Japan's Motorcycle Wars: An Industry History*, 34.（原注4参照）

13 同前、91。

14 1930年代の日本円は1950年代よりもはるかに強い通貨だった。たとえば、1935年の2000円は、1952年の約35万2109円に相当する。
http://www.historicalstatistics.org/Currencyconverter.html.

15 Bryan Mezue, Clayton Christensen, and Derek van Bever, "The Power of Market Creation," *Foreign Affairs*, December 15, 2014, https://www.foreignaffairs.com/articles/africa/2014-12-15/power-market-creation.

16 Ezra Vogel, *The Four Little Dragons* (Boston: Harvard University Press, 1993), 42.

17 韓国が鉄鋼や造船といった重工業に重点的に投資をしたのは事実だが、1950年代には200ドル以下だった韓国の国民ひとり当たりの所得が、本書執筆時点で27000ドルを超えるに至った経済成長は、重工業への投資だけによるものではない。経済成長の背景にはもちろん重工業による貢献はあったが、これほどまでに大きな経済発展と、その後に生じた社会と政治の変化を引き起こした要因が重工業であると主張するのはむずかしい。OECDの報

【第６章】原注

1 William K. Tabb, *The Postwar Japanese System: Cultural Economy and Economic Transformation* (Oxford: Oxford University Press, 1995), 14.

2 このような固定観念は払拭されて久しい。大ヒット映画シリーズの『バック・トゥ・ザ・フューチャー3』にこういう場面がある。主人公のマーティ・マクフライが再び1955年にタイムスリップする。相棒ドクは、修理中の車のだいじな回路が壊れたのはそれが「日本製」だからだと嘆く。しかし、1985年から来たマーティにはドクの言っている意味がわからない。「どういうこと？ 日本製ならなんでも最高じゃないか」

3 Sony Corporation 50th Anniversary Project Team, *Genryu: Sony 50th Anniversary* (Tokyo: Sony Corporation, 1996).

4 Jeffrey Alexander, *Japan's Motorcycle Wars: An Industry History* (Vancouver: UBC Press, 2009), 36.

5 Toyota, "Resumption of automobile exports and Toyota in Okinawa," 75 Years of Toyota, accessed March 30, 2018, http://www.toyota-global.com/company/history_of_toyota/75years/text/taking_on_the_automotive_business/chapter2/section9/item2.html.

6 トヨタは当初、北米のほうが裕福な市場であったにもかかわらず、アジアとオセアニアのほうに多く輸出していた。1956年から1967年までのあいだに、アジアとオセアニアに輸出した台数（18万6815台）は北米向けの２倍にのぼる。この数字には、豊田社長の「まず国内および近隣地域の無消費をターゲットとし、その後に世界の無消費をターゲットとする」という戦略へのこだわりが表れている。トヨタは1960年代、カローラに先立ってコロナを北米に輸出しはじめ、手ごろな価格の車の販売台数が急速に伸びるのを確認した。1971年には年間40万台以上を北米に輸出するようになり、1980年には年間80万台近くに伸びた。

Toyota, "Exports to the United States," 75 Years of Toyota, accessed March 30, 2018, http://www.toyota-global.com/company/history_of_toyota/75years/text/entering_the_automotive_business/chapter1/section5/item5.html.

7 Yukiyasu Togo and William Wartman, *Against All Odds: The Story of the Toyota Motor Corporation and the Family that Created It* (St. Martin's Press, 1993), 194.

8 同前。

9 Alexander, *Japan's Motorcycle Wars: An Industry History*, 34.（原注４参照）

第7章

メキシコに見る効率化イノベーションの罠

20世紀、メキシコはつねに敗者であった。あらゆる手を尽くして開発に努めてきたが、われわれの40％（現在は約44％）が貧困にあえいでいる。人口ひとり当たりの所得はきわめて低く、25年前から変わっていない。この現状を変えなければならない。[1]

――ビセンテ・フォックス、第55代メキシコ大統領、2001年4月

章のテーマ

10年と少しまえ、アメリカの経済ニュースには、製造業の職がメキシコに移ろうとしてい

ることを嘆く記事が並んでいた。多くの雇用がアメリカから失われると。一方それは、国境の反対側のメキシコ側から見れば、非常に輝かしい未来の予言だった。オートモーティブ・リサーチセンターの調査によると、アメリカをはじめとする世界の自動車会社がメキシコの自動車製造工場に投資した額は約２４０億ドルにのぼる。工場の建設地に何千何万という雇用が創出され、ひいては苦境にあえぐ現地の経済が活性化される可能性があった。メキシコにとってすぐそこに希望があった。

しかし現状はどうか。メキシコは繁栄しているとは言えない。２０１４年だけでも、新たに２００万人のメキシコ人が国の貧困ラインを下回った。どこでまちがったのか？

投資額ではなく、イノベーションのレンズを通して見ると、明らかにひとつのパターンが浮かびあがってくる。メキシコの国内企業であれ国外からの進出企業であれ、効率化イノベーションばかりに投資していたのだ。本来ならば、資源が勢いよく流入し、活気に満ちた国になっていたはずのメキシコには、市場創造型イノベーションが絶望的に欠落していた。メキシコの苦境から、効率化イノベーションに依存しすぎると経済の大きな浮揚は望めないことがわかる。

ハビエル・ロザーノは、喜びと興奮を抑えきれず、メキシコに住む母親に電話をかけた。マサチューセッツ工科大学（MIT）のMBA取得に向けた研究の一貫として、すばらしいプロジェクトに加わることを知らせたかったのだ。ロザーノはかねてからヘルスケア分野におけるイノベーションを学びたいと考えており、大学間単位取得プログラムを利用して、ハーバード公衆衛生大学院にも登録していた。ハーバードの教授が当時、タンザニアのザンジバルで、足の合併症に苦しむ糖尿病患者をテクノロジーを駆使して支援する研究をしており、ロザーノも参加することになった。2型糖尿病患者にとって血糖値の測定は欠かせない。当時発売されたばかりのiPhoneに血糖値モニター装置を組み合わせられると聞いたとき、ロザーノは未来からの贈り物を受け取ったかのような気がした。メキシコに住む自身の母親も糖尿病を患っていたからだ。彼は大学で自分が学んでいることを、いち早く母に伝えたかった。

「テクノロジーが糖尿病患者の役に立つことを知り、それが嬉しくてたまらなかった」と彼は回想する。ロザーノの母親は2型糖尿病と診断されて以来ずっと、家族からはあまり関心を示されず支援もないまま、ひとり静かに病気とつき合ってきた。母の病気に無関心だったことはロザーノ自身も認めている。しかし、新たなプロジェクトに参加したことで、糖尿病に関する直接的で完璧な情報源が身近にいることに気がついた。「こんなことを知っているか、あんなことを知っているか、いろいろ便利な装置があることを知っているか、と母を質問攻めにした」。しかし母の答えはすべて「ノー」だった。母は、自身の血糖値の監視と管理を楽にしてくれるかもしれない装置について何ひとつ知らず、病気を抱えた生活がどれほどつらいかをロザーノに話した。「母が、自分の感じていた孤独を打ち明けてくれたのは初めてのことだった。ぼくたち家族は、母がどんな思いで暮らしているのか理解していなかったばかりか、糖尿病になった母を責めつづけていた。甘いものの食べ過ぎだとか、本気で治すつもりがあるのか、って。母は病気を治そうと努力すること自体に疲れ切っていて、もう治療は受けたくないと言った」。たとえ、糖尿病が原因で死ぬことになったとしても。

ロザーノはショックだった。どうしてこんなことになったのか。日々ぎりぎりの状態で病気と闘っている大勢のメキシコ人と比べれば彼の家庭は恵まれており、いい治療を受けることができた。そのロザーノの母でさえこれほどつらいということは、1000万人から1400万人いるといわれるほかのメキシコ人糖尿病患者は数倍つらい思いをしているはずだ。「そうだったのか！　とわかった瞬間だった。糖尿病はメキシコという国の悲劇なんだ」。メキシコでは糖尿病患者の大半が質のよい治療を受けることができず、患者は相次ぐ合併症に苦しんでいる。死亡や手足の切断、失明の最大の原因は糖尿病であり、ロザーノの故郷、ヌエボ・レオン州では、自殺原因の第1位も糖尿病だった。

ロザーノはこの問題を見過ごすことができなかった。そこで彼は、糖尿病を撲滅するための計画を実行しはじめた。最初に考えたのは、貧しい糖尿病患者が治療を受けられるようにするための非営利組織の立ち上げだった。試算では、糖尿病の治療には年間ひとり当たり約1000ドルが必要だった。

患者自身も年間200ドルまでなら出せそうだが、残りの800ドルを調達するには、継続的な寄付と、長年にわたって事業を支えてくれる信頼できる支援者が必要となる。十代のころ、先住民族の村で農具や技術の活用を指導する非営利組織の活動に参加したことがあるロザーノは、継続的な大金の調達について考えただけでぞっとした。そうした計画は先が見えづらく、資金を出してくれる人の気まぐれや優先度によって左右されることを経験から知っていたからだ。「個人の寄付や会社経営者による援助等、賛同してくれる少数の人たちに希望を託すことはできるかもしれない。でも、長年にわたる継続的な資金源を見つけることは、ほぼ不可能だ」

そこで、MITで学んだ無消費と「片づけるべきジョブ」の理論に着目して、この問題をまったく別のレンズで考えてみることにした。現在、メキシコの糖尿病患者の多くが既存の医療を利用していない。彼らが糖尿病を管理するための努力をほとんど何もしない理由は、彼の母親と同じで、健康を気にしていないからではなく、健康状態を改善するための既存の選択肢を、つらく、煩《わずら》わしいものと感じているためだ。ロザーノはこの無消費に大きな機会を見いだした。

2011年、MBAを取得したロザーノはすぐさま、スペイン語で「糖の診療所」を意味する「クリニカス・デル・アスカル」という名称の事業を立ち上げた。患者が民間の医療保険に加入したり年間1000ドルの医療費を支払ったりできないのであれば、そうした患者にも手の届くビジネスモデルを創造するべきだと考えた。ロザーノは、「糖尿病ケアのマクドナルド」と呼ぶ、糖尿病にまつわるすべての問題に一カ所で対処できる施設をつくった。約250ドルの年会費を支払えば、糖尿病患者とその家族らは、系列のどの施設も訪れることができる。そこでは、症状に応じた「ステーション」が用意され、それらを回ることで、一カ所のクリニックで糖尿病のさまざまな検査や診療を受けられる。

クリニックで提供されるサービスは至れり尽くせりではないが、きわめて効果的に運営されている。本書執筆の時点で、クリニカス・デル・アスカルは、12のクリニックを有するメキシコ最大の民間糖尿病ケア施設となっており、今後5年間でクリニック数を200まで増やす計画だ。ロザーノの母親は最初に開業したクリニックの5番目の患者になった。ロザーノによると、母親はいまでも1番でなかったことを嘆いているそうだが、開業当日、彼女のまえにはすでに人が並んでいたのだ。そんな母親も、いまではあらゆる面でモデル患者となっている。

2年前、ロザーノと彼のチームは、通院時以外にも患者をサポートする方法の改善を考えていたとき、あることに気がついた。医師や看護師が患者に電話をかけ、体調について尋ねると、患者は真実を語らず、医師や看護師が喜びそうな返答をする傾向にあったという。「メキシコ人は人をいやな気持ちにさせたくないんだ」。そこでロザーノは、医療従事者だけでなく、糖尿病患者をスタッフとして常駐させるコールセンターを設立することにした。さらに、センターの運営を母親に依頼した。現在、ロザーノの母親は、彼のオフィスの3軒隣で仕事をし、息子と毎日顔を合わせながらいきいきと暮らしている。ロザーノは「日曜日には大家族が集まってにぎやかに昼食をとるのだけど、母ときたら、最近は自分が得た知識や、その週に会った患者の話がいつまでも止まらなくて」と苦笑する。彼がまだＭＩＴの学生だったころに電話で話した母とは別人のようだ。「熱心に取り組む母の姿が嬉しい」

ロザーノと彼のクリニカス・デル・アスカルはいまだ、未解決の「片づけるべきジョブ」から将来性のあるビジネスを創造する道程の初期段階にあり、成功を確実に持続させるためにはすべきことがたくさんある。それでも本書執筆の時点で、彼のクリニックの総患者数は3万人を超え、その95％が、糖尿病に特化したケアを初めて受けた人たちである。また、彼のクリニックは何百人もの職を創出し、従業員に人の役に立つ喜びと生計を立てる手段を与えた。ロザーノは、医療を受けることができなかった貧しい人々のための新しい市場を創造した。最初に医師やその他の専門職従事者に声をかけたときには、彼らの多くが不可能だと言って相手にしようとしなかった市場だ。この種の市場が創造されると、そこには新たな競争相手が参入し、さらなる発展につながる。現在、メキシコ全土で約10社が、クリニカス・デル・アスカルのモデルを手本として事業をおこなっている。この事実は、ロザーノの狙いが的確であったことの裏づけだろう。メキシコのみならず、ラテンアメリカ全体にビジネスを拡張する日も来るかもしれない。

ロザーノの事業は、無消費をターゲットとした革新的なビジネスモデルの成功例として、メキシコの起業家たちの刺激となるはずだ。いまのところメキシコには、クリニカス・デル・アスカルのような市場創造型イノベーションの例があまりにも少ない。無消費が山のように存在する国には「なぜやらない?」と問いたくなる。

メキシコの効率化イノベーションの難点

メキシコは決して貧しい国ではない。セネガルやレソトといったアフリカ諸国、ネパールやバングラデシュといったアジア諸国、さらにはホンジュラスやグアテマラといった中央アメリカの国々と比較して、はるかに豊かな国であり、国が繁栄するためのカギとなる重要な要素をもち合わせている。まず、地理的観点から見ると、メキシコは世界一の経済大国アメリカと国境を接し、地の利がある。メキシコ企業にとってアメリカ企業との取引は、近いがゆえに比較的容易で、裕福なアメリカの顧客に商品を売ることができる。

第二に、メキシコは１９９４年から、アメリカとカナダとのあいだに北米自由貿易協定《NAFTA》を結んでいる（本書執筆時点におけるアメリカの政権下では、ＮＡＦＴＡの存続は不透明ではあるが）。この自由貿易協定により、３国間における商品の取引はほぼ自由におこなえる。また、メキシコはＮＡＦＴＡに加え、多くのＥＵ諸国を含む44カ国とのあいだにも12の自由貿易協定を結んでいる。メキシコは貿易に関して世界でもとくに開かれた国なのだ。

第三に、世界貿易機関《WTO》およびＯＥＣＤの報告によると、メキシコの労働生産性のレベルは主要先進国の大半と同じくらい高い。[2] また、労働時間の長さで見ると、メキシコは世界トップの勤勉さだ。[3] ちなみに第2位は韓国である。

第四に、メキシコの工業部門および製造業部門は高度な技術力をもっている。主要産業は航空宇宙、エレクトロニクス、石油化学、耐久消費財だ。つまりメキシコは、玩具やＴシャツや未加工の原材料など、たいして技術力のいらないものばかりをつくって裕福な近隣国に売っているのではなく、自動車やコンピューター、航空宇宙用の複雑な部品を製造し輸出する力がある。[4]

第五に、メキシコは比較的安定したマクロ経済環境を維持しており、過去20～30年間、金利およびインフレ率も低く抑えられてきた。[5] 経済学者や財務関係の省庁、投資家らがこれらの数字を注意深く監視し、巧みに管理している。[6]

一方、こうした数々の強みがありながら、メキシコはいまだ広範囲な繁栄を達成できないでいる。[7] メキシコが発展しない背景には、ビジネスを進めにくい環境や汚職など、何か別の問題があるのだろうか？ だが世界銀行の「ビジネスのしやすさランキング」を見ても、メキシコは１９０カ国中49位と、比較的上位にランクされており、イタリア、チリ、ルクセンブルク、ベルギー、ギリシャ、トルコ、中国よりも上である。すべての項目で上位にあるわけではないが、「資金調達」では6位、「破綻処理」では31位、「契約執行」では41位というように、高い評価を得ている項目も少なくない。つまり、メキシコが繁栄していない謎は残ったままだ[8]。

ところが、イノベーションのレンズを通すと、ちがったものが見えてくる。メキシコは「効率化イノベーション」が集まる国なのだ。メキシコ企業も外国企業も、効率化イノベーションに成功の望みを託してきた。もちろん効率化イノベーションにも、投資家のキャッシュフローの確立、企業の業務効率の改善、納税による地元財政への貢献等、重要な価値がある。しかしそれだけでは、社会の長期的発展に不可欠な他の要素を引き入れたり、それらに資金を投じたりできるほどの大きさをもった市場を創造することはできない。結果として、効率化イノベーションが創出する雇用は、容易に別の場所に移転してしまうグローバル雇用が多くを占めることになる。

フィアット・クライスラー・オートモービルズ社は2018年1月、頑丈なピックアップトラック「ラム」の製造拠点を2020年にメキシコからミシガン州に移転すると発表した。デトロイトに近いミシガン州ウォーレンの工場で新たに2500人を雇用し、施設に10億ドルを投じる予定だ。移転前の段階において、フィアット・クライスラーはメキシコ国内第3位の自動車メーカーだった。現在のメキシコ工場は、将来の商用車の製造に再利用する計画とのことだが、もしそれが実現するとしても、どのような車種になるのかについては明らかにされていない。フィアット・クライスラーは工場とともに、何千ものグローバル雇用をメキシコから移転させてしまうのだ。

効率化への過剰依存のリスク

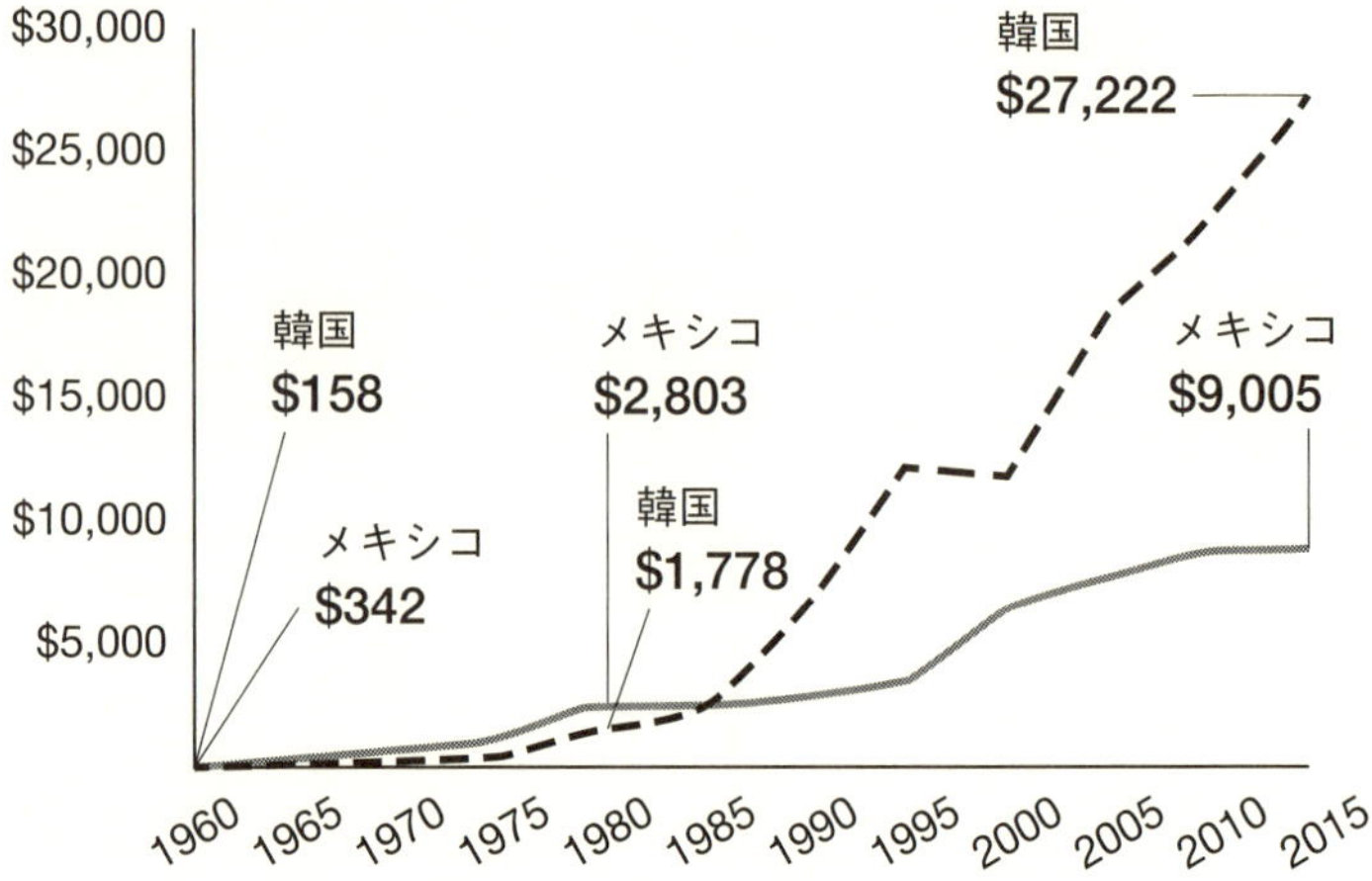

図6：1960〜2015年における韓国とメキシコの国民ひとり当たりGDPの推移

出典：世界銀行

１９６０年、マクロ経済の規模とひとり当たりＧＤＰの観点から見て、メキシコは韓国の２倍以上豊かだった。20年後の１９８０年時点でも58％豊かだったが、[9]今日では韓国のほうがメキシコより３倍以上豊かである。[10]さらに深刻なのは、韓国の全人口（約５１００万人）よりも多い約５４００万人という貧困者を抱えることだ。[11]

メキシコで効率化イノベーションが主流であることを示す最も顕著な例は、「マキラドーラ」の普及だ。マキラドーラとは、工場があるプロダクトを製造して輸出する場合、製造に用いる原材料や部品を無関税で輸入できる制度を指す。[12]

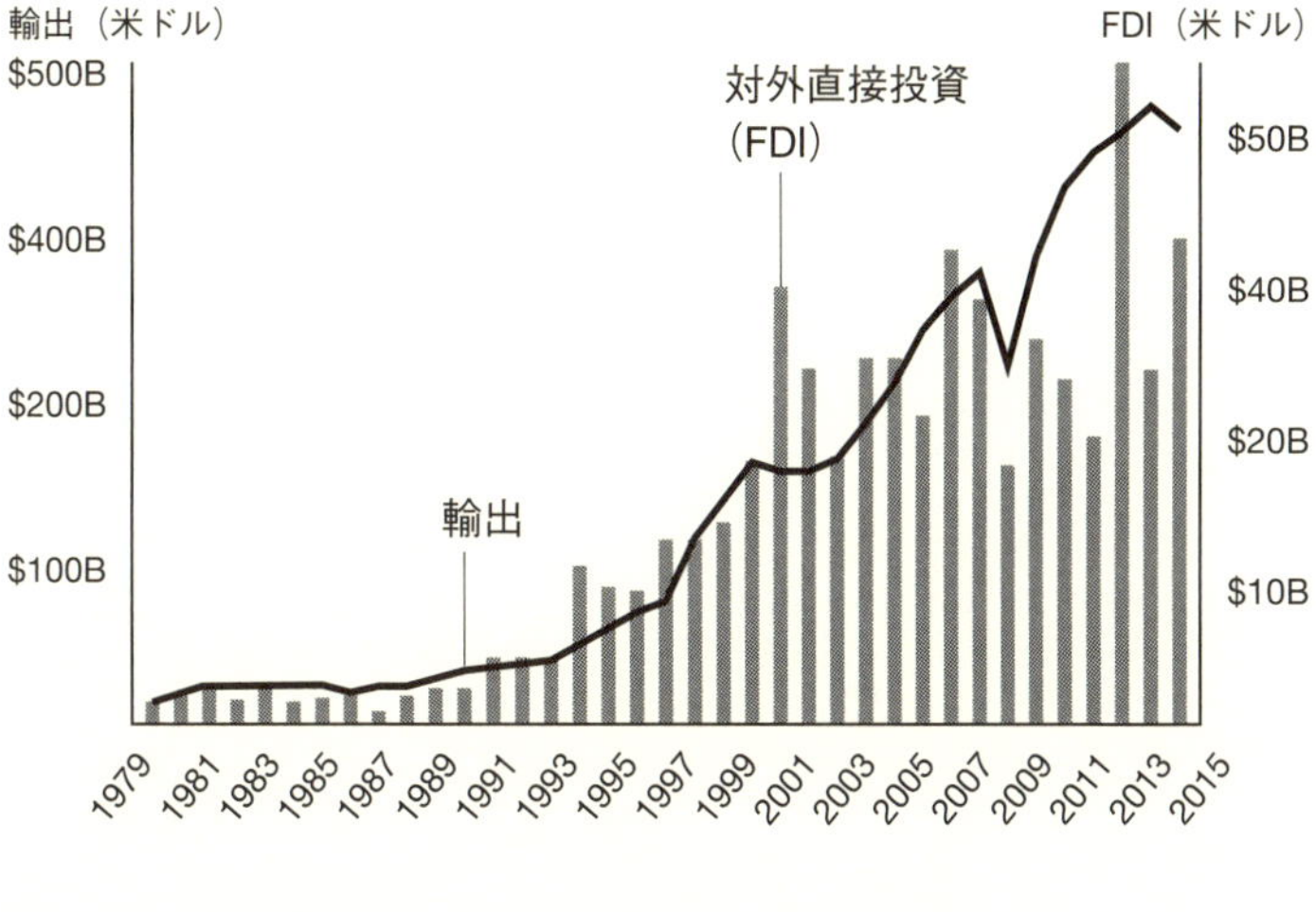

図7：1979～2015年のメキシコの輸出とFDIの伸び（単位10億米ドル）

効率化への過剰依存のリスク

60年代半ばに始まったマキラドーラ計画に目に見えて良好な成果が表れたのは、1994年に、アメリカ、カナダ、メキシコ間で北NAFTAが締結されたあとのことだ。[13] マキラドーラによって雇用は増加し、輸出は急激に伸び、海外からメキシコへの直接投資も急増した。当時の投資家や政策立案者にとって、高付加価値をもった製品づくりが進み、メキシコの工業化がすばらしく発展することはすぐ手の届きそうな未来に思えた。アウディやフォード、GM、日産、ホンダをはじめとする多くの自動車メーカーがメキシコに製造工場を置き、シャープ、LG、フィリップス、ソニーなどの電機メーカーもこの地区に大規模な投資をおこなった。[14] こうした世界的なブランドを引き寄せることは多くの国にとって憧れであり、表面上はすべてがうまく回っているように見えた。しかしマキラドーラに関連した投資は、大勢の人が夢見ていたような繁栄を実現させてはくれなかった。[15] 理由のいくつかはわかっている。

効率化イノベーションをベースにした戦略では、企業は既存の資源や新たに獲得した資産をできるだけ効率よく活用しようとする。ただし、プロダクトの販売先は消費経済であり、市場にすでに存在する商品を購入する余裕のある消費者が対象である。消費経済は人口が増えた分しか市場が大きくならないので、企業は限られたパイを他社と争うしかなくなり、やがてコスト削減によってプロダクトのマージンを増やすことに重点を置きはじめる。アウトソーシングも効率化イノベーションの具体的な例だ。[16] フォードが2008年、メキシコのクアウチトランに金属プレスと組み立ての工場を建設すると決めた際、メキシコに工場を設置する最大の目的は、低迷しているフォードの「収益性を回復する」ことだった。メキシコの一般的な労働者の賃金はアメリカの労働者の約6分の1だったため、メキシコの工場はフォードにとって人件費の削減に直結した。2010年には、メキシコ工場ではフォード・フィエスタを製造するようになり、その大部分がアメリカの消費者に販売された。

だが、消費者はメキシコ工場で生産されたフィエスタのコスト削減の恩恵を受けていない。むしろフィエスタの販売価格は19%値上がりしていた。フォードは自らのビジネスモデルのコスト構造を根本的に変えることがなかったため、価格の引き上げと製造コストの削減から生じた利益は、おもに自

フォード・フィエスタの販売価格

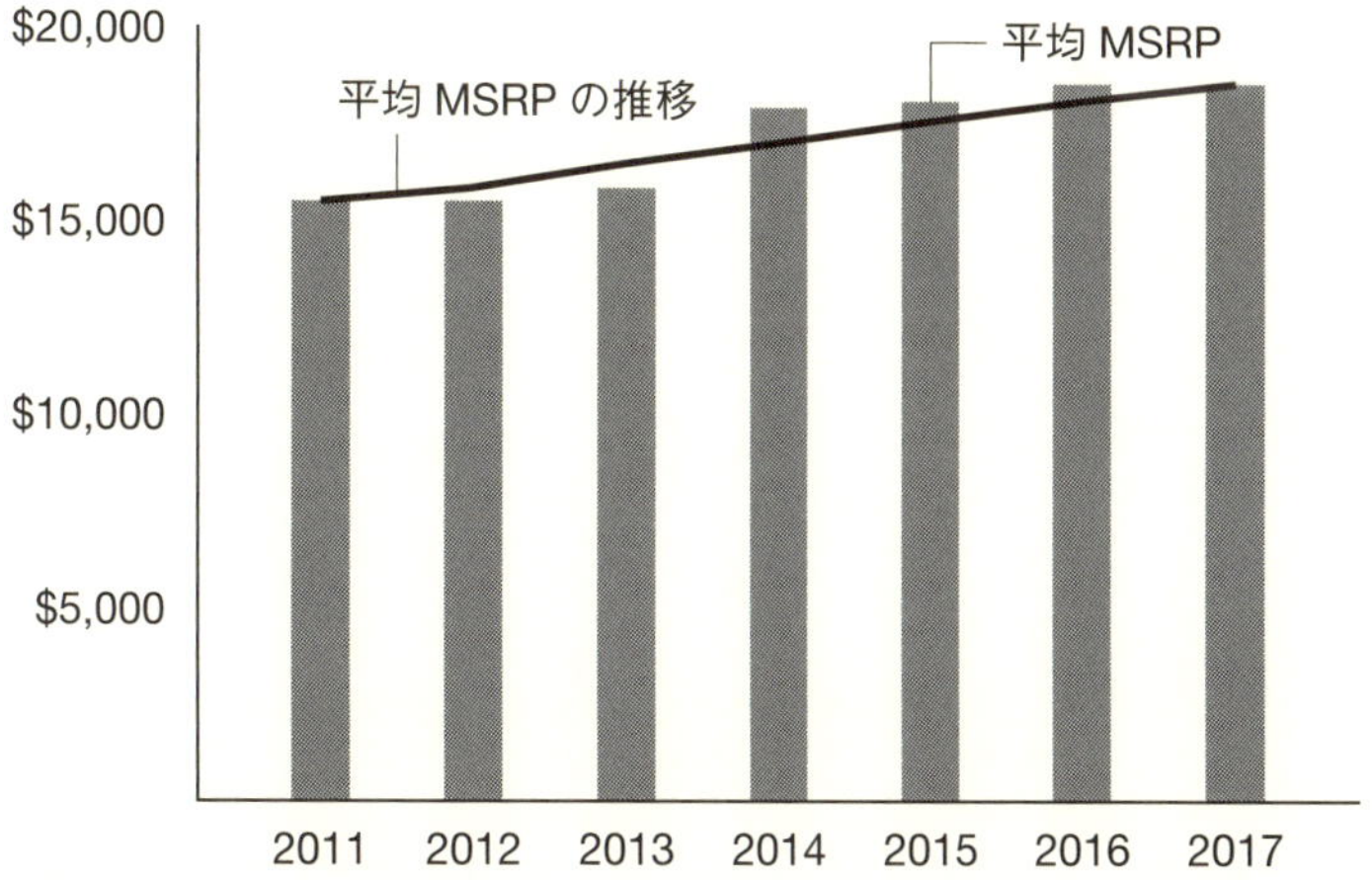

図8：2011〜17 年におけるフォード・フィエスタのメーカー希望小売り価格（MSRP）

出典：U.S. News and World Report

社に向けられることとなった。売上を伸ばすには、広告、マーケティング、販売力といった、他の要素への投資も増やす必要があるが、そうした部分でメキシコが投資を得ることはまずない。その投資を得るのは、生産されたプロダクトの大半が売られて利益を生む市場、フォードの例の場合にはアメリカだからだ。

効率化イノベーションへの過剰依存がメキシコに持続的かつ広範囲な繁栄をもたらさない2番目の理由は、効率化イノベーションによる投資は、より安価な労働力が他の地域に出現した場合や、アウトソーシングを制限する政治的圧力が他国で強まった場合に、いともたやすく出ていってしまうからだ。効率化イノベーションは本質的に地域に根づく力が弱く、よい学校や道路、医療システムなど、経済発展に不可欠な要素を引き込んで活力ある市場を生み出していく土壌とはならない。たとえ効率化イノベーションの投資が重要なインフラへの投資につながることがあったとしても、そのインフラは特定のひとつの業界にしか恩恵をもたらさないことがほとんどだ。

アメリカ政府の圧力を受け、空調設備メーカーのキヤリア社が、メキシコで何百人もの労働者を雇用するはずだった工場移転計画を中断したことや、フォードがメキシコでの工場建設計画を断念したことを考えてみてほしい。こうした決断は、自国の市場への影響が小さく、サプライチェーンあるいは労働コスト効率の改善だけを考えればいいので、自国の工場閉鎖などと比べて容易に下しやすい。

低賃金労働に依存する経済は、新しいプロダクトを生み出せるような活気ある市場が牽引する経済ではない。１９９０年以降、メキシコの平均年間賃金は13％しか上昇していないのに対し、同時期のアメリカと韓国では、もとからはるかに高かったうえに、それぞれ37％と65％上昇している。

メキシコに見る効率化イノベーションの問題点の3番目は、成長が他力本願になってしまう点だ。メキシコは世界10位近辺にランクされる産油国であり、長年にわたってアメリカに莫大な量の原油を輸出してきた。だが、２０１２年には約３７０億ドルあった輸出額が、原油価格の低迷によって、２０１６年には76億ドルまで急落した。(17) これまで経済の大部分が、原油価格の変動や外国からの需要等、自らの管理の及ばない要因によって左右されてきたため、メキシコは国の経済成長に不可欠な要素を思うように管理できずに苦しんでいる。

3カ国の平均年間賃金

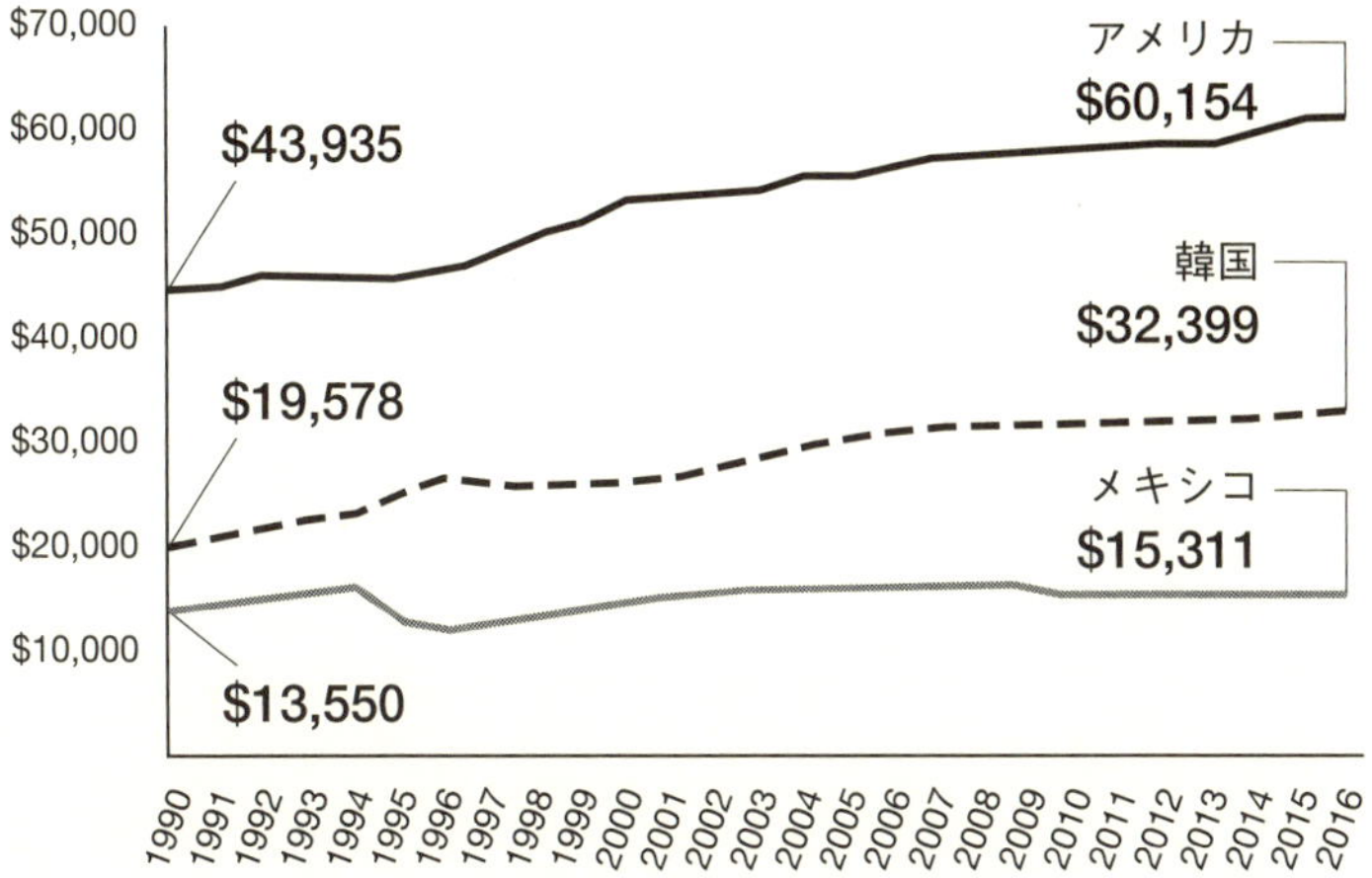

図9：平均年間賃金（2016年の購買力平価ベースの実質価格換算）

同様の現象はロシアでも生じている。

輸出の観点から見ると、ロシア経済とメキシコ経済は両極と言えるほど異なる。メキシコの輸出品目の上位に自動車および自動車部品（約24％）、電気機器（約21％）が来るのに対し、ロシアはおもに原油（26％）、石油精製製品（16％）、その他数種の一次産品を輸出している。輸出品目からは、メキシコは産業化が進み、経済的にも進んだ国、ロシアは産業があまり育成されておらず天然資源に依存した国、という印象を受ける。しかし、詳しく観察すると、両国の経済は同じ現象、すなわち「効率化イノベーション」によって牽引されてきたことがわかる。

第2章で説明したとおり、資源採取産業は効率化イノベーションの権化たる存在だ。企業の経営陣は、極限までコスト効率を上げようとする。企業にとっては望ましい姿かもしれないが、カタールのように人口が非常に少ない国は別として、通常は、国の経済発展にはつながりにくい。資源採取産業が経済の中心をなす国では、それだけでは生計を支えられる職を充分には生み出せないため、別の分野で雇用を創出する必要が出てくる。

ロシア経済は、メキシコの場合と同様に、効率化イノベーションに強く依存している。原油価格の変動がロシア経済に与える影響を見るとよくわかる。1998年から2008年のあいだに、原油価格は約18ドルから103ドルに上昇し、[18] ロシアは平均7%の経済成長率を維持した。しかし、この種の成長は大部分が一次産品の価格上昇によるものであるため、雇用の拡大や経済の大きな発展には必ずしもつながっていない。また、成長が外因性で予測しにくいため、一次産品の価格の下落が経済全体に衝撃を与えるおそれがある。実際にロシアでは数年前、そうしたことが起こった。原油価格が徐々に下落するにつれて、ロシア経済も2015年には2・8%縮小、2016年にはさらに0・2%縮小している。

効率化イノベーションは、製造業や産業化、あるいは重工業の文脈で現れることが多いため、貧しい国にとっては希望の星のように映る。しかし、効率化イノベーションに依存しすぎると、短期的で脆弱《ぜいじゃく》な投資が促進されることとなり、繁栄が実現するどころか、社会は不安定な状態のまま取り残されてしまう。

15万人の無消費者を掘り起こす

メキシコの人口は約１億２７００万人、ＧＤＰは１兆１０００億ドルを超えている。ラテンアメリカ全体では６億人以上が暮らし、ＧＤＰの合計は５兆５０００億ドルを上回る。専門家はこれまで、ＧＤＰ、人口ひとり当たりの所得、教育レベル、インフラ、貧困率などに基づき、この地域の将来性はさほど大きくないと分析してきた。しかし、われわれは別の視点で見てみたい。無消費とその巨大な可能性だ。莫大な数の人たちが日々味わっている苦痛や不便に目を向けるのだ。そここそ好機がある。

メキシコも思うように発展できていないその他の国々も、繁栄するための潜在能力はもっている。しかし、メキシコのように人口の多い国で繁栄を実現するには、巨大な無消費に対応できる新しい市場をつくり出さなければならない。

希望の芽はいくつか生まれつつある。

イグニア・ファンドの役員で、ハーバード・ビジネス・スクールの上級専任講師でもあるマイケル・チューは、私のオフィスのすぐ横にオフィスを構えている。[19] 本書のアイデアを話したとき、彼は、視力の分野でメキシコの無消費をターゲットとするオプティカス・ベル・デ・ベルダッドという会社を紹介してくれた。２０１１年に開業したオプティカスのビジネスモデルは「一般的なメキシコ人に、手の届く値段で眼鏡の処方とアイケアサービスを提供すること」だ。人口の約43%が視力に問題を抱え眼鏡を必要としているが、既存市場での眼鏡は平均で75ドルかかり、大半の人にとって高すぎる。そのため、多くのメキシコ人が眼鏡をかけず、よく見えない状態のまま暮らしている。

オプティカスはメキシコの潜在的な市場について検討する際、どれほど貧しいかではなく、みなの「苦痛」（困っていることや不便なこと）というレンズを通して分析した。新しい眼鏡があれば、電気技師や配管業者や看護師の仕事はどのように変わるだろう？　手ごろな値段で眼鏡が買えれば、黒板や教科書が読みづらいために成績の上がらない聡明な12歳の少女の学校生活はどんなふうになるだろうか。

オプティカスは、レイバンのような高級ブランドの眼鏡を買える富裕層ではなく、多くの人の苦痛を解決することに焦点を当て、処方した眼鏡を17ドル前後で販売できるシンプルなビジネスモデルを構築した。利幅は薄いかもしれないが、販売数は莫大になる可能性がある（フォード・モーター社は一時期、モデルT1台から2ドルしか利益を出せなかったが、何百万台ものモデルTを売ることができた）。この新しい市場におけるオプティカスの最大の競争相手は「無」だった。つまり、たとえ視力に問題があっても、高い眼鏡のために金と時間を工面するぐらいなら、よく見えないままでいることを選ぶ人たちが大勢いるのだ。そこでオプティカスは、便利な場所に店舗をオープンし、訪れた人に無料で視力検査を実施し、低価格で眼鏡を処方した。これまで見えにくい状態をしかたがないとあきらめていた人にとって、人生が変わるほどの出来事だろう。いまでは誰もが気軽に店を訪れ、その場で検査を受け、眼鏡を購入できるようになった。

第1号店のオープン以来、オプティカスは25万人以上に視力検査をおこない、15万本以上の眼鏡を売ってきた。かつては処方眼鏡を買うことのできなかった15万人以上の人たちが消費市場の一員となったのだ。オプティカスは、メキシコの「視力の分野における無消費」をゆっくりと着実に過去のものとしつつある。メキシコ人の反応はすこぶる良好だ。本書の執筆時点で、オプティカスは2020年までにメキシコ全土の店舗数を330以上に拡大する計画を発表している。

焼き立てパンとイノベーション

新興市場には、大きな見返りのある市場を創造する好機が数多く存在する。無消費者を見つけ、理解し、消費者に変換するまでには忍耐が必要だが、いったん市場の創造に成功すれば、その市場は簡単にはくずれない。市場は人の暮らしや生き方を根本的に変えうるものであり、市場の創造に費やした努力には多大な見返りを期待できる。グルポ・ビムボの創業家で同社の株式の37%を有するセルビッツエ家はそうした事実の証明であると言えよう。今日ビムボの企業価値は40億ドルを超えている。[20]

グルポ・ビムボという名称は聞き慣れないかもしれないが、同社はトーマス・イングリッシュ・マフィン、エンターマンズ、カナダ・ブレッドなど、世界で愛されている多彩なパンや焼き菓子で知られるメーカーだ。年間140億ドルを売り上げ、22カ国で165の工場を稼働させ、世界に12万8000人の従業員を有する世界最大のベーカリーである。[21] 時価総額は110億ドルを超え、100以上のブランドを有し、エクアドル、コロンビア、ペルー、アメリカ、イギリス、中国においても自社の製品を販売している。まさに真のグローバル企業だ。1945年に創業したこの会社は、アメリカ人の好む品をつくり、メキシコの北に住む裕福なアメリカ人消費者に売るために会社を立ち上げたのではない。創業者が考えていたのは、メキシコシティに住む一般的な消費者のためにパンを焼き、売ることだった。つまり、焼き立てのパンという新しい市場をメキシコに創造しようとしたのだ。

1945年のメキシコは当時の多くの国と同様に非常に貧しく、その貧しさは現在とは比べものにならないほどひどかった。平均寿命は45歳ほどで、人口の半数以上が都市から離れた山村に住み、農業に従事していた。しかし、そうした環境のなかにビムボの創業者は機会を見いだし、当時の一般的なメキシコ人にとっては贅沢品だった焼き立てのパンの市場をつくった。

ビムボはいまでこそ1万種類を超える製品を販売しているが、創業当初の品目は小さな白パンとライ麦パンだけだった。そのころ、ターゲットにした一般のメキシコ人の手に入るパンといえば、不透明な紙に包まれたカビ臭いものしかなかった。ここに差別化の好機を見た創業者は、最初のイノベーションとして、パンにカビがついていないことを顧客が確認できるように包装を透明なセロファンにした。すでに述べたように、イノベーションとは最先端技術を駆使した解決策だけを指すのではない。「組織が労働、資本、原料、情報をより高価値のプロダクト／サービスのかたちに転換するためのプロセスにおける変化」のなかにイノベーションは存在する。必ずしもハイテクである必要はない。ビムボの場合、焼き立てのパンを製造し、それを透明な袋に入れることが、新しい市場を創造し発展させるために必要なイノベーションだったのだ。カビ臭くないパンの製造・販売方法の発見や、包装の工夫よりもさらに重要なのは、ビムボが、質がよくて新鮮な食物を家族に与えたいと願う一般のメキシコ人をターゲットとしたことだ。

高級パンを買える層をターゲットにしなかったことで、結果的にビムボは、メキシコに新たな市場を創造し、成長に伴う必要な投資をおこなうこととなった。品質のよい小麦粉を確実にパン工場に供給するため、製粉所を数カ所、自ら建設したり買い取ったりもした。1997年には1日の製粉量が2万トンに達し、国内第2位の製粉業者となっている。ただしビムボにとって、製粉を事業に組み込むこと自体が目的ではなかった。ヘンリー・フォードが彼の事業に採鉱や製鉄を組み入れたのが必然の成り行きであったのと同じで、ターゲットとする市場を創造し、その市場で事業を展開するため、必要に迫られて製粉を始めたのである。

初期投資は高くついたが、余った小麦粉を外部の顧客に販売するようになると、ビムボの製粉所は、またたく間にコストセンターからプロフィットセンターに転じた。やがて小麦の栽培を事業に統合する必要も生じてきた。80年代、ビムボは製パンに使用する小麦の60%を輸入に頼っていたが、海外の小麦への依存を低減するために、メキシコの農場に投資することを決断する。メキシコの農家に良質の種子を購入するための資金を提供し、収穫された小麦を農家から買い取ったのだ。

事業拡張に伴い、人材の拡充も課題となった。従業員が従来の学校システムで受けてきた教育だけでは不充分であると判断し、技術的なスキルとビムボのビジネスを2年間かけて学ぶ、体系化された教育プログラムを構築した。

一般的なメキシコ人のニーズに応えるパン市場を成長させ、維持していくために、ビムボは農業、製粉、金融サービス、教育、物流とロジスティクス、包装など数多くの産業や市場を支援あるいは整備した。間接的には、ビムボの何千人という従業員が住宅の購入をはじめ、教育や医療、交通、レジャー等さまざまな分野に支出をすることで、市場全体の繁栄を後押しした。そうした市場は、製造業の労賃が上昇しても容易に国外には出ていかない。地元の経済に根差した力強い市場なのである。

活気ある市場を創造できた大きな要因として、グルポ・ビムボが販売、流通、マーケティング、広告等、多くの要素をそのバリューチェーンに組み込んだことが挙げられる。こうした市場は地元の住民に直結しているため、持続性にも優れている。ビムボの快挙はそれだけにとどまらない。賃金階層の最も低いランクにいる従業員の給与も、メキシコの最低賃金の3倍という額なのだ[22]。それでもなお、ビムボは商品の販売価格を、競合他社よりも15~25%低いレベルで維持している。グルポ・ビムボは、いまや製パン会社の枠を超えた存在になった。

メキシコの投資家や開発担当者、政策決定者にとって、グルポ・ビムボは成功の象徴だ。クリニカス・デル・アスカルやオプティカスなどの有望企業も出現しつつあるが、現時点では、そうした企業のこれまでの成功とビムボの大成功とのあいだには、年数においても規模においても大きな開きがある。だが、それらの企業単独の力ではメキシコに繁栄をもたらすことはできないとしても、企業を導く基本理念、すなわち「一般的なメキシコ人のためのプロダクト／サービスを開発し、必要な資源を引き入れようとする」姿勢には国全体を繁栄させる力がある。

アメリカをはじめとする経済大国との貿易が今後も継続されるという見通しに立って効率化イノベーションを推進することは、安定した繁栄を実現するための長期的な戦略には不向きだと言える。2018年、ブルームバーグ・ビジネスウィーク誌は、政治的な理由からNAFTAが廃止された場合にメキシコが被る大打撃について、次のように推測した。「アメリカ企業はメキシコ工場を閉鎖して他国へ移転させ、メキシコには莫大な数の失業者が出るだろう。実際にフォードは2017年、メキシコのサン・ルイス・ポトシ州に自動車製造工場を建設する計画を廃止し、中国に工場を建設することに決定した。16億ドルを投入するはずだったこの計画が実現していれば、メキシコで3000人が直接雇用され、間接的にも1万人分の雇用が生まれるはずだった[23]」。経済の予測と定量分析で世界的に有名なシンクタンク、オックスフォード・エコノミクスは、NAFTAの枠組みが崩壊すれば、まもなくメキシコは実質的な景気後退に陥り、2022年のGDPはNAFTA存続の場合に比べて4%減少し、回復には長期間を要するだろうと試算している。

長年にわたり、世界の経済学者や専門家は、メキシコが次の経済大国になる可能性に言及してきた。しかし、そうした見解はすべて「可能性」止まりだ。われわれは、メキシコには偉大な躍進を遂げ、繁栄を謳歌する可能性が実際にあると考えている。クリニカス・デル・アスカルやオプティカスには、メキシコの「あと1歩のところ」で成功に行き着かないサイクルを打ち破ってくれる希望が見える。しかし、それが実現するのは、メキシコが、国の経済を変えるには従来とは異なるタイプのイノベーションが必要であると気づいたときだろう。効率化イノベーションだけに頼っていたのでは、あと1歩のラインを越えることはできない。

ジンや車体の研究開発、法整備、農業、道路建設、ガソリンスタンド、自動車修理店、鉄鉱石の採掘、塗料の生産、賃金の上昇等、計り知れない分野で好影響をもたらした。パンと車は別物ではあるが、グルポ・ビムボが効率のあまりよくない小規模なベーカリーを廃業に追い込んだとしても、農業、流通、サプライチェーン、教育、賃金の上昇に貢献し、メキシコ経済に好影響を与えたことは事実である。

22 グルポ・ビムボはメキシコ人従業員にメキシコの最低賃金よりもはるかに高額の賃金を支給しているだけでなく、アメリカ、ヨーロッパ、ラテンアメリカ、アジア等、どの国籍の従業員にも高い賃金を支払っている。グルポ・ビムボが事業を展開している各国で、賃金階層の最も低いランクにいる従業員の給与額は、その国の最低賃金のおおむね2倍である。Grupo Bimbo Annual Reports, https://www.grupobimbo.com/en/investors/financial-information/annual-information.

23 Andrea Navarro, "This Mexican Town Paid the Price for Trump's Attacks on Ford," *Bloomberg*, February 1, 2017, https://www.bloomberg.com/news/articles/2017-02-01/when-trump-s-taunts-cowed-ford-thismexico-town-paid-the-price.

15 輸出に焦点を当てて論じるのは、メキシコ経済のすべてではないとはいえ、輸出がその縮図であるからだ。輸出はメキシコ経済の35%を占め、人口の多い20カ国中4位、人口が1億人以上の国のなかではトップである。

16 さらに、メキシコは製造した自動車の4分の3を輸出しており、その大半がアメリカ向けである。Sara Miller Llana, "Mexico prepares for (Ford) Fiesta," *The Christian Science Monitor*, June 2, 2008, http://www.csmonitor.com/World/Americas/2008/0602/p06s02-woam.html.

17 2015年、アメリカが輸入した原油の約9%がメキシコからのものだった。年間約200億ドルにのぼる原油の売上による収入は、メキシコの輸出およびメキシコ経済において重要な部分を占める。
"U.S. energy trade with Mexico: U.S. export value more than twice import value in 2016," Today in Energy, U.S. Energy Information Administration, February 9, 2017, https://www.eia.gov/todayinenergy/detail.php?id=29892).

18 Tim McMahon, "Historical Crude Oil Prices (Table)," InflationData.com, August 27, 2017, https://inflationdata.com/Inflation/Inflation_Rate/Historical_Oil_Prices_Table.asp.

19 ベンチャーキャピタルのイグニア・ファンドは、生活をよりよくするプロダクトを低所得者層向けに提供するイノベーティブな企業に投資している。同社はこれまで大規模な資金調達を2回おこなっている。2008年にオミダイア・ネットワーク、JPモルガン、国際金融公社、米州開発銀行から1億200万ドルの資金を獲得し、2015年にはメキシコのプライベートマーケット・ファンドCKDをつうじて9000万ドルを調達した。イグニアは、メキシコの年金基金から資金を調達した最初のベンチャーキャピタル・ファンドでもあり、イグニアの実績に対する投資家の信頼と、メキシコの社会経済のピラミッドの根底部分で成長に勢いがつきはじめていることが見てとれる。

20 "Daniel Servitje Montull & family," *Forbes*, accessed April 30, 2018, https://www.forbes.com/profile/daniel-servitje-montull/.

21 グルポ・ビムボのことを、メキシコの多くのベーカリーを廃業に追い込み、メキシコ経済に悪影響を及ぼした会社だと考える人もいるかもしれない。そうした考えは一面では真実だが、過去から現在に至るまで、グルポ・ビムボがメキシコ経済に与え続けている影響を見落としている。グルポ・ビムボはフォード・モーター社（より具体的にはモデルT時代のフォード）になぞらえることができる。モデルT以前のアメリカには1000社を超える自動車メーカーが乱立しており、その多くが富裕層の顧客のためのカスタムカーを製造していた。フォードが低価格のモデルTを発売して以来、そうしたメーカーは、ほんの数社を残し、大部分が廃業に追い込まれた。しかし後世、フォードがアメリカ経済に悪影響を及ぼしたなどと言う者はいない。フォードはアメリカ経済に、鉄鋼やガラスの生産、エン

9 1960年以前のメキシコの経済史の詳細については以下を参照。Section 2 of "Catch-up Growth Followed by Stagnation: Mexico, 1950-2010," written by Timothy J. Kehoe and Felipe Meza, https://www.minneapolisfed.org/research/wp/wp693.pdf.

10 メキシコは韓国の2倍以上の人口と、先に述べたようにビジネスに有利な条件を有しているが、フォーブス誌による世界の公開会社ランキングで比較してみると、上位1000社に名を連ねるメキシコ企業は9社しかないのに対し、韓国企業は31社がランクインしている。また、ムーディーズ・インベスターズによる韓国の現在の信用格付けは上から3番目に高いAA2、フィッチ・レーティングスによる格付けではAA-であるのに対し、メキシコはムーディーズでは悲観的見通しのA3、フィッチではBBB+だ。ほとんどの指標で韓国経済はメキシコ経済を上回っている。

11 Anahi Rama and Anna Yukhananov, "Mexican government says poverty rate rose to 46.2 percent in 2014," *Reuters*, July 23, 2015, http://www.reuters.com/article/us-mexico-poverty-idUSKCN0PX2B320150723.

12 カリフォルニア大学サンディエゴ校および全米経済研究所のゴードン・ハンソンは、メキシコとメキシコ経済におけるマキラドーラの役割について広範囲に研究している。たとえば2002年の論文 "The Role of Maquiladoras in Mexico's Export Boom"（メキシコの輸出ブームにおけるマキラドーラの役割）では、メキシコ経済にマキラドーラがもたらすリスクと恩恵を論じている。
Gordon H. Hanson, "The Role of Maquiladoras in Mexico's Export Boom," University of California, San Diego, accessed April 30, 2018, https://migration.ucdavis.edu/rs/more.php?id=8.

13 NAFTA発効前の5年間で、マキラドーラによる雇用の増加は47%だったが、発効後の5年間では86%増加した。また、1980年代半ばには約18万人だったマキラドーラ制度下での雇用は、2000年には100万人を超え、メキシコの輸出全体の約5割をマキラドーラの製品が占めるようになった。Hanson, "The Role of Maquiladoras in Mexico's Export Boom."（原注12参照）

14 ジョージタウン大学教授で外交問題評議会のかつてのメンバーであったゲイリー・ハフバウアーはこう指摘する。「NAFTAの成立により、メキシコの自動車業界に生じた変化は劇的としか言いようがない。実際、この3カ国（アメリカ、カナダ、メキシコ）のどの業界でもなかった変化だった」。NAFTA発効以前、メキシコの自動車製造業は非常に保護された産業であり、アメリカの2～3倍の製造コストがかかっていた。NAFTAによってメキシコの効率化イノベーションが促進され、製造コストが劇的に低下したのである。
Sonari Glinton, "How NAFTA Drove the Auto Industry South," NPR, December 8, 2013, http://www.npr.org/templates/story/story.php?storyId=249626017.

【第7章】原注

1 "Vicente Fox," PBS Interview Commanding Heights, interview conducted April 4, 2001, http://www.pbs.org/wgbh/commandingheights/shared/minitext/int_vicentefox.html.

2 OECDのウェブサイトより引用:「労働生産性の尺度となるのは、労働1時間あたりのGDPである。労働投入量が、生産における他の要素とどの程度効率的に組み合わされているか、また、生産工程のなかでどの程度効率的に利用されているかを測定する。労働投入量は、生産活動の従事者全員の労働時間数の合計と定義される。ただし労働生産性には、労働者個人の能力や労働強度の点から見た生産性は部分的にしか反映されない」
"GDP per hour worked: OECD Data," OECD, accessed April 10, 2018, https://data.oecd.org/lprdty/gdp-per-hour-worked.htm.

3 David Johnson, "These Are the Most Productive Countries in the World," *TIME*, January 4, 2017, http://time.com/4621185/worker-productivity-countries/.

4 経済複雑性指標によると、2015年、メキシコの5大輸出品目は自動車(314億ドル)、自動車部品(262億ドル)、貨物トラック(234億ドル)、コンピューター(212億ドル)、電話関連機器(157億ドル)であり、輸出先の8割はアメリカだった。「経済複雑性アトラス」のメキシコの項を参照。https://atlas.media.mit.edu/en/profile/country/mex/.

5 メキシコは2006年以来、3.9%という比較的低いインフレ率を維持している。2015年の実質金利は0.9%前後である。参考までに同じ時期のアイスランド、アメリカ、スイスの実質金利はそれぞれ1.6%、2.2%、3.3%だった。

6 メキシコへの対外直接投資(FDI)は1993年には約43億ドルだったが、20年後の2013年には11倍以上の約475億ドルとなった。大幅な伸びをもたらした要因のひとつは、同国の比較的安定したマクロ経済環境である。

7 メキシコが玩具やTシャツばかりを輸出しているのではない事実に着目してほしい。ハーバード大学のリカルド・ハウスマンとMITのセザー・A・ヒダルゴによる研究から、国の経済の複雑さ(すなわち、その国の生産物がどのくらい高度なものか)は発展レベルと密接に相関していることが示されている。高度なものを生産できる「能力」の高い国ほど豊かである傾向が強い。
César A. Hidalgo and Ricardo Hausmann, "The building blocks of economic complexity," *Proceedings of the National Academy of Sciences* 106, no. 26 (June 2009).

8 "Economy Rankings," Doing Business, The World Bank, accessed April 2, 2018, http://www.doingbusiness.org/rankings.

第3部

障壁を乗り越える

第8章

イノベーションと制度の関係

自由主義を進もうとする国家は、市場経済のための制度的な構造を積極的につくり出し、経済活動の根底にある特定の権利、資格、責任を再定義しなければならないだろう。

――ウィリアム・ロイ、“*Socializing Capital: The Rise of The Large Industrial Corporation in America*”（資本の社会化――アメリカの大規模企業の台頭）

章のテーマ

法が尊重されず、制度が欠如した状態は、貧困国をむしばむ疫病である。(1) これまでの社会通念では、成長を望む貧困国は制度の不備を正し、なるべく欧米式のシステムを採用することが望ましいとされてきた。「制度がととのって初めて、事業を構築し維持していけるのだ」と。そのため、制度を改善する目的で、毎年何十億ドルという投資が貧困国に投下されつづけている。結果的に欧米式の制度が貧困国に押しつけられるかたちとなり、押しつけられた制度は、何も効果を上げないどころか、腐敗の温床となって終了する。たんに規則や規制を並べるだけでは制度は機能しない。制度は地域の習慣や文化と密接にかかわり、制度の心臓部は人の価値観を反映しているからだ。だからこそ、制度はその地域で育まれなければならない。この過程でイノベーションは重要な役割を果たすことができる。

1990年春、西側世界を代表する憲法学者、法律家、裁判官ら20余名が、千載一遇とも言える機会のためにプラハに参集した。その機会とは、ある国の新しい憲法を起草する手助けをすることだった。旧ソビエト連邦の崩壊から数カ月後、チェコスロバキア（および他のほとんどすべての旧ソビエト連邦圏の国々）は、新憲法を制定する工程のなかで、ソ連崩壊後の社会の価値観を再定義するプロセスに漕ぎ出した。このプロセスについて指導と助言を求められた欧米の学者たちは、勇んでプラハに参集した。憲法制定会議への参加は抗しがたいものだった。ハーバード大学ロースクールのローレンス・トライブ教授は、「憲法制定会議に参加するために3つのクラスの予定を組み直した」とニューヨーク・タイムズ紙に語っている。「最高裁の裁判のために組み直したことさえ一度もないというのに」

そうそうたる法曹界の重鎮たちには、ジミー・カーター大統領の法律顧問だったロイド・カトラー、元共和党上院議員のチャールズ・マティアス・Jr、ロナルド・レーガン政権の訟務《しょうむ》長官だったチャールズ・フライド、カナダの元首相ピエール・トルドー、当時の米国を代表する人権派弁護士マーティン・ガルバスらが名を連ねていた。8カ国から招かれた専門家たちは、チェコとスロバキアとのあいだで権力を分けることになる憲法のさまざまなアプローチのメリットについて一週間議論を重ねた。知的刺激に満ちた旅であり、会場間を移動するバスの車中や、ときには廊下で立ったまま、尽きることのない議論が展開された。バージニア大学の法学者ディック・ハワードは当時、次のように述べている。「(アメリカ合衆国憲法が起草された)1787年に立ち会えなかった者にとって、この会議は最もそれに近かった」

それから2年後、憲法のドリームチームの助言をもとに、チェコスロバキアの第一線の政治家や学者が何カ月にもわたって重ねた努力が実り、新しい憲法は完成し、チェコ共和国とスロバキアという2つの新しい国家を平和裏に分割するプロセスの一環として新憲法が採択された。

ルーマニア、ハンガリー、旧ユーゴスラビア、ブルガリア等の旧共産主義圏の国々でも同様のプロセスが発生した。欧米の憲法学者は、新しく誕生する民主主義国家を導き、ゼロから適切な制度を築くというチャンスに飛びついた。優れた経済的・政治的制度は、財産権をはじめ、多様な価値観の共存、開かれた市場、市民の権利を保護するものである。一方、劣悪な経済的・政治的制度のもとでは、寡頭政治や一党独裁体制、縁故主義、司法の機能不全、汚職がはびこりやすい。一般に、貧困国では劣悪な制度が横行し、繁栄国では優れた制度（少なくとも劣悪よりははるかにましな制度）が行きわたっているとされる。従来の考え方では、貧困問題を解決したい国は、まず法の支配を確立し、制度をととのえ、欧米式のシステムを採用する必要があるとされてきた。

だが、ある国で健全に機能していた制度が他国でも同じように機能するとは限らない。社会の発展のためには、ノーベル経済学賞を受賞したダグラス・ノースが「社会におけるゲームのルール、言い換えるなら、人間の相互作用をかたちづくる、人間が考案した制約」[2]と表現したような制度を構築することが不可欠に見えるが、往々にしてそれは政府や政策立案者が社会に押しつけ《プッシュ》る制度になりやすい。

チェコスロバキアでは憲法制定会議を経て国の姿が変わったあと、新しい憲法は魔法のように理想的な国家を生み出してはくれなかった。汚職はいまも国中で蔓延している。[3]２０１４年の欧州委員会の報告書によると、3分の2以上の企業が、国レベルおよび地方レベルの公共調達において、汚職がはびこっていると考えている。チェコ共和国が劣っているとか道徳的に退廃していると言いたいのではない。チェコ共和国は進化途上の国であり、制度もまた進化途上なのだ。

膨大な無消費の存在する経済では、インフラや制度面の欠如が否めない。ハーバード・ビジネス・スクール教授のタルン・カナとクリシュナ・パレプは、これを「制度のすきま」と呼ぶ。経済的に発展した国々では、貧困国に健全な経済成長を遂げさせる必要条件として、優れた制度の創設を重視する傾向がある。2006年から2011年にかけて、世界銀行が支援するプロジェクトのおよそ500億ドル以上がなんらかの制度改革に向けられた。(4) 押しつけられた制度の例としては、欧米の法律家が対外援助の条件として東欧のある国の法律を改定したものや、透明性と確実性の増大を期待してイギリスがケニアの一部で私有財産制を開始したことなどが挙げられる。しかし、長い時間をかけ形成されてきた地域社会の複雑な構造を理解していなければ、押しつけられた制度の多くは、透明性を向上させず、効率的でもない。逆に、意図しないままに社会的な混乱や汚職を引き起こすことすらある。

制度は社会を創造するのではなく、社会の価値を反映したものである。そのため、強固な制度を構築すること（言うなれば今後何世紀も続く、その国の価値観を形成・維持すること）は、「他の国で通用したことをそのまま輸入し、それに水を加えてかき混ぜてでき上がる」ほど単純ではない。(5)

ハーバード大学ケネディスクールの上級研究員で、世界銀行の元エコノミストでもあるラント・プリチェットは、その理由をこう語る。裁判制度や統治形態、法執行制度、株式市場や銀行業務などの金融制度を貧困国に「輸入」させようとする努力と、制度と価値観が国のなかで醸成されていく現実とのあいだには、根本的な不一致があるのだ、と。「外部から来た専門家は、自分のよく知るルールを重視する傾向がある。私たちは、専門家を連れてきて、よそで機能していたルールを填め込もうとしがちだが、それは意味をなさない。文脈が変わればそのルールは機能しなくなるからだ」。たとえばデンマークでは、医療に関する法律が２００ページ分あるかもしれない。しかしそのページは、デンマークの医師たちが何にやりがいを感じるかや、医療制度に対する国の資金投下がなぜデンマークで優先されるのかは説明しない。それらは、プリチェットが言うように、「何が望ましいかの価値観にかかわるストーリー」だからだ。

プリチェットの見解は正しい。いくら世界の専門知識を結集しようと、善意からであろうと、制度とは相手に押しつけることのできる類いのものではない。制度はかたちを変え、社会のなかで進化する。ある社会の制度は、そこで暮らす人々の文化や価値観、すなわち問題をどのように解決し、どのように働き、ともに生きていくかを反映したものだ。

多くの貧困国で、制度の押しつけは実効ある制度の構築・維持に望ましい成果を挙げていないというエビデンスが増えている。ある試算によると、改革の試みの70%がはかばかしくない結果に沈んでいる。[6] つまり、人が何を評価し、進歩のために何を選択するかという社会の基本的なダイナミクスが変わらなければ、新しい制度は失敗する運命にあるのだ。

問題を解決しない方法

最近の世界銀行の論文 *"How (Not) to Fix Problems That Matter"*（重要な問題を解決する、または解決しない方法）のなかで、開発の専門家であるケイト・ブリッジズとマイケル・ウールコックが、この現象について詳しく説明している。両者はマラウイでの出来事をケーススタディとして用い、過去数十年にわたり同国から学んだことをまとめている。

マラウイでなんらかのかたちで制度改革に焦点が当てられたプロジェクトの数（171）は、工業・貿易、農林水産業、保健・社会サービス、教育の4つの分野のプロジェクトを合わせた数（151）よりも多い。数の大小だけならそれほど問題ではないかもしれないが、論文は、おもに制度改革を目指した多くの計画が最終的に失敗を迎えるだけでなく、同じ失敗を何度も繰り返している点に着目している。(7)

ブリッジズとウールコックによると、問題の一端は、「現状の枠組みを理論上でいったん解体して考える」ことができない点にある。マラウイで新たに設立された腐敗防止局は「まったく状況の異なる国（とくに香港特別行政区、中国、ボツワナ）の構造や法律をほぼそのまま移植したものだった(8)」。私たちはしばしば、現地特有の複雑さを理解しないまま、他の地域でうまく機能しているように見えるベストプラクティスを移植することに気を取られてしまう。成功の尺度も、実際に具体的な問題を解決したかではなく、他国で機能しているシステムにどのくらい似せられたかで測ろうとしがちだ。残念ながら、このような問題解決モデルが、制度改革や経済発展に対して長期的に好ましい結果を生み出しているとは言いがたい。[9] 好ましい結果を得るには、社会の価値観と文化の土台に目を向けなければならない。そのためには、文化がどのように形成されるのかを理解しておく必要がある。

制度は文化に追随する

「文化」は、「イノベーション」や「制度」と同様、日常的によく聞く言葉であり、多くの人はそれをさまざまなものと関連づけている。企業文化を説明するとき、カジュアルフライデーやカフェテリアで飲める無料のソーダ、オフィスにペットの犬を連れてきてもいいかどうかといった、目に見える職場環境の要素が使われることは少なくない。しかし、組織文化の分野の第一人者であるＭＩＴのエドガー・シャインが指摘したように、これらは文化の定義ではなく、文化を具象化したものにすぎない。「文化」の定義は数多いが、そのなかでシャインの定義は最も革新的で有用なもののひとつだ。

文化とは、共通の目標に向かって協働する方法であって、人々が他の方法で物事をおこなおうとは考えもしないほど非常に頻繁に、かつ非常に首尾よく踏襲されてきたものである。ひとたび

文化が形成されると、人は成功するために必要なことを自律的におこなうようになる。(10)

こうした自律性は、一朝一夕で備わるものではなく、新たな法律や体系を導入して形成できるものでもない。協力して問題解決にあたり、何がうまくいくのかをともに発見する「共有学習」を通して生まれる産物である。

社会のなかで文化が形成されるときにも、同じことが言える。問題や課題が発生するたびに、関係者はそれを解決するために何をどのように実行するかを協議し決定する。その決定と付随する行動から、争いをうまく収められたなどの望ましい結果が得られれば、人々は次に同じ種類の問題に直面した場合に、過去と同じ決定を下そうとする。一方で、問題を解決できなかった場合には、次も同じアプローチをとることをためらうだろう。問題に取り組むたびに、問題そのものを解決するだけではなく、解決するために何が重要なのかを学ぶのだ。これらが積み重なって文化は形成され、あるいは消滅していく。

制度は文化、すなわち時間をかけて体系化されてきた行動パターンを反映したものだ。ある国の文化にそぐわない制度を無理に導入しても、持続させるのはむずかしい。

非営利組織のニューマーケット・ラボに法律開発センターを設立し、ハーバード大学とジョージタウン大学のロースクールで教鞭をとるカトリン・クールマンは、ケニアでのプロジェクトで投資家や起業家に法律や規制についての助言をおこなっていたときに、身をもってそれを知った。クールマンは、ある国ではうまくいく可能性のあるアプローチでも、他の国ではまちがったシグナルとなりかねないことにすぐに気がついた。たとえばナイロビでは、細かいところまですべて明文化しようとする契約は、ビジネスパートナーへの不信の表れと受け取られかねない。「プロジェクトにおいて、市場を取り巻く法制度は、単体の取引よりもはるかに入り組んでいることが浮き彫りになった。文字の上でも実務上でも、法律が人の行動のさまざまな側面にどのように影響するかを理解しなければならない」。法の枠組みを整備して契約を履行するような単純で明白に見えるものが、実際には繊細な配慮が必要であったりするのだ。クールマンの経験は珍しいことではない。

リスクを民主化する

ほとんどの制度改革プロジェクトが成功していないとはいえ、貧困国の制度改革が急務であることは理解できる。アメリカ、イギリス、日本などの富裕国では、制度と繁栄が密接に関係している。契約と法の履行が社会に行きわたり、法が機能するという前提があるからこそ、市民と市民のあいだだけでなく、市民と国家のあいだにも信頼が生まれる。逆に言えば、アンゴラやエクアドル、バングラデシュなどの国では制度が信頼の基盤にならず、経済発展を妨げている。あなたはアンゴラの法制度を信頼できるだろうか。日本やシンガポール、ドイツと同じようには信頼できない政府や産業界に、何百万ドルも投資する気になれるだろうか。[11]

優れた制度を望むことと実際にそれを得ることは同じではない。最も成功している制度は文化から派生するものであって、制度が文化をつくるわけではない。歴史はその事例で満ちている。

ヨーロッパの制度は長い歴史のなかで洗練され、いまも高く評価されている。本書の執筆時点では、イギリスのEU離脱に関してさまざまな交渉が継続中だ。交渉自体はきわめて困難だろうが、特筆すべきは、交渉の当事者がみな議論のプロセスを重視し、最終的な合意を尊重することだ。とはいえヨーロッパにしても、一夜にしてこの域に到達したわけではない。何百年ものあいだ、試行錯誤を続け、成功と失敗を繰り返して、文化が築かれていった。

紀元800年ごろ、都市国家ベネチアが世界貿易の要としてにぎわったのは、国内制度が堅固だったからだ。経済学者ディエゴ・プガとダニエル・トレフラーは、貿易がベネチアの国内制度の発展に及ぼした影響について、「遠距離の貿易は多くの商人を豊かにし、力を得た商人は権力者に制約を課した。1032年、事実上世襲されてきたドージェ（ベネチアの国家元首）の実効支配を終わらせ、1172年には委員によって構成される大評議会を設立している」と述べている。[12] 1000年代から1297年ごろまでのベネチアでは、多くの現代的な制度が登場した。そのひとつが、コレガンツァ（同輩組合）だ。

コレガンツァは、本質的には遠征資金を調達するために共同で資金を出し合う組合である。当時の長距離渡航にまつわる多大なリスクを考慮すると、コレガンツァは、多くの人に広くリスクを分散するための革新的な手法だった。しかしさらに重要なのは、報酬を民主化し、かつてそのような遠征貿易に投資するなど不可能だった多くのベネチア人に富を創造した点にある。ジャーナリストのマックス・ニセンは、この制度についてこう記している。「コレガンツァは組合が多くの責任を負い、各出資者の責任を制限した点で革新的だった。コレガンツァにより、貧しい商人でも出資者としてリスクを取れば貿易に関与できるようになり、商人の力が増したことは都市（ベネチア）の歴史にとって非常に重要だった[13]」。貧しかった商人が突然、それまでは富裕層に限定されていた儲けの大きい遠征貿易に参加できるようになったのだ。

これまで述べたように、市場創造型イノベーションは、高度で高価な既存のプロダクト／サービスを、従来は手の届かなかった人たちも新しい消費者として利用できるようにするものだ。当時のベネチアがそうだったように、多くの社会では貧しい人の数が富裕層よりも多いため、新しい解決策によって貧しい人々が特定のプロダクト／サービスの消費者になると、その解決策は社会に対して絶大な影響力をもつ。コレガンツァという仕組みは、金も担保もなかった多くの貧しい商人を、投資をおこなえるクラスに引き上げた。その結果、経済的な流動性も、国際貿易の扱い高も、富も、最終的には政治的権力も増大したのだ。

コレガンツァが造船業界に与えた影響を考えてみよう。造船に必要な部品の供給や、船舶の設計、船舶の売買またはリース、遠征貿易のための乗組員など、大量の雇用が創出され、ほかにも多くの要素が経済に肯定的な影響を与え、多くの業界に恩恵が及んだ。船に積む農産物への需要が増大するにつれて、農業従事者も取引業者もその需要に応えられるように変革を迫られた。新しい雇用のインパクトは、とくに貧しい地域に住む人にとって絶大なものがあった。一夜にして、失業者が社会への生産的な貢献者に変貌したのだ。シャインが言うように、経済の成長にとって、組織や社会が与える報酬とそれらの科すペナルティは大きな意味をもつ。

ベネチア人の富が増え、ベネチアがヨーロッパでもとくに裕福な都市国家になるにつれ、その政治構造も変化しはじめた。かつては、ドージェの座には3つの有力家門のなかの誰かが就き、絶対的な権力を行使していたが[14]、富が分配されるようになると権力のバランスが変わり、ドージェの力に対抗できる裕福な商人が増え、実際に彼らは対抗しはじめた。力をもった商人という新たな層の出現によって、ドージェによる後継者の任命の禁止、選挙制度の制定および実施、司法官と協議し、司法の判断を尊重する執務のあり方、大評議会という名称の議会の設立など、制度上のさまざまな改革がなされた[15]。こうした制度は他の制度の設立にも寄与し、社会の発展に商取引やイノベーション、投資の果たす役割が強まっていった[16]。

14世紀初頭には、ベネチアの金融分野の革新により、有限責任の法人の先駆的な形態、債券・株式・抵当権を売買する市場、非流動的な資金状態と破綻を区別する破産法、複式簿記による会計法、実務教育（通貨換算のための算術など）、銀行預金、信頼できる交換媒体（ベネチアの金貨など）等が登場している。[17] これらのイノベーションはどれも「遠征貿易から来る需要」に関連づけられてきたが、より正確には遠征貿易がもたらした「民主化」に関連すると考えることができる。

これらも、市場創造型イノベーションが社会に及ぼす影響の例である。

制度改革の失敗例

ベネチアの成功例とは逆に、現代の世界で、考え抜かれたはずの制度改革計画が成功していない例を見てみよう。ハーバード大学のマット・アンドリュースは、制度改革と開発について論じた著書のなかで、注目すべき失敗事例をいくつか挙げている。２００３年、制度改革によってアフガニスタンを7年で第二の韓国にできると多くの国際的な専門家が期待した。彼らの理論によって、当時のアフガニスタンに広がっていた制度をつくり変え、国を根本から立て直すことに莫大な資金が投じられた。時が経ち、数十億ドルが費やされ、新しい法律や規制ができ、新しい「制度」の導入が推進されたが、アフガニスタンは依然として世界で最も腐敗した国のひとつに数えられている。アフガニスタンは例として極端すぎると言う人もいるだろう。非常に貧しいだけでなく、タリバンがいて、戦闘状態が続いているのだから。

そこでアンドリュースは別の例を挙げた。かつてグルジアと呼ばれていたジョージアという国だ。ジョージア政府は、アンドリュースによると、「民間の産業を振興し、雇用を創出する」ために、税を合理化し規制を削減するという困難な仕事に取り組んだ。この小さな国は「コーカサス地方のシンガポール」になることを願ったのだ。改革はある程度成功し、ジョージアは世界銀行の発表する「ビジネスのしやすさランキング」で大幅に順位を上げた。しかし残念なことに、多くの人が期待したほどには国内のイノベーションは盛り上がらなかった。アンドリュースは、「政府の規制が減って起業家の足かせは減ったかもしれないが、一連の改革は雇用創出につながる生産活動を政府が促進するまでには至らなかった」と結論づけている[18]。

もうひとつの例はインドの農村開発省が主導したカルナカタ・プロジェクトである。国内の約600の区域の土地を記録しデジタル化しようとしたもので、ジョージアの例と同じように、このプロジェクトもある程度の成功を見た（資産の登録にかかる時間が30日から30分に短縮された）。だが、土地所有権をめぐる根本的な対立に歯止めがかかったことを示すエビデンスはあまりない。所有権の移転が簡単になり、経済活動が活発化すると期待されていた土地情報の効率化は実現されなかった[19]。

アフガニスタン、ジョージア、インド、および現地の発展を願って実施されたその他多くの制度改革とベネチアの事例のあいだに横たわる、失敗と成功の分かれ目にこそ、本書の中心をなす知見がある。もとの構想がいかに善意に基づいていても、地域の多くの人に恩恵が届くような市場を創造するか、そうした市場と結びつけることができなければ、構想を持続させることはむずかしいのだ。馬のまえに荷車をつないだところで、荷車も馬も動かない。

3つの教訓

これまで制度について考察を進めてきた結果、われわれは3つの教訓を得た。第一に、制度の構築および維持には、イノベーション、とりわけ市場を創造するイノベーションが先行するということ。第二に、制度は地域の状況を踏まえて構築する必要があるということ。地域の問題を解決しない制度は当事者たちにとって無用の長物と化す。第三に、イノベーションは、制度が空中分解せずに機能していく接着剤の役割を果たすということだ。

卵が先か、鶏が先か

制度のととのわない国で働く人からよく言われるのは、貧しい国でイノベーションを起こすことは不可能に近いということだ。「卵が先か、鶏が先か」、すなわち、経済的繁栄を達成するには、イノベーションと制度改革のどちらにまず取り組むべきかという問題があり、多くの識者が、先行すべきは制度であると断言している。[20]「政治的、経済的に優れた制度なくして、イノベーションなど生まれるはずがない」というのが、彼らの常套句だ。その見方にもたしかに一理ある。

一方で、その主張にはいくつかの問題点もある。優れた制度は構築にも維持にも大きなコストがかかるのに、それを生かせる市場がないまま導入したとしても、コストに見合うだけの効果は上げられない。マリのような人口およそ1500万人、ひとり当たりGDPが約900ドルの貧しい国が、人口6600万人、ひとり当たりGDPが約4万4000ドルのフランスをモデルにした法制度を導入したところで使いこなしていけるだろうか。フランスの制度は何百年もかけて、フランスの繁栄という目的に適うように成長してきたのだ。であれば、マリがコストの高い、しかも今日のマリが抱える問題の多くを解決できない制度を活用していけるはずはない。

直観に反するかもしれないが、地域経済をまず成長させるように手助けすれば、文化と制度の変化はあとからついてくるとわれわれは考えている。そう、歴史のなかで何度も繰り返されてきたように。[21]

接着剤としてのイノベーション

子をもつことと、社会で成功する生産的な人材を育てることとが別物であるように、制度を創設することと、それを維持していくことは同じではない。

繁栄とはプロセスであって1回限りのイベントではないし、制度は建物や場所で表されるものではなく、プロセスが積み重なったものだ。ベネチアの例は、制度の創設だけではなく、その維持においても、イノベーションが重要な役割を果たすという教訓になる。

ベネチアの繁栄を支えたコレガンツァの制度は、やがて利益を独占しようと試みる一部の裕福な商人のグループによって破壊されてしまった。彼らは影響力を行使し、「議会への参加は世襲とする」「遠征貿易の最も利益の上がる分野には参入障壁を設ける」など、既存の法律を変えはじめた。[22] ほどなく遠征貿易に参加できる商人の数は減少していった。これはベネチアの市場を枯らし、最終的に繁栄をしぼませた。ヨーロッパの他の地域が17世紀から18世紀にかけて発展した一方、ベネチアは富も人口も減りつづけた。

ベネチアの制度が長続きしなかったのは、一握りの金持ちの商人が法律を覆したからだった。ベネチアにとってはよい法律だったかもしれないが、儲けを独占することに執着した者にとって、それは邪魔な存在だった。そこで、自らの利益と社会的地位を維持するために、金持ちの商人は自分たちが有利になるように法律を改正したのだ。

制度そのものは文化を生み出さないが、そこにある文化を反映する。ベネチア文化に変化の機運が生じたとき、つまり商人の「問題解決方法」が変わりそうになったとき、制度にも変化の機運が生じたのである。長い目で見れば、ベネチアはその代償を払い、他の都市国家に遅れを取ることとなった。

こうしたベネチア商人の行動は、多くの社会であたりまえにおこなわれている。自分が有利になるために法律を駆使できる立場の者は必ずそうするというのは、歴史を見れば明らかだ。ただし、一方の側を他方よりも有利にするために法が操作されはじめると、もはや公平な競争環境は失われてしまう。アメリカで2017年にロビー活動に費やされた額は、33億ドルを超えた。[23] ほとんどの場合、その影響はあとになって現れる。

もしベネチアの裕福な商人に、自らの富と地位を高められる新鮮で刺激的な機会（新しいイノベーション）があったなら、どうなっていただろうか。自分の利益のために拙速に法を変えようとはしなかったのではないか。イノベーションは、多くの人が成功を分け合えるイコライザーとして機能する。多くの人に役立つ解決策を民主化するイノベーターが増え、成長と富を創造する機会と可能性が高まれば、それだけ制度は強固でありつづけられる。[24]

グレーマーケットから公式経済へ

低所得国や新興市場の何億人もの人たちが、ときには違法だと知りながら、グレーあるいはブラックの非公式経済に留まったままでいるのはなぜなのだろうか。

それは、彼らが置かれている状況では、公式経済に移行することがほとんど意味をなさないからだ。彼らは日々の経験をつうじて稼ぎ方や問題の解決の仕方を学んできた。そのなかには、自分や知り合いが公式経済に登録しようとしたときに、どれだけ手間と金がかかり、どれだけ見返りが少なかったかも含まれている。もっと楽に公式経済に参入できないかぎり、状況は変わらないだろう。だがひとたびそうなったら、大規模な移行が起こりうる。

マティアス・レッキアは、留学や仕事で長いあいだ故郷を離れたのち、2013年に生まれ故郷アルゼンチンに戻ることになり、新しいアパートでくつろぐことを心待ちにしていた。ハーバード・ビジネス・スクールの卒業生で、マッキンゼー・アンド・カンパニーでの勤務経験をもち、南米最大のオンラインゲーム会社の運営にかかわる複雑な業務に何年間も取り組んできたレッキアからすれば、アパートを決めて引っ越す、というのはごく簡単な作業のはずだった。だがそうではなかった。それは、人生最大と言っていいほどの難行と化した。「本当にひどい経験だった。アルゼンチンでは、まず引っ越し業者を見つけるだけでもたいへんだが、それに加えて、配管や電気、塗装ごとに業者を見つけなければならなかった」とレッキアは振り返る。価格に透明性はなく、いくらぐらい請求されるのかが前もってわからず、大まかな合意ができていたとしても相手がそれを守る保証はなかった。そもそも時間どおりに業者が現れることすら珍しいのだ。

何時間もいらいらさせられたレッキアは、業者を追いかけ、高すぎる言い値に苦情をぶつけ、一方的に不便を負わされる仕組みを友人たちに嘆いた。レッキアの雇った請負業者のほとんどは、アルゼンチンの「非公式」経済で働いていた。たいがいが個人事業主で、おもに人づてで仕事を受け、仕事の中身も料金もおおざっぱ、さらに、収益の申告や納税、安全衛生規制の順守、仕事の結果に責任を負うといった、彼らにとっては面倒な「公式」経済のルールに従う気はなかった。事業の要件をまとめた書類に法律のことが記載されていても、非公式経済の業者たちは守る必要性を感じていなかった。これはなにもアルゼンチンだけの問題ではない。他のラテンアメリカ諸国でも、労働人口の70%が非公式経済で働いている。南アジアとサブサハラ・アフリカでは、非公式経済で生業を立てている人の割合は約90%に達する。[25]

引っ越しと部屋の補修というごく単純なことで苦闘した経験から、レッキアは、自分だけでなく大勢の人たちにとっての「片づけるべきジョブ」があることに気づいた。現状があまりに不便なせいで、ラテンアメリカの1億2000万世帯のうち、本来は住居の修繕や改築が必要な半分の世帯に、その気持ちを失わせているのだ。[26]

さらに、いまある苦痛を変えたいと思っているのは、壊れかけた住まいの持ち主だけではないことがわかってきた。請負仕事の買い手と売り手のための新たな市場をつくろうと思い立ってアイデアを業者に話しはじめたとき、レッキアは、苦痛は売り手側にもあることに気づいた。「彼らには公式経済への参加を望まない、もっともな理由があった。生活は苦しく、その日暮らしで、新規顧客を獲得するのも非常にむずかしい。公式経済に属していないため、堅固なビジネスを構築し成長させていくための資金調達をおこなうこともできない。彼らはただ単純に、できるときにできるだけたくさんの量をこなして、なんとか暮らしていきたいと望むしかなかった」。こうした請負業者にとって、公式経済のルールを守ったところでなんのメリットがあるだろうかとレッキアは考えた。「時間どおりに現場に行き、手を抜かずに仕事をし、公正な価格を請求するような正直者になったところで見返りはない」。それよりもできるかぎり効率よくできるかぎり多くの案件をこなすほうが、割に合っている。たとえば、ある請負業者が午後3時にひとつ目の仕事が終わることを見込んでいた場合、アルゼンチンの、とりわけ首都ブエノスアイレスの悪名高い交通事情を思えば、そのあとにもうひとつ別の仕事を請け負うことはむずかしい。そのため業者は、自分たちの1日の価値を最大限に引き上げるべく、1件目の顧客にできるだけ多くの料金を請求する。結果としてよい評判は生まれず、次の仕事のチャンスにもつながらない。こうしていったん悪循環に陥れば、家族に少しでも楽な暮らしをさせたくても現実には厳しく、食べていけるだけの仕事があるようにと祈るしかなくなる。「このような国の貧しい家庭に生まれたら、社会の階層を駆け上がる道はほぼないに等しい。挑戦しようとすらしなくなり、それがいっそう強固に現状を固定化させる」。法律や規則、規制をいくら増やしても、現状は変えられそうには見えなかった。

だが、苦痛を味わった引っ越しから4年後のいま、レッキアは大きな成功に向かって前進している。

彼とパートナーのアンドレス・ベルナスコーニは、価格に透明性があって信頼できる請負業者と消費者とを結ぶオンラインサービス「イグアナフィックス」を起業した。最初の3年間だけで約2500万ドルを売り上げ、140人を直接雇用した。それよりもっと重要なのは、イグアナフィックスが、4カ国（アルゼンチン、メキシコ、ブラジル、ウルグアイ）の2万5000以上の請負業者を公式経済へと引き込み、さらに数千人が待機リストに入っているということだ。これらの請負業者は現在、イグアナフィックスの要求と支援のもとで収益の申告や納税をおこなっており、なかには、以前は考えられなかった資金調達などをつうじて、事業の拡大に乗り出す者も出てきている。

納税の義務を果たし、ルールを守る公式経済への移行は、急に市民意識に目覚めたからとか、ルールを破ると重く罰せられるからといった理由で起こったのではない。その日暮らしだった請負業者たちが収益の申告をするようになるのには、どのような動機があったのか。申告すれば、儲けの一部を税金として政府にもっていかれるかもしれないのに。「業者のほとんどは、納税による直接的なメリットを認識していないし、罰を受けることへの懸念も動機としてはさほど強くはなかった。何世代にもわたって慣れ親しんできた習慣を彼らに変えてもらうのは本当にたいへんだった」とレッキアは言う。だが実際にイグアナフィックスは、多くの政府や大規模な開発援助組織が何十年もまえから成し遂げられずにいたこと、つまり、人々を公式経済に引き込むことに成功した。どうやって？

請負業者と消費者の両方が抱えていた苦痛を充分に理解したうえで、正直で透明性の高い状態でいることが利益につながる市場を創造したのだ。「公式経済に参加することで、サービスの提供者は個人だけでなく企業の仕事も請け負えるようになり、健康保険と労働保険に加入でき、銀行口座の開設も資金調達も可能になる。ぼくたちは、公式経済に参加して得られるプラスの影響を強調するけれど、参加の強制はしないし、参加しないことによるマイナスの影響を強調したりはしない」

　イグアナフィックスに登録した業者たちは、公式経済に参加すれば、仕事のスケジュールや生活、金銭問題を従来よりコントロールしやすくなることを理解するようになった。

　イグアナフィックスのように、公式経済への参加は誰にとっても恩恵があることを明確化する企業が増えるほど、公式経済はより強くなり、成長していくだろう。経営学者のピーター・ドラッカーがかつて諭したように、「手続きは道徳の道具ではない。経済の道具である。何をすべきかを手続きが決定することはなく、ただ、より手早くおこなう方法のみを決定する」のだ。

　イグアナフィックスが創造した新しい市場によって、電気や配管、建築など住宅修繕にかかわる大勢のサービス提供者は、自分たちの生活に法と経済と政治の制度を引き入れることができた。これは、ラテンアメリカのいくつかの政府が、市民の生活に押し込《プッシュ》もうと長年試みては果たせずにいたことだった。

　イグアナフィックスのような有望な新進企業でも、メキシコのグルポ・ビムボのような安定した大企業でも、ひとつの企業やひとつのイノベーションだけで、国の根幹をなす文化を変えたり、制度への尊重を高めたりすることはできない。だが、何が健全な制度を創造し、維持していくのかを知っておくことは、繁栄への道筋を探るうえで重要なカギとなる。

2016, http://www.worldbank.org/en/news/feature/2016/07/20/new-study-reveals-the-complexity-of-the-informal-sector.

26 Frank V. Cespedes, Thomas R. Eisenmann, Maria Fernanda Miguel, and Laura Urdapilleta, "IguanaFix," Harvard Business School Case Study, November 10, 2016, 2.

20 プリンストン大学の故ウィリアム・ボーモルは、イノベーション、起業家精神および経済成長について幅広く執筆活動をおこなった。ボーモルは、起業家がどのような種類のイノベーションを追求するかは、現場の状況から最も強く影響を受けると考察し、次のように書いている。「起業家がある特定の時間と場所でどのように行動するかは、その時点で主流のゲームのルール、すなわち経済のなかでの報酬構造に大きく依存する」。ゲームのルールが重要という点にはおおむね同意するが、われわれが重視するのは「ゲームのルールがどのように形成され、どのように変化していくのか」という点である。ルールが変わったときの状況を観察すると、イノベーションが、とくに新しい市場を創造したイノベーションが、おもな原動力となっていることがわかるだろう。

William J. Baumol, "Entrepreneurship: Productive, Unproductive, and Destructive," *Journal of Political Economy* 98, no. 5 (October 1990), http://www.jstor.org/stable/2937617?seq=1#page_scan_tab_contents.

21 まず繁栄があってそのあとで一般的な市民のための制度ができるというパターンは、150年以上まえのアメリカに見ることができる。アメリカが工業化しはじめると、今日の貧しい国々と同様、国の制度の多くは富裕層のために機能した。富裕層は自分たちに都合のいい制度に資金が流れる市場をもち、一般的なアメリカ人はもっていなかったからだ。いまの時代からすれば信じられないかもしれないが、当時は列車事故や労働災害により、毎年多くのアメリカ人が死傷し、ほとんど救済も受けられずにいた。しかし、一般的なアメリカ人のための市場が開拓されるにつれ、その市場は一般的なアメリカ人にとってよい制度を引き入れた。こうして好循環が生まれた。市場がなければ、制度をととのえたとしても、持続可能な優れた制度には発展していかないだろう。

22 Diego Puga and Daniel Trefler, "International Trade and Institutional Change: Medieval Venice's Response to Globalization," 753-821.

23 "Lobbying: Overview," OpenSecrets.org, Center for Responsive Politics, accessed March 5, 2018, https://www.opensecrets.org/lobby/.

24 経済成長の触媒となる制度を進化させることができた中国、チリ、韓国などの状況はどうだっただろうか。これらの国々では、制度の進化と、市場を創出するイノベーションへの多大な投資を結びつけていた。こうした市場が、いわば制度の創設と維持の費用を拠出したのだ。ただし簡単なことではなかった。オックスフォード大学教授のマシュー・マッカートニーは、急成長していた1980年代の東アジア諸国は、現代の発展途上国の多くと同じくらい腐敗がひどかったと指摘する。たとえば、かつての韓国は、制度の質の点でいまのコートジボワールと同等であった。同教授は、「制度の改善は東アジアの急成長の原因ではなく結果だった」と結論づけている。

Matthew McCartney, *Economic Growth and Development: A Comparative Introduction*, 217.

25 "New Study Reveals the Complexity of the Informal Sector," The World Bank, July 20,

11 アフリカで携帯電話網を構築したスーダンの起業家、モ・イブラヒムが、資金集めに苦労した理由のひとつがこれだった。ガバナンスの問題に悩まされた彼は、事業で成功したあとモ・イブラヒム財団を設立し、安全や法の支配、公共政策、人権等の指標でアフリカ諸国の政府を評価するアフリカ・ガバナンス指標を発表している。http://mo.ibrahim.foundation/iiag/.

12 Diego Puga and Daniel Trefler, "International Trade and Institutional Change: Medieval Venice's Response to Globalization," *Quarterly Journal of Economics* 129, no. 2 (May 2014): 753-821, http://www.nber.org/papers/w18288.

13 Max Nisen, "How Globalization Created and Destroyed the City of Venice," *Business Insider*, September 8, 2012, http://www.businessinsider.com/the-economic-history-of-venice-2012-8.

14 同前。

15 Diego Puga and Daniel Trefler, "International Trade and Institutional Change: Medieval Venice's Response to Globalization," 753-821.

16 初期の先進国のひとつであるオランダでも、所得の増加が制度の変化を導いた。MIT教授のダロン・アセモグルが共著した洞察に富んだ論文"The Rise of Europe: Atlantic Trade, Institutional Change, and Economic Growth"(ヨーロッパの台頭：大西洋貿易と制度変革と経済成長)にこう書かれている。「非常に重要な点は、大西洋貿易の恩恵もあってオランダの商人の経済力が伸び、ハプスブルク帝国に対抗する強力な軍隊が編成されたことだ。(中略)このように、イギリスとオランダの事実からも、大西洋貿易を機に商人が財を成し、その者たちが君主の権力を制限する新しい政治制度の誕生に重要な役割を果たしたとするわれわれの仮説が裏づけられたと言えよう」
Daron Acemoglu, Simon Johnson, and James Robinson, "The Rise of Europe: Atlantic Trade, Institutional Change, and Economic Growth," *American Economic Review* 95, no. 3 (June 2005): 546-579.

17 Diego Puga and Daniel Trefler, "International Trade and Institutional Change: Medieval Venice's Response to Globalization," 753-821.

18 Matt Andrews, *The Limits of Institutional Reform in Development: Changing Rules for Realistic Solutions* (Cambridge: Cambridge University Press, 2013), 1-3.

19 Matthew McCartney, *Economic Growth and Development: A Comparative Introduction* (London: Palgrave Macmillan, 2015), 219.

スがガーディアン紙に寄稿している。「発展途上国の政府機能を改善するという名目で、制度改革に毎年数十億ドルが費やされている。しかし、そのような改革を後押ししている2国間あるいは多国間をまたぐ組織の評価によれば、成功は限定的であることが多く、制度改革の70%がはかばかしくない結果に終わっていることが明らかになった。新法を策定しても実行されず、新しい予算計画を立ててもそのとおりには支出されず、新しい部門や機関を設立しても人も資金も集まらない。要するに、新しい枠組みをつくったとしても機能せず、思惑どおりには運ばないのだ」
Matt Andrews, "Why institutional reforms in the developing world aren't working," *Guardian*, March 8, 2013, https://www.theguardian.com/global-development-professionals-network/2013/mar/08/institutional-reform-international-development.

7 Kate Bridges and Michael Woolcock, "How (not) to fix problems that matter: Assessing and responding to Malawi's history of institutional reform," 4.

8 ブリッジズとウールコックは、分析したすべてのプロジェクトのうち、92%が規制に関するもの（法執行や規制機関の強化を目指す取り組み）、3%が社会規範に関するもの（文化的慣行や職業規範を理解する取り組み）、5%が文化のちがいの認識に関するもの（国際基準の順守に向けた教育やガイダンスを提供する取り組み）だったと指摘する。彼らの分析からは、制度が導入される先の社会規範や文化の性質を理解しないまま規制の強化ばかりを重視した解決策というものは、往々にして、その解決策自体が問題の一部になってしまうことが読み取れる。
Kate Bridges and Michael Woolcock, "How (not) to fix problems that matter: Assessing and responding to Malawi's history of institutional reform," 12-17.

9 世界銀行の「ビジネス環境ランキング2017」が発表されたとき、24ポイントランキングが上昇し、評価対象の全190カ国中145番目の「ビジネスのしやすい国」にランクインしたナイジェリアは、順位のアップを喜んだ。同国は1年半にわたって、規制および制度の改革を推進し、ランキングの上昇に向けて努力していた。実際の結果で努力は報われ、当然のことながら彼らは歓喜に沸いた。一方、ナイジェリアの順位アップは、日常のなかで地元の警察や司法や社会システムとかかわりをもち、よりよい暮らしを目指して生きている一般的なナイジェリア人にとってはどのような影響があっただろうか。「制度改革によって長期的な効果がもたらされるだろう」という見方もあるが、2016年、ナイジェリアの経済は縮小し、その結果、何万という雇用が失われている。国の「順位」が上がっても、ナイジェリア人自身がいかに進歩を遂げ、問題を解決しようとするかに直結する日々の文化は変わらない。変化が起こるとすれば、ナイジェリアでビジネスをおこなう際の新しい現実を制度に反映させようという力強い動きが国の内部から湧き起こったときだろう。

10 Edgar Schein, *Organizational Structure and Leadership*, (San Francisco: Jossey-Bass Publishers, 1988).
邦訳『組織文化とリーダーシップ』エドガー・シャイン著、梅津裕良・横山哲夫訳、白桃書房、2012年

【第８章】原注

1　アメリカの法律家・政治家である故サミュエル・ハンティントンは、「制度」を、「安定し、価値があり、反復される行動パターン」と定義した。制度は、政治的、経済的、あるいは社会的な性質をもつ。公式なもの（統治機関が設定した体系）と非公式なものがあり、地域の習慣を集約したもの（社会が婚姻や出産を祝う方法など）もある。具体例としては、国の法制度、行政府や公的機関の制度、金融制度などが挙げられる。

2　ノースの定義には、MITのダロン・アセモグルとハーバード大学のジェイムズ・ロビンソンが強調したように、3つの重要な特徴がある。第一に「人間が考案したもの」であること。第二に「ゲームのルール」であり、人間の行動に実質的な制約を課すこと。第三に、主要な効果はインセンティブによるものであることだ。
Daron Acemoglu and James Robinson, "The role of institutions in growth and development," *World Bank Working Paper* 1, no. 1 (January 2008)

3　ある汚職事件では、ミレク・トポラーネク元首相の側近が、政府の防衛調達契約に便宜を図る見返りとして、外国企業に数百万ドルの賄賂を要求したとして起訴された（ロイター発、2016年2月）。いったん有罪判決が出たあと覆されるなど、裁判は長期にわたったが、最終的には国の最高裁判所によって一審判決が支持され、その側近は5年の実刑判決を言い渡されている（ラジオ・プラハ発、2017年5月）。

4　Kate Bridges and Michael Woolcock, "How (not) to fix problems that matter: Assessing and responding to Malawi's history of institutional reform," *World Bank Policy Research Working Paper* I, no. 8289 (December 2017).

5　共産党支配下にあったチェコスロバキアでの物事の進め方は、新しい憲法を制定しても払拭できなかったし、ソ連崩壊後に希望に満ちて生まれた民主主義国のどこにとってもそれは解決策にならなかった。2018年1月、ルーマニアの首都ブカレストの国会議事堂に向かって5万人以上の人々が、「盗っ人は」と叫び、ルーマニア語で「辞任せよ」を意味する「Demisia」のプラカードを揺らしながら、大雪のなかを行進した。彼らは、ルーマニアの法執行機関の欠如と腐敗の蔓延に対して抗議していたのだ。ハンガリーの状況も似たようなもので、トランスペアレンシー・インターナショナルが発表した2018年の腐敗認識指数のランキングで順位を大きく下げている。ハンガリーはEU加盟国でありながら、EU加盟が認められていない小国モンテネグロ――加盟できない理由のひとつは腐敗のひどさだ――よりも腐敗ランキングの順位が下だった。Andrea Shalal, "Hungary slides deeper down corruption index, watchdog says," *Reuters*, February 21, 2018, https://www.reuters.com/article/us-global-corruption/hungary-slides-deeper-down-corruption-index-watchdog-says-idUSKCN1G52E6.

6　この点について、ハーバード大学国際開発センターの准教授であるマット・アンドリュー

第9章

なぜ腐敗は「雇用」されつづけるのか

われわれの理論では、社会の選んだ法の戦略がどのようなものであれ、個人が自分に都合のいいようにその解釈を曲げようとする。

——エドワード・L・グレイザー&アンドレ・シュライファー、"*The Rise of The Regulatory State*"[1]（規制国家の台頭）

章のテーマ

投資家に向かってなぜ特定の地域に投資しないのか、あるいは、その地域に住む人たちになぜそこが発展できずにいるのかを尋ねると、回答の上位に来るのが「政治的腐敗」である。

国際通貨基金《IMF》が近年おこなった試算によると、贈収賄のみで年間約1・5～2兆ドルの損失が生じているという。賄賂以外の形態も含めた腐敗全体で見てみれば、経済的・社会的損失の総計はおそらくもっとずっと大きいはずだ。腐敗の問題は非常に根深く広範囲に及ぶため、根絶のための費用が毎年何億ドル投下されてもなお頑としてなくならない。

本章では、腐敗の問題をちがった側面から考察する。「どうすればなくせるか」ではなく、「そもそもなぜ、なくならないのか」を追求するのだ。

答えを導くカギは、道徳心の衰退ではなく、多くの人が腐敗というジョブを「雇用する」理由にある。腐敗が蔓延していても経済が好調だった例は歴史上たくさんある。新しいレンズを通して見ることで、腐敗というものをより理解し、軽減するための新しい方法が見つかるかもしれない。

かつて韓国で宣教師をしていたとき、毎月「安全保険」を販売しにくる保険外交員がいた。その外交員に保険料を支払えば（当方にとっては少額ではなかった）、家が盗難に遭わないことが保証される。けれど保険料を支払わなければ、誰かに家財が洗いざらい盗まれる可能性がある、というのだ。つましい生活とはいえ家財がなくなれば生存が脅かされるため、言われたとおりに支払った。あとで思えば、私たちは低レベルの贈収賄に関与していたのだ。地域社会の力関係を明確にし、かかわることで生活しやすく（逆に、かかわらなければ生活しにくく）する、日常をうまく回す類いの賄賂だ。受け取るほうも渡すほうも生活がかかっていた。

世界中で腐敗がこれほど頻発しているところを見ると、たんなる道徳心の問題なのか疑問が湧いてくる。私の出会った韓国人は善良な人たちだった。腐敗が道徳心だけの問題であるのなら、なぜ善良な人たちが、いとも簡単に加担してしまうのだろうか。

腐敗問題に取り組む国際的なＮＧＯ、トランスペアレンシー・インターナショナル（ＴＩ）は、国別の「腐敗認識指数」を毎年発表している。きわめて清廉な国を１００点、腐敗の蔓延した国を０点としたこの指数で、50点に満たない国が調査対象の国の３分の２以上もある。世界全体の平均は43点だ。ＴＩによると、世界人口76億人のうち60億人――つまり人類の大部分が、腐敗した政府の統治する国に住んでいる。腐敗そのもの、あるいはそれがもたらす脅威が貧困国に与える萎縮作用は数値化がむずかしいが、腐敗があると認識されただけで、本来なら富と繁栄を後押ししたはずの投資が逃げ去る状況を鑑みると、影響はとてつもなく大きいと考えられる。

今日の富裕国のほとんどは、新規市場を創造したり、既存市場と結びつけたりするイノベーションが登場したのちに、腐敗を防止する法を整備してきた。適切な手順を踏めば、現時点では世界で最も腐敗した国であっても大きく前進できるはずだ。そのことは歴史が繰り返し証明している。

腐敗の目に見える「症状」ばかりに気を取られると、真の「原因」を理解することはできない。原因を理解するためにはまず、2つの重要な問いを考察する必要がある。ひとつは、なぜ貧困国のほうが富裕国よりも腐敗が広がっているのか。もうひとつは、今日の富裕国は、腐敗の発生をどのような方法で減少させたのか。これから見ていくように、この2つの問いに答えることが、貧困国の腐敗の緩和に役立つ枠組みとなるだろう。

腐敗を理解する

今日繁栄している国の多くも、かつては腐敗がはびこっていた。だが、少なくとも腐敗は恒久的な現象ではない。アメリカをはじめとする先進国にいまも腐敗が存在することは周知の事実だが、腐敗が文化の一部だった時期は過去のものだ。では、いったい何がそうした変化を引き起こしたのだろうか。

優れたリーダーシップとガバナンス、道徳的価値観の変化、適切な制度の導入などがすぐに挙がるだろうが、われわれはそうした要素が腐敗に対する社会の許容度を根本的に変えるとは考えていない。

TIが発表した最新の腐敗認識指数には次のような報告が付記されている。「大多数の国は、腐敗の根絶に関してまったくと言っていいほど進歩していない[2]」。たとえ国際的な関心が高まっても、子どもたちの教育や問題解決に対して膨大な資源が投入されても、改善の歩みは非常に遅い。

貧しい社会に生まれた人が、幸運にも豊かな社会で生まれた人と比べて、根本的に道徳心が乏しいわけではない。よりよい問題解決法の存在をたんに知らないのでもない。腐敗とは、よい選択肢の少ない地域で生きる人にとって、実用上、他の方法より少しはましな対処策であって、「片づけるべきジョブ」のために——より具体的には、特定の環境下で人の「進歩」を後押しするために——雇用されるものなのだ。この点を意識してほしい。なぜ人が腐敗に目を向けるのかを理解すれば、解決策をちがう視点から模索することができる。

なぜ腐敗を「雇用」するのか

信頼と透明性を築くプロセスを開始するには、まず、問題解決の手段として人が腐敗に向かう理由を知る必要がある。そこには3つの大きな理由があるとわれわれは考えている。

第一に、大多数の個人は、進歩したいと思っているということ。働き口を探す貧しい人から、さらに高い地位を得ようと望む恵まれた人まで、ほとんどの人は金銭的にもっと豊かになって、社会的ステータスを上げ、心の幸福度も高めたいと思っている。だからこそ私たちは学校に行き、休暇を楽しみ、金を貯め、家を買い、事業を始めたり公職に就いたりしようとする。これらのひとつひとつがなんらかのかたちで自分が進歩している感覚を与えてくれる。社会がその構成員に、進歩するための合法的な選択肢をほとんど提供できていないとき、腐敗は相対的に魅力のある選択肢となる。

第二に、すべての企業と同じように、誰もがその人なりのコスト構造をもつということ。ビジネスにおける企業のコスト構造とは、事業の運営に伴って発生する固定費と変動費の組み合わせを指し、企業がプロダクトの設計、製造、販売、サポートにどれだけのコストをかけているかを表す。たとえば、ある企業がひとつのプロダクトを製造し、顧客に提供するために100ドルかかるのであれば、利益を上げるためにはそのプロダクトを100ドルより高い値段で販売しなければならない。

同様に、個人にもコスト構造、つまり特定のライフスタイルを維持するためにどれだけの金を使うかという基準がある。家賃や住宅ローンの支払い、学費、医療費、食費などのコストがかかり、企業と同様に、個人もコストを上回る収入を仕事や投資などから得なければならない。この単純な収入とコストの関係を意識することは、腐敗に引き寄せられる状況を予測し、腐敗防止策の有効性を測るうえで役に立つ。防止策が収入とコストの関係式に根本的に影響を与えないのであれば、効果が持続する可能性は低くなる。

仮に、月に2万ルピー（約295ドル）の給料をもらうインドの警察官がいるとしよう。その警察官のコスト構造が月に400ドルだとしたら、法律がどうであれ、腐敗に手を染めやすくなる。[3] ごくふつうの警察官だとしても、その国の法が腐敗に対して厳格でない場合、腐敗に傾く可能性は高まるだろう。本質的に警察官個人が悪人なのではなく、生き残るためのむずかしい選択を迫られた結果なのだ。

第三に、ハーバード大学の経済学教授、エドワード・グレイザーとアンドレ・シュライファーが指摘するように、ほとんどの人は、自分にとって都合のいいように法解釈を覆そうとする傾向がある。収入レベルに関係なく、人間は、そのときの状況のなかで自分にとって最もよい決断を下すようにできている。自分のやりたいことを制限する法に直面すると、たいていの人は本能的に計算する。この法に従わなければならないか、従わなくても済むだろうか、どちらが得だろうか。

この考えの背後にある論理は明快だ。法に従って生きるにはなんらかの我慢を強いられるため、合理的に考えようとする人であれば、法律を順守することで得られる利益と、順守しないことによって被る不利益とを天秤にかける。不利益が小さいのなら、たとえ社会の利益には反したとしても、当人にとっては法に従うことが不合理となる。ありふれた例を挙げるなら、パトカーが視界に入っていないとき、制限速度を超えて車を走らせる人は世界中にいるはずだ。アメリカでは最近、茂みの陰に潜む警察車両に気づいたら、GPSアプリのWazeをつうじて利用者同士が警告し合えるようになっている。スピード違反の取り締まりにはみなで協力して対抗すべきだという暗黙の合意により、ソーシャルネットワークに対応した地域密着型のプロダクトが開発されたわけだ。

私たちには進歩したいという欲求がある。この場合は目的地に早く到着したいという欲求だが、制限速度を守らなかったときの不利益よりも早く到着できる利益のほうが大きいと判断すれば、人は制限速度という法を躊躇なく無視する。政治の腐敗とは状況は異なるものの、思考プロセスはほとんど変わらない。

それでも、腐敗の蔓延した社会から信頼性と透明性を基盤にした社会へ移り変わることは不可能ではない。そこにはたいてい、次の3段階が存在する。予測できない「あからさまな腐敗」から、予測はつくが表からは見えにくい「潜在的な腐敗」へと進み、最終的には「透明な社会」へと移行するのだ。

ある国が現在、その第一段階に分類されているからといって、第二段階へ進む可能性がまったくないわけではない。これら3つの段階は絶対不変の別個の点ではなく、一本の線に連なる点である。歴史を見ると、世界で尊敬されている国の多くも、かつて同じ段階をたどってきたことがわかる。この道筋を理解することが、健全な経済に不可欠な透明性を獲得するうえで、きわめて重要だ。

第一段階：予測不能であからさまな腐敗

この段階には多くの貧しい国が当てはまる。契約どおりに物事を進めることがむずかしく、政府機関は信頼できず、腐敗のスキャンダルがあちこちで聞かれる。こうした国を訪問した際に新聞をのぞいてみれば、ビジネス界や政界のエリートによるずさんな資金管理が取り沙汰されているだろう。この段階にある国の多くは、TIの発表する腐敗認識指数の点数が低い。

投資家にとってはリスクが高く、このような環境で投資に踏み切ることを嫌うのは当然だと言える。例えるなら、ベネズエラに投資するようなものだ。本書の執筆時点でベネズエラ政府は、自国民の生活に直結する社会制度に資金を回せない状態に陥っている[4]。一方で、ベネズエラの状況は絶望的に見えるかもしれないが、繁栄した先進国でも、過去に同じような状況を経験しているところは多い。

1940年代後半、台湾には腐敗がはびこり、まさに予測不能だった。地方自治体の首長や職員は、自分の取り巻きを優遇し、その過程で甘い蜜が吸えるようにしていた。賄賂、横領、近親者・縁故者の優遇や組織犯罪まで、さまざまな形態の腐敗が野放し状態だった[5]。しかし台湾はその後、めざましい経済発展を遂げ、現在の腐敗認識指数でも180カ国中29位に上昇している。

腐敗の第一段階では、とくに国自体が貧しいとき、新しい法を軸にした腐敗撲滅の施策は充分な効果を上げられない。自らの利益の邪魔になる法ができると、人はその抜け穴を見つけようとし、事態がかえって悪化することもある。さらに、法執行には、財政的、社会的、政治的なコストがかかるため、多くの貧困国では法があっても適切に執行することができない。もっとも、腐敗に対する抗議活動は世界中で大規模かつ頻繁に実行されている。その動きに乗り、腐敗撲滅を訴えて選挙に立候補する政治家も増えており、ときには本当に選挙に勝つこともある。ロシアのウラジーミル・プーチン大統領とベネズエラのウゴ・チャベス元大統領（現在は故人）は、汚職根絶を公約に掲げて権力を掌握した。有権者が望んでいたかたちで公約が実行されたとは言いがたかったが。

一方で、南アフリカのネルソン・マンデラ大統領のように清廉で優れたリーダーが強い意志をもって国を改革しようとした数少ないケースでも、現場の腐敗が魔法のように消え去ることはなかった。1994年、アパルトヘイト後の南アフリカ共和国でマンデラが大統領に選出されたとき、彼はまちがいなく、世界で最も賞賛を集めたリーダーだった。27年間に及ぶ政治的投獄生活も、南アフリカをよくしたいという彼の意志を弱めはしなかった。むしろ強くした。私たちは今日でも、マンデラを偉大な指導者として思い出す。ハーバード・ビジネス・スクールの学長、ニティン・ノーリアは、マンデラ死去の報を受け、「彼は自分では、異常な状況のせいでリーダーになっただけの平凡な人間だと謙遜していたが、私たちが高く評価するリーダーの資質、すなわち、品位、高潔さ、慈悲心、謙虚さをもち合わせたまさに手本のような存在だった」と語っている。

だが南アフリカは、マンデラの任期中の最も希望に満ちていた時期においてさえ、腐敗の泥沼から抜け出せなかった。彼の退任後には一気に悪化し、それはいまも続いている。マンデラの最初の後継者が去ったあと、大統領に就任したジェイコブ・ズマは、在任中の8年間、自身の汚職に関するおびただしい数の訴えやスキャンダルをはねのけつづけ、南アフリカの「打たれ強い大統領」と呼ばれた。

マンデラのリーダーシップのもとで変化をあれほど希求した南アフリカが、マンデラの体現した希望の国から、なぜこれほど急速に深い谷底へと落ちることになったのか。南アフリカは、近代的な憲法や独立した司法、中立的なメディアといった、腐敗と闘うために必要な制度の大部分をすでにもっている。それでも、TIの腐敗認識指数を含めたほとんどの腐敗指標で同国は中位に留まっているものの、その順位を年々落としている。

南アフリカの苦闘は特別なものではない。リベリアのエレン・ジョンソン・サーリーフは、アフリカ初の女性大統領として民主的に選出された5年後、リベリアの平和のために尽力した功績によってノーベル平和賞を受賞した。サーリーフは何年にもわたり、同国の民主的な制度の構築と再建に努め、女性の地位を高めることにも力を注いだ。だが、そのような国際的な称賛のなかにあっても、リベリアを充分に変革することはできなかった。TIの報告によると、医療や教育などの基本的なサービスを受けるために賄賂を支払った人は、2016年で69%にのぼっている。10年以上前の大統領就任時に「社会の最大の敵」と呼んだ腐敗との闘いには最終的に勝利できないまま、サーリーフは任期の終わる日を迎えた。最後の国会演説で大統領は次のように訴えている。「われわれは2006年に掲げた腐敗撲滅の公約をまだ完全には果たしていない。この現状をもたらした原因は、撲滅への政治的意志の欠如ではない。長年の収奪と貧弱な統治で培われてきた依存と不正直がきわめて根強く、突き崩せるには至らなかった」

腐敗の主因は、優れた指導者の不在にあるのではない。それもたしかに問題の一部だが、最大の原因はもっと根源的でシンプルだ。腐敗とは、その時点で利用できる選択肢のうち、最も手っ取り早いものを「雇用」した結果なのである。

第二段階：予測可能で潜在的な腐敗

第二段階は、予測はつくが表からは見えにくい腐敗である。この段階での腐敗は、程度の差こそあるが、公然の秘密である。腐敗の存在を多くの人が知っており、社会の仕組みと一体化しているのだ。並行して社会も発展していくため、腐敗が事業を進めるうえでの必要コストだと見なす向きも強い。

予測不能な腐敗から予測可能な腐敗への移行は、経済的にも政治的にも大きなコストがかかる。必要なのは法律ではなく、新しい市場を創造することだ。汚職に手を染めている人の大半も、自分のしていることがいいことではないと知っている。新しい法が問題の解決に役立つのは、していいことと悪いことについて社会に混乱が生じているときか、法を執行する能力を政府がもっている場合のみである。

中国について考えてみよう。ある推計によると、腐敗のせいで中国政府の負うコストは年間8600億ドルにのぼるという。[6] この数字は世界でとくに貧しい61カ国のGDPを合算した金額より多い。2000年以降、1兆ドルから4兆ドルが国外へ流れたと推定され、一部は、習近平国家主席の義理の兄弟を含む政府高官との関連が指摘されている。全人代および関連機関のメンバー153人の純資産は2017年に6500億ドルを超え、前年に比べて3割以上増加した。[7] この金額はフィンランドとノルウェーのGDPの合計を上回る。

中国も、他の多くの貧困国も、おもに法の力で腐敗を根絶しようとしてきたが、限定的な成果しか得られていない。むしろ、これらの国々が腐敗に対抗する法を制定すればするほど、腐敗が広がったようにも見える。たとえば中国には汚職防止のための法律、規則、指令の類いが1200以上もある。しかし、法執行機関にそれらを執行する力、資金、そして意志がなければ、無用の長物にすぎない。

中国の近年の発展と過去40年間にわたる対外直接投資（FDI）の流入の大きさについて議論の余地はない。1970年の中国のひとり当たりGDPは約112ドルだったが、いまでは約8200ドルに上昇した。当時の平均寿命は59歳だったが、いまでは約76歳である。年間平均成長率は10％を超え、この期間における世界全体の成長の約40％を占めた。[8][9]

しかし、これほど見事な発展を遂げたにもかかわらず、中国はTIの腐敗認識指数のランキングで180カ国中77位に位置づけられ、セネガル（66位）を下回っており、トリニダード・トバゴと同順位である。[10]

つまり、腐敗があったからといって発展が抑えつけられたわけではなかったのだ。発展に最も強く影響したのはおそらく、過去40年間にわたって中国へのFDIが激増したことだろう。1980年、中国へのＦＤＩはおよそ4億ドルだったが、２０１６年には１７００億ドルを超えた。２００６年から２０１６年にかけて、２・３兆ドルを超える資金が中国に流入している。[11] 中国に何兆ドルもの資金を注ぎ込んだ外国人投資家は、汚職がはびこっていることを知らなかったのだろうか。腐敗が浄化されるまで、投資を保留しなかったのはなぜだろうか。これはおもに、中国の腐敗の種類が、第一段階にある他国のそれとは異なっていたからだ。つまり、潜在的だが「予測可能な」腐敗だった。したがって投資家は、中国における事業遂行のためのコストとして計算に入れることができた。

中国ではたしかに開発が進んだ（前述したように、過去数十年間で10億人近くの国民を貧困から救い上げた）が、透明性のある社会と言える状態にはまだなく、改善の余地は多い。繁栄を長期的に持続させるには、第三段階への移行が必要だ。

第三段階：透明な社会

２０１７年、アメリカのロビー活動の総額は33億ドルを超えた。[12] ロビイストはある業界を代表して政府に影響を与え、自分たちの理念や集団に有利な法の制定を働きかける。しかし、ロビイストが何十億ドルもの金を使って政府高官に影響力を行使しているにもかかわらず、アメリカは依然として腐敗認識指数で１８０カ国中16位という好位置にランクされている。[13]

アメリカでは腐敗は非難の対象であり、恒常的に根絶の取り組みがなされ、法律が許容する最大限の範囲で訴追される。1977年に制定された海外腐敗行為防止法（FCPA）は、国外で事業を営むアメリカ企業およびアメリカで事業を営む外国企業が汚職をはたらくことを抑制するものである。これまで、ウォルマート、シーメンス、エイボン、フランス企業グループのアルストムなど多くの企業がFCPAに違反し、何億ドルもの罰金を支払ってきた。

ロビイストが政府に影響を与えるためにおおっぴらに何十億ドルも費やしていることと、政府が腐敗した者を積極的に追及・訴追していることとのあいだに、整合性はあるのだろうか。ロビー活動は合法的であり、かつ透明性も高い。もし知りたければ、上院の公文書館へ行き、誰が誰のために、そして何のためにロビー活動をしているのかを調べることができる。アメリカ経済は、透明性に加えて、比較的予測可能であるという特徴ももつ。アメリカに腐敗がないわけではないが、他国とちがうのは、アメリカの腐敗はしばしば暴露され、訴追され、罰せられるという点だ。新聞の見出しに汚職政治家の名前を見るのはそう珍しくない。私の地元であるマサチューセッツ州議会で下院議長を務めた直近4人のうち3人は汚職容疑で有罪判決を受けた。元イリノイ州知事のロッド・ブラゴジェビッチは、バラク・オバマ前大統領が大統領選勝利によって退任した上院議席を「売ろう」としたとして汚職容疑で有罪判決を受け、14年間の禁固刑を宣告されている。

とはいえ、アメリカはブラゴジェビッチのような者たちをつねに訴追するわけではないし、有罪判決を受けて刑に処される人の数はさらに少ない。ではアメリカは、腐敗の蔓延していた国から透明性が重要な基準である国へと、どうやって進化を遂げたのだろうか。

腐敗大国だったアメリカ

貧しいアメリカというものをイメージすることがむずかしいのと同じように、汚職事件に捜査のメスなど入らない、明らかに腐敗したアメリカをイメージするのもむずかしい。だがアメリカの腐敗が、今日の一部の最貧国と同じぐらいひどい時代があったのだ。19世紀の政治家、ウィリアム・メイジャー・〝ボス〟・トゥイードは、あからさまな汚職の姿を誰よりも体現した人物である。１８２３年生まれのトゥイードは、若くして政治の世界に入り、28歳で市会議員に選出された。数年間公職に就いたあと、自身は弁護士資格をもたなかったが法律事務所を開設する。事務所をつうじて「法務サービス」なるものをおこない、見返りに大企業から金銭を受け取ったものの、実際の中身はほぼ恐喝だった。この資金を元手に、トゥイードはマンハッタンの広大な不動産を購入し、ニューヨーク市の政治への影響力を拡大させた。しかも、これはほんの始まりにすぎなかった。

「トゥイード一派が快調に勢力を拡大していたころ、彼らは策に長《た》け、強く、揺るがず、裁判所や議会、財務局、選挙管理機構といった権力の要衝を戦略的に支配していった。その詐欺行為には、規模の壮大さと優雅な構造があり、資金洗浄、利益分配、組織化を効率よく進めた」と伝記作家のケネス・アッカーマンが書き記している。[14] トゥイードが下院議員だった当時にポケットに入れた金は、今日の時価に換算して10億ドルから40億ドルに達すると見られている。[15]

1889年の風刺漫画誌パックに掲載された「議会のボス」に、当時のアメリカであからさまにおこなわれていた汚職の様子を見ることができる。漫画では、鉄骨連合、銅連合、砂糖連合など、特定の業界の代弁者であることがひと目でわかる議員たちが議場後方から睨みを利かせ、議場への出入り口には「独占者による、独占者の議会はこちら」と書かれ、「市民用出入り口」には「閉鎖」の紙が貼られていた。[16] 腐敗は看過できないほどに広がり、ついにウッドロウ・ウィルソン第28代大統領（任期1913〜1921年）が任期中に対処を迫られるまでになった。

1913年、ウィルソンは著書のなかで次のように書いている。「わが国には誰かの私益のために動く裁判所がある。公僕ではなく、特定の人物の下僕に成り下がり、判決を曲げる裁判官がいる。じつに恥ずべきことだ。司法制度はこの国で堅固に維持しなければならない究極の安全装置のはずだ。安全装置が腐敗していたらどうすればいいのか。われわれ国民の利益を護らず、ごく一部の集団の利益だけを護るのなら、われわれの安全装置はどこにあるのか」[17]

鉄道や道路といったアメリカの主要なインフラ整備のなかにも腐敗が広まっていた。1800年代の鉄道と1900年代の道路はアメリカを大いに発展させたが、前代未聞の規模で汚職もはびこらせた。アメリカ政府が鉄道事業に国として取り組み、請負業者への補助金の給付が拡大するにつれ、補助金が線路の品質や工事の有効性に基づいてではなく、線路の延伸距離に基づいて支払われることが増えていった。そうなると請負業者は、いかに安い材料を使い、いかに線路を曲がりくねらせて、いかに多くの補助金を分捕るかを考えるようになり、「鉄道の利用者ではなく、連邦政府に取り入るための競争を繰り広げていった[18]。

20世紀前半、自動車ブームが起こったころの道路工事はどのような状況だったろうか。アール・スウィフト著 *"The Big Roads"*（ビッグ・ロード）のなかに次のような記述がある。「当時の連邦道路管理局の責任者だったトーマス・マクドナルドは、道路工事の現場で、ゴミの散乱した、ずさんな仕事ぶりを目撃した。地方自治体では、支出した1ドルに対して、10セントの価値しかない道路が建設されることが珍しくなかった。請負業者は自分たちで州の区画を割り振り、その区画を担当する業者にすべての橋梁工事が回るように仕向けた。この取り決めによって工事代金は跳ね上がり、納税者は本来の2倍の費用を負担していた[19]」

腐敗認識指数のランキングが当時存在していたら、アメリカが「腐敗していない国」の上位に来ることはなかっただろう。しかしアメリカは腐敗防止策の整備に努め、今日では16位にランクされている。アメリカの腐敗が改善されたのは、法律の制定によるものだろうか。偉大な政治家が登場したからだろうか。監視機関が創設されたからだろうか。たしかに、それらすべてが今日の透明性の高いアメリカの文化に寄与したが、アメリカの腐敗が突如としてやんだ理由はほかにある。
自ら富をつかみ、暮らし向きが豊かになるアメリカ人が増えるにつれ、政治の腐敗に対する不満の声が高まっていったのだ。「政治的観点からは、搾取された者の怒りは１８４０年にはごくわずかしかなく、１８６０年でもそれほど大きくはなかった。しかし、１８９０年には、社会を震撼させるまでに大きくなった」と、スタンフォード大学法学院教授のローレンス・フリードマンは言う。[20]

１８９０年の時点でアメリカの腐敗が根絶されたわけではないが、当時の状況を観察すれば、腐敗根絶の取り組みが進化する過程を知ることができる。よりよい進歩を求める機運が社会に出てきたのだ。

アメリカの歴史を見れば、腐敗が蔓延し、予測不能性があったにもかかわらず、発展を成し遂げたことがわかる。[21]アメリカの腐敗防止の動きは、法の制定や法執行の厳格化がきっかけとなったわけではない。ある程度裕福で一般的なアメリカ人がどのように金を稼ぎ、進歩を成し遂げ、自分と家族の生計を立てていくか、その基本的な方程式が変化しはじめたからだ。「１９２０年代のアメリカの資本主義は、１９００年当時よりも腐敗が少なく、労働者や消費者からの搾取も少なかった」と、グレイザーとシュライファーは論文を締めくくっている。[22]

発展が先にあってこそ、腐敗防止政策が機能する。その逆はほとんどない。ほとんどの人は腐敗した生活をしたくて朝、目覚めるのではない、私はそう信じている。

進歩を遂げるための選択肢がなければ、汚職に手を出すことが魅力的に見えてしまうことがある。しかし、ほかにいい選択肢があれば、透明性へとつながるプロセスが始まる。世界中の国でこれが実現する様子を私たちは目撃していけるはずだ。

領主と領民

ヨーロッパの腐敗はどうだったか。彼の地にはかつて腐敗の最も明白な形態である、好き勝手に土地を没収し資産を取り上げ、領民を殺害する絶対君主があたりまえに存在していた。領主たちは、「つねに秘かに歩き、覗き、盗むものを探す」強盗に例えられていたほどだ。[23] 特権階級にある者から暗に援助を受けた武装集団が、脅迫その他の手荒な手段で金銭や資産を強奪し、領地全体を支配下に置く。贈収賄は老若男女、場所を問わずおこなわれ、[24] 特権階級にない者でも、金さえあれば、今日では考えられないような方法で判事や陪審員を買収することができた。[25]

ヨーロッパが腐敗の横行した状態から透明性の高い社会へと移行する過程は、アメリカよりも歩みが遅く、より大きな痛みを伴った。だが、最終的な引き金となったものはアメリカと似ている。そう、イノベーションである。ヨーロッパの大勢の無消費者に市場を創造したことで、一般的な人たちにも生計を立てるための選択肢が増えていった。市場の創造はまた、行政府の課税の方法や領民の統治方法にも変革をもたらした。
産業に占める農業の比重が下がるにつれ、金銀など貴金属のかたちをとる富は流動的で把握しづらいものとなり、支配者は新しい課税方法を考え出さなければならなかった。「領主らは、領民の私有財産を巻き上げる新しい方法を考案した。とりわけ重要だったのが、議会の創設である。それにより、領民から得た税金を公共政策の名目で使える利権を取引できるようになった」とハーバード大学教授ロバート・ベイツが著書 *“Prosperity & Violence”*（繁栄と暴力）のなかで述べている。政府は、民衆を脅すより懐柔するほうを選択した。そうしなければ、民衆は自分の財産を従来よりはるかに簡単によそへ移してしまえるからだ。[26] こうして富を奪い取る経済から、富の創造を模索する経済に移行していった。
領主たちは、数多くの戦争に臨み、勝ち、領土を増やすにつれ、ますます多額の資金が必要になり、借金を増やしていった。昔もいまも、戦時中に政府の資金が不足するのは最も避けたいことのひとつだろう。公的な貸付は一般に安全と見なされており、民間相手よりも規模が大きく、返済期間も長く設定される。一方、領主たちは借金の返済を重大に考えないところがあった。そのため、領主に資金を融通していた投資家たちは、より腐敗の少ない、より透明性のある制度を創設するという方針に向かって領主たちを動かしていった。[27]
当初、これらの制度は理想にはほど遠かった。しかし制度が出現したことで、ヨーロッパの投資家は投資対象の将来性を予測できるようになった。裁判所では、時間をかけて公正な裁きを下すよりも迅速に判決を出すことが重視されるようになり、投資家たちは訴訟にどれくらいの時間がかかるか、自らの商取引にどう影響するかの予測を立てられるようになった。この点は重要である。なぜなら、腐敗の有無にかかわらず予測の立たないシステムは、腐敗があること自体よりもさらに害が大きい可能性があるからだ。(28)

ヨーロッパの市場が成長するにつれて、裁判制度はより身近になり、存在感を増した。一般的なヨーロッパ人の文化に影響を及ぼし、透明性のある新しい制度の価値に気づかせた。制度を必要とし支えていく新しい市場と結びついていたからこそ、うまく機能したのだ。

むろん、昔といまは状況が異なる。すべての貧困国が戦争に巻き込まれているわけではないし、その政府がすべて500年前のヨーロッパのように現金不足に悩んでいるわけでもない。しかし基本的な方程式は変わらない。その社会の人たちが法を順守する気持ちになるだけの充分な理由が必要だ。アルゼンチン政府が零細業者に課税のために収入を申告させることがどれほどたいへんだったか。イグアナフィックスは、道徳的な責任感とは別のわかりやすい恩恵を示すことで、つまりは生活のなかにある苦痛を解決し進歩していける道を示すことで、それまでの状況を変えることができたのだ。

透明性の浸透

アメリカやヨーロッパ各国とは大きくちがって見える国々でも、透明性への道のりは似たパターンをたどっている。1963年から1979年にかけて韓国の独裁的指導者だった朴正熙《パクチヨンヒ》大統領は、いつか娘の朴槿恵《パククネ》も大統領になると聞いたとしても驚かなかっただろう。しかし、娘が韓国の国会で弾劾され、汚職の罪で起訴されることになると聞いたら卒倒したかもしれない。

だがこれは実際に韓国で起こったことだ。2016年末、贈収賄、権力の濫用、およびその他の腐敗にかかわる疑惑のため、パク・クネ大統領に対する弾劾訴追案が国会で可決された。2017年3月、韓国憲法裁判所は全会一致で罷免を認める決定を下し、2018年4月、懲役24年の刑が宣告された。(29)

韓国は、1963年からパク・チョンヒ大統領によって統治され、大統領が1979年に暗殺されるまで続いた。彼の独裁的政権下で韓国が達成した経済発展は、諸外国から羨望をもって称えられるほど華々しかったが、一方で、腐敗の規模もきわめて大きかった。政府は特定の大企業に恩恵を与え、大企業側はその見返りに政府の役人に袖の下を渡す。こうした汚職は経済システムにとってメリットもあり、経済が成長しつづけているあいだは小さな問題にしか見えなかった。しかし、実際は小さくはなかった。

「１９８０年代半ばに発展した東アジア諸国の制度の質を、官僚主義や法の支配、収用リスク、政府による契約拒絶リスクなどに基づいて測定した結果は、多くの発展途上国よりもわずかに優れている程度にすぎなかった。急成長中のインドネシアはビルマ〔現在のミャンマー〕やガーナと同じ点数で、韓国、マレーシア、タイはコートジボワールと同じ点数だった。ＴＩによる腐敗認識指数でも、急速に成長していた１９８０年代の東アジア諸国の点数は他の途上国と大差なかった」。エコノミストのムシュタク・カーンはこのように論評している[30]。

社会を繁栄させるイノベーションへの投資が進むにつれ、腐敗防止システムも徐々に改善され、汚職に手を染めた国家元首を弾劾できる可能性が生まれるだけでなく、実際に弾劾できるようになる。現時点では腐敗のある国の多くも、より透明な国へと変化していけるが、そのためには正しい順序を踏む必要がある。

「腐敗と闘う」のをやめる

腐敗を減らすために何ができるだろうか。人が腐敗を「雇用」するのは生活を進歩させるためであるとの理解に立って、われわれは次の２つを提案する。第一に、「腐敗と闘う」という考え方をやめてみること。腐敗の代わりに雇用できる代替手段を用意しなければ、腐敗を抑えることはきわめてむずかしい。モグラ叩きゲームのように、ひとつ腐敗をつぶせば、別の形態の腐敗が姿を現すだろう。

ある国にどのような制度や法執行体系が適しているかは、そのとき置かれている状況によって変わってくると、ハーバード大学のグレイザーとシュライファーは言う。彼らは次のような提案をおこなっている。「政府の行政執行能力が限定的でしかなく、裁判官も規制当局も脅迫や誘惑に対して脆弱な場合には、既存の〝市場の失敗〟と〝市場の外部性〟を受け入れて、市場をつうじて解決を図るほうが、行政や司法を介するよりも高い効果を期待できる。国が市場の失敗を正そうとすると、公正さが毀損《きそん》され、その行為に資源が浪費された挙げ句、市場の失敗もコントロールできないまま残るからだ」[31]。言い換えれば、国が法律書に書かれた法を執行する能力をもっていない場合、腐敗と闘うために、あるいは透明性を浸透させるために新たな法律や制度をいくら策定し、公約をいくら掲げようとも、ほとんど意味をなさないということだ。

限られた資金で真正面から腐敗と闘うのではなく、国民の日々の問題を解決するのに役立つ新しい市場の創造を政府が後押しすると、どのような変化が起こるだろうか。充分な市場がひとたび創造されると、市場の成功が国民ひとりひとりに利益をもたらす。政府は税収が増え、裁判所や法執行機関、立法機関を改善できるようになる。さらに市場は雇用を生み、腐敗に手を染めなくとも富を蓄積できる新しい手段が提供される。

代替手段を与えないまま、ただ賄賂を取るなと命じることは現実的でなく、データが示すとおり往々にしてよい結果は得られない。

アフガニスタンの例

第二の提案は、腐敗の発生する余地を小さくするために、業務の統合と内部化をつうじ、コントロールできるものにコントロールを集中させることだ。コストを管理し業務の予測可能性を高めるうえで、垂直統合あるいは水平統合が重要であることはよく知られている。その理由もあって、新興市場の多くの大企業は、富裕国では不要に思えるところまで業務を垂直・水平方向に統合している。第4章に登場したインドミーヌードルのメーカー、トララム社の場合、予測可能で安定した供給量を確保するために、自社で電力を供給し、流通および小売ネットワークまで構築した。

組織のビジネスモデルをより多く内部化するほど、腐敗を減らすチャンスが増える。まっさらな石版を手にし、組織内の報酬と罰則の規則を新たに刻むようなものだ。アフガニスタンの大手通信会社ロシャン社は腐敗を減らすために、まさにこれを実行した。

アフガニスタンは腐敗認識指数で１００点満点中15点という低いスコアをつけられ、１８０カ国中１７７位に甘んじている。最近発表された報告書では、アフガニスタンは国を挙げて腐敗抑止に取り組んでいるものの、その公約を実現できる見込みは薄いとされている。ロシャンは、この国で長いあいだ培われてきた汚職文化を克服するには、何か別のことをしなければならないと考えた。

20年前のアフガニスタンで電話をかけることがどれほどたいへんだったかを知る人は多くないが、フィリップ・アワースバルトの"*The Coming Prosperity*"（これからの繁栄）のなかに、ロシャンの創設者カリーム・ハウジャの言葉が引用されている。「金持ちではない者が電話をかけたい場合には、一番近い隣国まで700キロを歩かねばならなかった。国内にも携帯電話会社があるにはあったが、携帯電話1台に500ドル、国際電話は1分あたり12ドル、市内通話には3ドルかかる。さらに、携帯電話の販売員に会うだけでも賄賂を渡さなければならなかった[32]」

ロシャンは現在、およそ600万人にサービスを提供しており、1200人の従業員のほぼ全員がアフガニスタン人で、透明性の高い事業をおこなっているとの評判を得ている。しかし、達成までの道のりは平坦ではなかった。2009年、ロシャンはアフガニスタンの現地従業員に対し、ひとり当たり1500ドル以上をかけて、技術と倫理の両面で教育をおこなっている。

だが、ロシャンは性善説に基づく倫理教育だけでは終わらせなかった。自分たちの組織がもっとまとまらなければいけないと考え、汚職の申し立てと報告を処理する政府担当部門を設立し、従業員が政府関係者から賄賂を要求されるたびにその部門へ報告するように義務づけた。その報告は、ロシャンからアフガニスタンの大臣ら最上層部、援助団体や報道機関にもわたった。今日、同社はアフガニスタンの希望の象徴であり、国全体の資産だと認識されている。

アフガニスタンはいまなおさまざまな腐敗の指標で下位にいるが、ロシャンのケースを見ると、最も困難なビジネス環境においてさえ腐敗を減らせる可能性のあることがわかる。今日のアフガニスタンで透明性が定着しはじめれば、他の国でも同様に機能することが期待できる。

海賊版からサブスクリプションへ

アメリカの音楽業界では、21世紀の変わり目に大きな転機があった。音楽の違法コピーや共有の文化は比較的早く下火になり、ストリーミング配信に金を払う仕組みに取って代わられた。「ミックステープ」の黄金時代を知る世代の人は、デュアルカセットデッキの登場で音楽のコピーが簡単になったことを憶えているだろう。一度テープを購入しさえすれば、自分や友人のために楽に曲をコピーすることができた。私たちの多くが、パーティー用ミックステープ、恋人と聴くためのミックステープ、ドライブ用ミックステープ等、目的別のミックステープをつくったものだ。音楽業界の幹部たちは、著作権を厳しく保護するようにと熱心にロビー活動を続ける一方、社会に対しても音楽を「盗む」行為をやめさせるための啓発キャンペーンに大金を費やした。しかし、ロビー活動もキャンペーンも音楽をコピーするという習慣にはほとんど影響を与えられなかった。エッセイストのジェフリー・オブライエンは、個人用ミックステープを「最も広く実践されたアメリカの芸術の形態」と評した。別の言い方をすれば、その芸術は、好きなアーティストから音楽を盗むわざ《アート》だった。アメリカは突然、音楽を盗む泥棒国家になり果てたのだ。しかも、音楽業界以外の人は、そのことをほとんど気にしていなかった。

その後、音楽共有ソフト「ナップスター」の登場により、音楽業界を取り巻く環境はますます悪化した。ナップスターは、自宅でテープをコピーする作業を一気に時代遅れにした先駆的なピア・ツー・ピアのファイル共有技術だ。世界中の人が音楽をいつでも誰とでも共有できるようになり、世界中の人がそれを実行した。困り果てた音楽業界は共同でナップスターを訴えた。ナップスターは操業停止に追い込まれ、最終的に破産宣告をおこなった。だが裁判では勝利したものの、業界は、音楽をこよなく愛するアメリカ人に違法な共有をやめさせるという本来の闘いには敗北した。違法な共有行為は地下へと潜っただけだった。

このあたりの内幕を描いた『誰が音楽をタダにした?』(早川書房)という優れた本がある。著者でジャーナリストのスティーブン・ウィットは、自分自身が音楽の違法コピーの世界に嵌《は》まり、その後、心境の変化があったことを時系列に沿って記している。「海賊版を入手する行為は、相対的に高価で時間がかかりすぎた。ある時点から、スポティファイやネットフリックスに申し込む《サブスクライブ》ほうが安くなり、デジタル資産を個人的に所有する習慣はしだいに消えていった。新たなパラダイムでは、デジタル商品は企業が所有し、ユーザーは所定の金額を払って一時的に利用する。スポティファイを初めて使ったとき、私は企業が勝利したことをすぐに理解した。利用できる音楽の幅広さと便利さが、ファイル共有ソフトを使う行為を時代遅れにしたのだ。合法的なビジネスが初めて、アンダーグラウンドの流通品よりも優れたサービスを出してきた」

音楽業界は、違法行為を見つけるたびに叩いてまわることもできただろう。だが、なぜ人がそうした代替策を「雇用」するのかについて真に理解しないうちは、結局はモグラ叩きにすぎず、最終的に勝利することはできなかったはずだ。これは社会全体にも当てはまる。腐敗した政治家や腐敗した行為を訴えれば、勝訴することもあるだろう。しかし、なぜ人が腐敗を雇用するのかを真に理解しないうちは、貴重な資源をいくら費やしても問題の根本的な解決には至らない。

ここで言いたいのは、腐敗から目を背け、市場創造型イノベーションがいつか駆逐するまで黙って待てということではない。腐敗を減らしたいのなら、従来の取り組みを市場創造型イノベーションで補完する努力が必要だということだ。

40年前、私に「安心保険」の購入を要求した韓国の保険外交員の行為は腐敗だったか？　われわれの定義では腐敗である。貧しい国の賄賂を受け取る警察官はどうだろうか。もちろん、腐敗行為だ。だがその人たちは、道徳心が欠けているから腐敗に手を染めたのか。そうは思わない。これらの人々にとって、腐敗行為は苦痛の解決策であり、社会において進歩を遂げ、家族を養ううえで最も費用対効果の高い方法だからこそ、そうしたのだ。新法を制定したり厳しい罰金を科したりするだけでは、彼らの行動は変わらない。

腐敗の低減が社会の成長にとって重要なのは、腐敗が減れば、その分、予測可能性が高くなり、信頼性と透明性の向上につながるからだ。繁栄がプロセスであったように、透明性の達成もまたプロセスである。

経済発展には強固な制度と腐敗の撲滅が不可欠という見方について考察するたびに、われわれはイノベーションが――とくに市場創造型イノベーションが、重要な触媒となると確信を強めている。強固な制度が存在しているかどうかや、腐敗の程度がひどいかどうかにかかわらず、市場創造型イノベーションには、発展に必要なものを引き入れる力がある。そして、市場創造型イノベーションにとって重要なのは、次章のテーマである、発展のために必要不可欠な要素のなかでも最も目で見てわかりやすい、「インフラ」である。

26 ハーバード大学のロバート・ベイツ教授は、ヨーロッパの制度が進化していった背景を著書“*Prosperity & Violence*”（繁栄と暴力）のなかで論じている。ヨーロッパの裁判所と議会がどのように発展したかを、表面の事象に隠れた裏の事情までまとめてあってわかりやすい。ヨーロッパにしろアメリカにしろ、勢いがあり今後も発展の見込める市場と、国家が新しい制度を構築して収入を増やす能力とのあいだには、明白な関係がある。
Robert Bates, *Prosperity & Violence* (New York: W.W. Norton & Co., Inc., 2010), 41, 52.

27 同前。

28 経済学者のクリスラート・サンファンサラックと政治学者のエドマンド・マレスキーは、論文“Predictable Corruption and Firm Investment”（予測可能な汚職と企業の投資）のなかで、企業の投資決定において、賄賂を予測できるかどうかのほうが、その額が法外でないかぎりは、支払う額そのものよりも重要だと述べている。
Krislert Samphantharak and Edmund J. Malesky, “Predictable Corruption and Firm Investment: Evidence from a Natural Experiment and Survey of Cambodian Entrepreneurs,” *Quarterly Journal of Political Science* 3 (March 31, 2008): 227-267.
エドガー・J・カンポスも、腐敗が投資にどのような影響を与えるかという点で、予測可能性が重要だという同じ結論に達している。J. Edgar Campos, “The Impact of Corruption on Investment: Predictability Matters.”

29 Choe Sang-Hun, “Park Geun-hye, South Korea's Ousted President, Gets 24 Years in Prison,” *New York Times*, April 6, 2018, https://nyti.ms/2Heh68v.

30 Mushtaq H. Khan, “State Failure in Developing Countries and Institutional Reform Strategies,” *Annual World Bank Conference on Development Economics—Europe 2003*, http://eprints.soas.ac.uk/3683/1/State_Failure.pdf.
Matthew McCartney, *Economic Growth and Development: A Comparative Introduction* (London: Palgrave Macmillan, 2015), 217.

31 Edward L. Glaeser and Andrei Shleifer, “The Rise of the Regulatory State,” 420.（原注1参照）

32 Philip Auerswald, *The Coming Prosperity: How Entrepreneurs Are Transforming the Global Economy* (Oxford: Oxford University Press, 2012), 58.
Karim Khoja, “Connecting a Nation: Roshan Brings Communications Services to Afghanistan,” *Innovations* 4, no. 1 (Winter 2009): 33-50, https://www.mitpressjournals.org/doi/pdf/10.1162/itgg.2009.4.1.33.

大統領は、「州議会と連邦議会のどちらにも疑いの視線が向けられている現状では、緊急回避策として国会が休会を決定したことをわれわれ国民は歓迎する」と書いている。ウィルソンはのちに「政府と企業」と題した講演の原稿で次の指摘をおこなった。「この国の企業のまちがいは何なのか。第一に、明白な独占あるいは事実上の独占が、公正でない方法によって確立され、公正でない方法によって維持されていることだ。そして、利益の独占を目的として活用されてきた」
Woodrow Wilson, *The New Freedom: A Call for the Emancipation of the Generous Energies of a People* (New York: Doubleday, Page & Company, 1913), 240.

18 Larry Schweikart, *The Entrepreneurial Adventure: A History of Business in the United States* (Fort Worth: Harcourt College Publishers, 2000), 153-154.

19 Earl Swift, *The Big Roads: The Untold Story of the Engineers, Visionaries, and Trailblazers Who Created the American Superhighways* (Boston: Houghton Mifflin Harcourt, 2011).

20 Lawrence Friedman, *A History of American Law*, 3rd revised ed. (New York: Simon & Schuster, 2005).

21 アイザック・シンガーがミシンを発売した当時、イノベーターは製品を販売するどころか、イノベーションを起こしたために、逆に訴えられてしまうことがよくあった。訴訟が頻発するので、シンガーと他のイノベーターのグループは、史上初の「パテントプール」〔訳注、複数の企業や組織がそれぞれにもつパテント（特許権）を1カ所に集めて管理を任せる仕組み〕を作成した。アメリカのビジネス環境は予測可能で法と秩序が尊重されていると考える向きが多いが、つねに真実とはかぎらない。
さらに、鉄道建設は議員のあいだにさまざまな画策や取引や投機を生んだ。多くの議員はこの機会を逃さず、いちばん多く賄賂を届けてくれる業者を優遇することで私腹を肥やしていった。

22 Edward L. Glaeser and Andrei Shleifer, "The Rise of the Regulatory State," 419.（原注1参照）

23 Ralph V. Turner and Richard Heiser, *The Reign of Richard Lionheart: Ruler of the Angevin Empire, 1189-1199* (London: Routledge, 2000), 12.

24 Sir John Fortescue and Charles Plummer, *The Governance of England: The Difference between an Absolute and a Limited Monarchy* (Oxford: Clarendon Press, 1885): 24.

25 Deirdre McCloskey, *Bourgeois Dignity: Why Economics Can't Explain the Modern World* (Chicago: University of Chicago Press, 2010), 317.

leading-the-way-on-growth.

10 "Corruption Perceptions Index 2017," Transparency International, February 21, 2018.

11 "Foreign direct investment, net inflows (BoP, current US$)," The World Bank, accessed April 6, 2018, https://data.worldbank.org/indicator/BX.KLT.DINV.CD.WD?locations=CN.

12 "Lobbying: Overview," OpenSecrets.org, Center for Responsive Politics, accessed March 5, 2018, https://www.opensecrets.org/lobby/.

13 よきアメリカ人の代表たるアメリカ政府のガバナンスを向上させる目的で設立された独自運営のシンクタンク「議会調査機関」は、政府の、とりわけ連邦議会の透明性が各方面に及ぼす影響について大がかりな調査をおこなった。中心のテーマは、透明性の向上がかえって「民主主義の質を下げる」可能性についてだった。調査結果からは、立法プロセスが国民にとって――この国民にはロビイストも含まれる――透明になれば、ロビイストは、どこに働きかければ自分たちの利益になるように議員を動かせるかがかえってわかりやすくなる。つまり、透明性の高い社会であっても、腐敗と完全に無縁ではいられないということだ。私たちは、腐敗という経済の病巣に代わる方法を模索する人たちに役立つような方策を継続的に探していかなければならない。
以下も参照。http://congressionsalresearch.org/index.html.

14 Pete Hamill, "'Boss Tweed': The Fellowship of the Ring," *New York Times*, March 27, 2005, https://nyti.ms/2jLJRNi.

15 フェイス・ジェイコックスは著書"*The Progressive Era*"(進歩する時代)のなかで、タマニー・ホール(ニューヨーク市の民主党の派閥名)でおこなわれた腐敗行為について解説している。この組織は、「警察によるゆすり・たかりのほか、投票の強要、不正選挙、法外な家賃を取る家主、ストライキつぶしの経営者、移民の虐待など、さまざまな腐敗」にかかわっていた。ニューヨーク市の改革派から訴訟を起こされたとき、当時の知事はこの組織に対する捜査への資金拠出を拒否している。資金を出したのは、商工会議所や「善良な政府クラブ」と名乗る団体などだった。政府の腐敗が増大するにつれ、「善良な政府」を希求する活動はアメリカ中へと広がる。こうした活動には、自分たちの代表にもっとまともな人物を望む市民からの寄付が寄せられた。
Faith Jaycox, *The Progressive Era* (New York: Facts on File, 2005), 80.

16 Jack Beatty, *Age of Betrayal* (New York: Vintage Books, 2008), xvi.

17 ウッドロウ・ウィルソン大統領は就任前から数多くの著作を執筆し、アメリカ政府の現状と腐敗についても幾度となく綴った。1879年8月、インターナショナル・レビュー誌に掲載されたエッセイは、プリンストン大学の学部生時代に書いたものだ。そのなかで将来の

【第9章】原注

1 Edward L. Glaeser and Andrei Shleifer, "The Rise of the Regulatory State," *Journal of Economic Literature* 41, no. 2 (June 2003): 401–425.

2 "Corruption Perceptions Index 2017," Transparency International, February 21, 2018, https://www.transparency.org/news/feature/corruption_perceptions_index_2017.

3 "The monthly remuneration received by each of its officers and employees including the system of compensation as provided in its regulations," Maharashtra State Anti Corruption Bureau, accessed April 6, 2018, http://acbmaharashtra.gov.in/.

4 ベネズエラ政府の収入の95%を占める原油価格の下落が政府の足かせとなった。歳入は2013年の約800億ドルから2016年には約220億ドルへと減少している。政府はもはや国民の基本的なニーズに応える社会制度に資金を供給できなくなっただけでなく、「資金調達」にさまざまな工夫をせざるをえなくなった。たとえば、政府や軍関係者のなかには、食料援助として外国から届いたコンテナの荷を港で降ろすにあたり賄賂を要求する者が出てきた。
The Associated Press, "US Lawmakers Call for Action on Venezuela Food Corruption," NBC News, January 23, 2017, http://www.nbcnews.com/news/latino/us-lawmakers-call-action-venezuela-food-corruption-n710906.

5 Christian Goebel, "Taiwan's Fight Against Corruption," *Journal of Democracy* 27, no. 1 (January 2016): 128, https://www.researchgate.net/publication/291821592_Taiwan's_Fight_Against_Corruption.

6 Minxin Pei, "Corruption Threatens China's Future," *Carnegie Endowment for International Peace Policy Brief* 55, October 2017, http://carnegieendowment.org/publications/index.cfm?fa=view&id=19628.

7 Sul-Lee Wee, "China's Parliament Is a Growing Billionaires' Club," *New York Times*, March 1, 2018, https://nyti.ms/2t7KA4z.

8 Howard French, *China's Second Continent: How a Million Migrants Are Building a New Empire in Africa* (New York: Alfred A. Knopf, 2014).
邦訳『中国第二の大陸 アフリカ　一〇〇万の移民が築く新たな帝国』ハワード・W・フレンチ著、栗原泉訳、白水社、2016年

9 Jeff Desjardins, "These countries are leading the way on growth," *World Economic Forum*, October 30, 2017, https://www.weforum.org/agenda/2017/10/these-countries-are-

第10章

インフラのジレンマ

ケープタウンの海と山のあいだに、未完成の高架道路がある。美しい街のなかで異彩を放つそれは、1970年代に建設が中止されて40年が経ったいまも、空中に浮かんだままだ。巨大なコンクリートの厚板がざっくりと切断されたままの姿をさらしている。

――エコノミスト誌(1)

章のテーマ

机もなく、子どもたちは学校の土の床に座っている。病院や診療所の廊下には助けを求める患者が列をなす。女性たちは荒れた道を何時間も歩いて水汲みにゆく。下水処理施設はない。通れない道。ゆがんだ線路。船の着けない港――

国連貿易開発会議（UNCTAD）は、貧しいインフラは目で見て最もわかりやすい貧困の兆候であり、貧困のサイクルから抜け出せない大きな理由であると報告している[2]。貧困国がインフラを改善すれば、外からの投資が増え、繁栄できるのではないかと多くの人は考える。

投資家や企業家、開発業者、多国籍企業はたしかに、低所得国の多くでインフラが充分でないことに不満を募らせているが、インフラを整備しなければ繁栄はないという考え方には、「確固としたインフラ開発を支えるものは何か」という重要な視点が欠けている。政府や善意の団体が巨額の資金を工事に注ぎ込めばそれで解決するような問題だろうか。この章では、市場創造型イノベーションとインフラとの関係を探求する。新しい市場を創出する、あるいは既存の市場を支えるイノベーションの促進に真剣に取り組まないかぎり、多くのインフラプロジェクトは失速する可能性が高い。

モ・イブラヒムがアフリカ大陸に携帯電話会社（セルテル社）を設立しようと思い立ったとき、まずは、貧弱な物理的インフラにどう対処するかを、国ごとに考え出さなければならなかった。イギリスの電気通信業界での業務経験はあったが、途上国のインフラ問題への準備はできていなかった。「ヨーロッパで携帯電話会社を設立するのなら、用紙に記入し、既存の電気通信会社と何度か打ち合わせて契約すればいい」が、アフリカ大陸では事情がかなりちがう。「アフリカでは、文字どおり基地局を1棟ずつ建てていかなければならなかった」

当初、イブラヒムとチームは、ウガンダ、マラウイ、コンゴ民主共和国、コンゴ共和国、ガボン、シエラレオネといった、ネットワークのライセンスを無料か安価で取得できる国に注目した。チームがいくら急いでも間に合わないほど携帯電話通信への需要は膨れ上がっていて、ガボンでの設立準備中には、待ちきれずに事務所のドアを叩き破って入ってきた客がいたほどだ。それほど、アフリカの人たちは電話に飢えていた。周囲の期待に急き立てられ、チームはインフラを早く整備しなければというプレッシャーにさらされる。だが、それは途方もない難業だった。道路が荒れているどころか、ときには道路そのものがない。丘の上や荒野の真っ只中に基地局を移す際には、重量のある機器をヘリコプターで引っ張り上げなければならなかった。そもそも、どうやって電気を引くかから考えなければならないのだ。

電気も水も自前で用意した。発電機に燃料を注ぎ、作業中に何度も注ぎ足す。イブラヒムのイギリス時代には無縁だった問題も浮上した。基地局を建てる場所を縄張りにする戦闘部族を敵に回してはならないということだ。イブラヒムの事業に懐疑的だった者たちは、戦闘部族が支配している区域では仕事ができないだろうと警告した。しかし結局、そうした危惧には根拠のないことが判明する。部族は、彼らの縄張り内に基地局ができることを歓迎しただけでなく、防護までしてくれた。彼らはすぐに携帯電話の利点を理解し、他部族との紛争が起こった場合、意思疎通を図るうえで有益だと認識したのだ。電話は部族の抱えていた苦痛の解決にも役立ったのである。

こうしてチームは、会社を立ち上げるために必要なインフラをひとつずつ着実に構築していった。初期段階では不備やムラがあったものの、顧客基盤が拡大するにつれて、ネットワークを充分にサポートするために必要な高度なインフラを構築する力、あるいは地域の政府機関と協力して構築する力も高まっていった。今日、アフリカのモバイル通信のインフラは、約10億人の加入者をサポートしている。セルテル社は大成功を収めただけでなく、インフラへの投資がさらなる投資を呼び、アフリカの通信業界に大勢の起業家を集めるきっかけとなった。20年前には存在さえしなかった業界が、いまでは莫大な投資を引き寄せ、アフリカ大陸に2000億ドル以上の経済的価値をもたらす業界へと成長したのだ。

経済が不調な地域に根本的なインフラが不足していることを、経済成長を阻む根本的な障害物としてとらえる人は多い。その一方で、インフラは、本当に必要になったときに必要な部分から市場に引き入れられていくと考える人もいる。アフリカの携帯電話サービスの加入者に、過去20年間でサービスがどれほど向上したかを尋ねてみるといい。今日でもまだ完璧ではないかもしれないが、20年前、

10年前、5年前よりは、はるかに向上していることはまちがいない。150年前のアメリカも似たような状況だった。インフラを整備するプロジェクトは企業とともに成長し、経済が発展するにつれて徐々に改善されていく。インフラを構築し、維持するためのコストを吸収できる市場があれば、インフラは着実に整備されるのだ。

イノベーションはインフラに先行する

貧困国が発展するにはまず政府の力でインフラを社会に根づかせる必要がある、という考え方は、長い歴史のなかで培われてきたのではない。大規模なインフラ投資が経済発展の前提条件であるとする理論は比較的新しく、登場したのは1950年代ごろである。「インフラ」という言葉さえ、著名な論文が経済発展の先導者として取り上げるまでは一般には使われていなかった(3)。その後、インフラは「進歩」を保証するものと同義に見られることが多くなったが、政治の風向きによって扱いはさまざまに変わった。

南アフリカのケープタウンを訪れる人は、街の真ん中に浮かぶ高架道路に目を奪われることだろう。工事が中止されたまま放置されているせいで、道路は空中で突然途切れている。走行する車がもしあったら端から落ちそうだ。どこにも行けないこの道路は、40年以上も未完成のまま同じ場所に居座っている。当初は、ケープタウンの貧しい住民が、地元より高い給料をもらえる場所へ迅速に移動できるようにと計画されたものだった。だが実際には、高い給料をもらえる仕事のチャンスは、道路が1本通ったかどうかで巡ってくるほど簡単なことではなかった。工事資金が枯渇し、国家予算の優先順位が変更され、教育をろくに受けていない貧しい住民が給料のいい職に就けるようにする試み自体に現実味がなくなり、ついにこの道路は、善意だったはずの意図が成果に結びつかなかった失敗例の派手な記念碑と化した。過去40年間、斬新なコマーシャルや個性的な景観写真、単発の映画やテレビ番組の背景ぐらいでしか使われてこなかった。

インフラを活用する充分な規模の市場が発達するまえに低~中所得の経済にインフラを押しつけても、華々しいプロジェクトは莫大なコストをかけた挙げ句に失敗に終わり、かつては希望だったものの残骸だけが残る。

対照的なのは、第5章で取り上げたアイザック・シンガーの手法だ。シンガーは、スコットランドの工場からミシンを効率よく各地の市場へ輸送できるように、1908年、現代も残る鉄道駅を工場に建設している。また、アメリカの鉄道として最初期に開通したボルチモア・アンド・オハイオ鉄道は、市場へ行きやすくすることをおもな目的として、ボルチモアとオハイオ州の投資家および起業家連合が敷設したものである。有力な家門、デュポン家出身でエンジニア、実業家、政治家のT・コールマン・デュポンは、デラウェア州の160キロに及ぶ幹線道路、デュポン・ハイウェイを建設し、のちに州に寄付している。アメリカで自動車ブームが沸き起こったころ、タイヤメーカーのグッドイヤー社を1898年に創業したフランク・セイバーリングは、取締役会に諮《はか》らないまま、国の道路建設に30万ドルを供出することを約束した。彼は後日、これは「グッドイヤーが分け前にあずかれる投資だった」と語っている。(4) タイヤメーカーにとって道路の延伸は大いに喜ばしいことだった。

昔もいまも、経済発展をもたらしたインフラの建設計画は、より効率的に問題を解決しようとした起業家の取り組みが発端だったことが多々ある。日本の道路の舗装が進んだのは、あるいは少なくとも道路に持続可能性をもたらしたのは、オートバイや自動車が普及したことがきっかけだった。1949年には、日本で舗装された道路は2000キロに満たず、二輪・四輪車両の登録台数は37万台程度だったが、その後10年で舗装路の長さは4倍、登録台数は500万台に急成長している。こうした現象は、電気や教育、医療、通信など、交通機関以外の分野でも見られる。世界中の企業は今日でも、自社のビジネスを拡大するために不可欠なインフラの整備を主導している。先述した年商10億ドルのインスタント麵メーカー、トララム社は独自の電気と水処理施設をもち、アフリカ有数の栄えた港を積極的に開発している。世界上位の鉄鋼メーカー、韓国のポスコは、科学技術教育を実施するポハン工科大学校（ポステク）を開校した。フォードは、自動車の大衆化を進めるにあたり、車両を輸送するための鉄道も建設した。

こうしたインフラプロジェクトは金がかかるように見えるが、機会の大きさを正しく伝達できれば資本は入ってくる。プロジェクトを市場創造型イノベーションと結びつけることで、インフラを現実化する可能性が増し、建設と保守に必要な資本を引き寄せることができる。同じようなプロジェクトでも、イノベーションと切り離して単体で見た場合には、利益を生むとはとうてい思えず、資本を引き寄せることはむずかしくなる。

ハーバード・ビジネス・スクールの同僚、ジョセフ・バウアー教授も、自身の著書 “*Managing the Resource Allocation Process: A Study of Corporate Planning and Investment*” (資源配分プロセスの管理：企業の計画と投資に関する考察) で同様の現象を論じている。プロジェクトが自社にどれだけの利益をもたらすかを中間管理職が上層部へ適切に伝えなかったために、どれだけの優れたアイデアが葬られてきただろう。上層部からすれば、中間管理職が上に報告する必要なしと判断したために、収益源になりえたプロジェクトの検討機会を失ってきたことになる。貧困国でのインフラプロジェクトはこれに似ている。多くの投資家は、新しい道路や技術系の教育機関、港や病院への投資は、現地には必要だとしても自分には利益をもたらさないものとして、真剣に検討しようとしない。だが、そうしたインフラが創造し成長を後押しすることになる市場というレンズを通して見れば、もっと魅力的に映るはずだ。

これは「貧しい国」や「新興市場」に限った話ではない。貧しい国であれ豊かな国であれ、一般に「イノベーションはインフラに先行する」のだ。２０１７年後半、フェイスブックとマイクロソフトは共同でデジタルインフラ「ＭＡＲＥＡ」を構築した。アメリカ・バージニア州とスペインのビルバオを結ぶ約６５００キロメートルの大西洋横断海底ケーブルである。マイクロソフトによると、通信容量１６０テラｂｐｓは大西洋を横断するケーブルとして最大容量を誇る。１８００年代、鉄道が商品やサービスの移動を容易にしたように、インターネットのインフラがデジタル情報の移動を容易にする。ただしバージニア州やビルバオはＭＡＲＥＡに資金を供給していない。出したのはマイクロソフトとフェイスブックである。

現在、貧困国は、何百年もかけて富裕国を成長させ成熟させてきた多くのインフラを複製しようとしている。しかし注意すべきなのは、貧困国はしばしば、各種インフラを組織のニーズや市場創造型イノベーションと結びつけないまま、ただ複製しようとすることだ。残念ながら、さまざまな国の失敗例からわかるとおり、たんなる複製は持続可能な戦略ではない。

アメリカ政府がアフガニスタン国内の教育インフラに10億ドル以上を投じたもののたいして効果が上がらなかったケースも、失敗事例のひとつだ。アフガニスタンの教育省によると、２０１１年に運営されていた学校数は１１００校あったが、２０１５年にはほとんどの学校が生徒も教師もいない、もぬけの殻となっていた。[5] タンザニアでは、子どもたち全員が初等教育を受けられるようにするため、大量の教科書の印刷を見越し、２億ドルをかけて製紙・パルプ工場を建設するプロジェクトがあった。あとになって、このプロジェクトは当時のタンザニアにとっては大規模すぎ、技術的に複雑すぎることが判明し、そのまま計画は頓挫した。タンザニア政府にしてみれば、その後も20年間、債務を払いつづけなければならないだけの無意味なプロジェクトだった。[6] 医療プロジェクトでも似たようなことが起こった。アメリカ政府が資金を提供し、アフガニスタンのカブールに高水準の初期治療をおこなえる診療所が開設された。一時期は、その診療所で月に数千人の患者が診察を受けていたが、健全に事業を続けていく運転資金が不足したため、2013年に閉鎖を余儀なくされた。ジンバブエのパリレニャトゥワ病院も、かつては何千ものジンバブエ人でにぎわっていたのに、いまでは、ある人の話によると「ぞっとするような」うらぶれた場所に変わってしまった。[7]

インフラのプロジェクトは希望と約束に満ちた状態で始まりながら、なぜ、失敗してしまうのだろうか。

インフラの分類

インフラは、「社会や企業の運営に必要となる、物理的・組織的な基本の構造および施設」と定義されることが多い。[8] この定義を見ると、社会の発展のためには、あらゆるコストを払ってインフラを整備しなければならないという主張が起こる。[9] さらにこの定義があるために、すべてのインフラを、社会や企業の運営に不可欠というレンズで見てしまう。しかし、インフラの役割がわかってくると、準備がととのっていない地域経済に押しつけてもほとんど成功しないことが理解できるようになる。

多くのインフラプロジェクトがなかなか目的を果たせずにいる理由を知るには、まずはじめにインフラを適切に定義し分類する必要がある。分類するという行為は、私たちの頭脳が情報を処理する際の基本だ。何か新しいことを学ぶとき、すでに頭のなかにある別のものと「似ている」か「似ていないか」で分類し、この作業をつうじて相対的な意味を把握するのだ。正しい分類をせずに何が問題かを真に理解することはできないし、分析の誤りを診断することもできない。したがって、根本的な問題を解決することはできない。インフラでも同じことが言える。

インフラは、ハードとソフトの2つのカテゴリーに分類される。ハードのインフラとは、その地域の道路や橋、エネルギー、通信システムなどである。ソフトのインフラとは、金融や医療、教育システムなどを指す。

この分類を念頭に置いて、インフラを別の視点から、より本質に沿って定義し直すと、「社会が価値を保管あるいは分配するための、最も効率的なメカニズム」となる。道路は、自動車、トラック、オートバイを輸送あるいは分配するために開発された最も効率的な媒体であり、学校は、知識を分配するための（いまのところは）最も効率的な媒体である。病院や診療所は、医療サービスを分配するための最も効率的な媒体であり、インターネットは、情報を分配するための最も効率的な媒体、港は、輸送品を一時的に保管するために開発された最も効率的な媒体である。この定義は、インフラの概念

インフラ	カテゴリー	価値	保管／分配
学校	ソフト	知識	分配
金融システム	ソフト	信用	両方
港	ハード	貨物	保管
発電	ハード	電力	両方
下水道施設	ハード	下水処理	分配
道路／橋	ハード	乗用車、トラック、オートバイ、自転車等の通行	両方
上水道施設	ハード	水	両方

図10：インフラの例とその価値および保管・分配の種別

を徹底的に単純化している。

インフラの機能面の役割をこのように分解して考察することで、インフラのもつ2つの重要な属性をつかみやすくなる。

1．インフラの価値は、それが保管または分配する価値と密接に関係している。

2．保管または分配される価値は、インフラの建設および維持にかかるコストを正当化し、最終的にはコスト負担に寄与しなければならない。

この2つの属性について掘り下げていく。

学校と教育は同義ではない

ある国の教育や医療、輸送にかかわるインフラの価値はどのように判断すればいいだろうか。これらのインフラの価値は、市民に提供する価値と比べて同じくらい高いだろうか。インフラは、目的を果たすために存在する。それ自体が価値を生み出すのではなく、価値を分配／保管するために存在する。[10]

多くの貧困国が学校を建てる一方で、真の価値を生徒に分配できないでいる。その結果、教育インフラは改善されたかもしれないが、教育の質という真の価値は低いままである。「かつてなかったほど多くの子どもたちが学校に通っている。国連の第二次ミレニアム開発目標などが掲げる、就学人数の増加といった教育環境の改善に国際的な関心が高まったことが、現状の改善に大きく寄与している」とハーバード大学ケネディスクールのラント・プリチェットは考察する。「しかし、学校建設における目標は多数あったものの、教育の中味に関する国際的な目標はなかった。はっきりさせておくが、学校を建てることと教育は同じではない」。[11]

プリチェットが言いたいのは、貧困国の子どもが受けている教育の価値についてだ。いまやほとんどの低所得国で、小学校の就学率は高所得国のそれとほとんど変わらなくなったが、教育の質はまるでちがう。[12]読み書き・計算能力の国際的な評価によると、低所得国の平均的な生徒の成績は、高所得国の生徒の95％を下回っている。低所得国のクラスで上位4分の1グループに入る生徒も、高所得国では下位4分の1グループになるだろう。(13)

この状況は、貧困国で教育制度の全課程を修了したとしても大きく変わらない。ガーナでは、教育を修了したのに就職できなかった数多くの学生たちが集まって、大卒無職者協会という組織を立ち上げた（同協会は2018年末から、より前向きな響きの「技能開発中の既卒者協会」に名称を変えた）。チュニジアにも同様の組織、大卒失業者連合がある。ナイジェリアや南アフリカ、ケニアでは、卒業後も職に就けない若者が増えつづけており、彼らは生活のための現実的な選択肢として自営業を考えはじめている。(14)

これらの国々では初等、中等および高等教育の就学率は上昇しているかもしれないが、学校が生徒たちに分配している価値は依然として低い。同じことが医療や交通など他の多くのインフラにも当てはまる。インフラの価値は、どれだけの価値を市民に分配できるかによって決まる。利益を生みながら、効率よく、しかも持続可能性をもって価値を分配していけないかぎり、インフラが長期的に残る可能性は低い。

コストを負担するのは誰か

完成したインフラを華々しくお披露目するテープカットの儀式は、国の貧富を問わず、さまざまな場所でおこなわれている。テープカットは、政治家が国民に施した成果を知らしめ、手柄を誇示する絶好のチャンスだ。しかし、貧しい地域に押しつけられる多くのインフラプロジェクトは、その建設と維持管理を正当化できるだけの価値を保管または分配できていない。かつては希望の象徴だったインフラが必要な収益を生み出せずに衰退すれば、テープカットの光景などすぐさま忘れ去られてしまうだろう。

あるインフラで保管または分配される価値が資金を充分に獲得できなければ、そのインフラプロジェクトは失敗する可能性が高い。そのような状態が続くと、貧困国は大規模なインフラプロジェクトの資金を借金に頼るしかなくなり、債務の泥沼から抜け出せなくなる。国際通貨基金《IMF》は２０１８年３月、低所得国の40％が現在、債務危機に瀕《ひん》しているか、その手前にいると報告した。

２０１７年５月に開業した、ケニアの首都ナイロビと港湾都市モンバサを結ぶ標準軌鉄道の事例を見てみよう。エコノミスト誌の最近の記事によると、建設に32億ドルかかったこの鉄道が今後「利益を生む見込みは低い」という。この新しい鉄道は、モンバサ港から国内に出荷される貨物の約40％を輸送することになっていたが、最初の月に輸送されたのはわずか２％だった。残念ながら、投資の採算は合いそうにない。2013年の世界銀行の調査では以下の推計が発表されている。「1年に少なくとも2000万トンの貨物を輸送できた場合にかぎり、新しい鉄道の建設費用と採算が合う。しかし、2000万トンという数字はモンバサ港を通過する貨物すべての合計であり、鉄道での輸送は多くてもその半分にとどまるだろう」[15]。当初から新たな鉄道の持続可能性を危ぶむ声はあり、適切に維持管理されなければ、長くはもたないおそれがあった。しかもこの鉄道は、中国からの資金提供を受けて建設されたため、採算が合わなくても中国に対して負う借金は残り、利息分が上乗せされて借金は増えつづける。ケニアの抱えていた問題は、鉄道（インフラ）がなかったことではなく、鉄道が運ぶ価値（イノベーション）がないことだったのだ。

経済的に採算が合うほどには価値を分配または保管できていないプロジェクトの例はさらに多い。ブラジルでは、数えきれないほど多くの失敗例がある。たとえば、リオデジャネイロで3200万ドルを投じて建設された、丘の上の貧しい区域とのあいだを住民が行き来するためのケーブルカーは、維持管理費を捻出できるだけの乗客がいなかったため、2012年以来機能していない。ブラジル周辺にはほかにも、同国北東部の34億ドルかけたコンクリート製の運河網や、数十カ所に設置した風力発電所、複数のスタジアムや鉄道のプロジェクトなどの例がある。ブラジルの風土にインフラプロジェクトは合わないのかと思わせるほど成功率が低い[16]。

インフラとは何か、それが保管または分配する価値とどのように結びつくのか。それを理解したうえでどのように投資すれば、インフラプロジェクトの成功と持続可能性を高められるのだろうか。

開発コストを内部化する

インフラ開発は、経済的、政治的、社会的に高いコストをかけながら、富裕国でも貧困国でも、経済に好影響をもたらすという目的を充分に果たせていない。10億ドル以上の大規模プロジェクトとそのリスクを広範に調査したデンマーク人エコノミスト、ベント・フライフヨルグは、10個中9個のプロジェクトで遅延が発生し、予算超過を起こし、計画段階の成果の見通しを下回っていると指摘する。フライフヨルグが引用している事例や研究のほとんどは、大規模プロジェクトの管理に必要な制度、技術、運営能力が低い最貧国のものではない。最も裕福な国々での事例なのだ。[17]

富裕国ですらそうなのなら、貧困国にインフラを押しつけても成功はいっそう困難となる。貧困国はインフラに投資する資金をもち合わせておらず、新たにインフラを構築し維持管理していくための投資を引き寄せる魅力にも乏しい。はたして貧困国でのインフラ開発に希望はあるのだろうか。もしインフラを従来どおり発展の必須条件ととらえ、政府か慈善団体かＮＧＯだけで資金のほとんどを賄わなければならないのだとしたら、希望は低い。しかし、新しい市場を創造するイノベーションを社会に引き入れれば、投資が活発になる。多額の費用のかかるインフラ開発が管理可能になり、税金や使用料のほか、企業の長期投資を呼び込み、新市場のもたらす新しい収益によってコストを内部で吸収できるようになる。

わかりやすい成功事例として、いまでは世界最大の規模をもち、最も生産的な眼科病院となったインドのアラビンド眼科病院を紹介しよう。この病院は、インドの何千万もの人たちに眼科医療を提供するために必要なインフラを引き入れた。すでに3200万人以上の患者を治療し、400万人以上に眼病手術を実施してきたが、よそで訓練を受けた看護師や医療技術者を採用していない。代わりに、看護師や他の医療技術者の訓練費用を内部で賄っている。つまり、医療の知識はなくても優秀な人材を採用し、訓練し、一流の病院の職を提供するのだ。病院の上層部のひとり、R・D・トゥラシラジは、看護師の訓練についてこう説明する。「当院のスタッフは看護学校を卒業してはいない。病院のなかで訓練する。一流の学位と現場の実務訓練を一度に受けるようなものだ[18]」

アラビンド病院がスタッフの教育インフラにかかるコストを内部で吸収できたのは、眼病手術という巨大な市場をインドで創造したからだ。質の高い医療を患者に提供するためにスタッフの質を安定させたいという事情もあった。アラビンド病院で求めるレベルにまで医療従事者を訓練できる学校はインドにはほとんどないため、病院が教育コストをビジネスモデルに内部化しなければならなかった。アラビンドの患者の大部分は、とくに貧しい層に属する人たちだが、アラビンドはそれでも利益の出せるユニークで持続可能なビジネスモデルを開発し、数多くの事例研究で取り上げられている。アラビンドのビジネスモデルには、広範な訓練をつうじて医療実習生を病院に適した人材に育成することに加え、眼内レンズ《IOL》の製造などの事業も含まれる。ＩＯＬは眼病手術に欠かせないパーツであり、独自に製造工場を建設するまでは１レンズ当たりおよそ30ドルでアメリカから輸入していた。工場の完成後は、コストが４分の１に下がっている[19]。

アラビンドの創設者、ガバインダッパ・ベンカタスワミー医師が、自国の医療教育インフラを政府が整備してくれるのを待っていたら、世界最大の規模をもつ、最も生産的な眼科病院は今日存在していなかっただろう。

政府の役割

インフラの資金調達、開発、管理を政府の手から離すことを好ましく思わない人たちもいるだろう。社会のために政府がおこなうべき重要な公務ではないのか?

たしかにインフラ開発には政府が責任を負う側面があり、われわれも政府をその責任から放免しようと言っているのではない。繰り返しになるが、順序の問題なのだ。創造性に富んだ起業家やイノベーターが、政府が積極的に参入しようとするまえに（あるいは参入できる準備がととのうまえに）、自社のビジネスに必要なインフラを構築するための最短ルートを見つけ出した例は、歴史に数多くある。

前述したように、アメリカでは初期の道路、鉄道、運河のほとんどは、個人起業家と民間企業によって建設された。当時の政府にはそれを賄う余裕がなかったため、そういった企業の多くは株式や債券を発行して資金を捻出した。ニューイングランド地方では、民間企業からの600万ドル以上の投資が、何千キロも続く道路の建設を促進した。ニューヨーク州とペンシルベニア州もそれに続き、州から許可証を付与された数百社の民間企業が数千万ドルを投資して道路を建設した[20]。

時間が経つにつれ、政府はインフラの開発と管理だけでなく、規格の制定にも関与するようになった。当時のアメリカではさまざまな鉄道会社が独自に建設や管理をおこない、鉄道会社によって軌間（線路の左右の軌条の間隔）が広かったり狭かったりした。このばらつきのせいで、鉄道会社が変わるたびに乗客が車両を乗り換えたり、車両を異なる軌間に適合させたりする必要が生じ、国内鉄道網の効率のよい発展を阻害するおそれが出てきた。1863年、連邦政府は太平洋鉄道法を制定し、新たに建設する連邦鉄道はすべて「標準軌」を使用することを義務づけた。これは民間の鉄道会社には直接的には影響しなかったが、間接的には影響を与えた。南北戦争後、南北間の貿易が拡大しはじめ、国内で（とくに南部で）軌間が異なるためにビジネスが著しく妨げられていた。当時、アメリカの軌間の大部分は標準軌だったので、南部の鉄道会社は1886年、標準軌へと仕様を変更することになる。

今日、インフラの大きさや展開規模、重要性を国の安全保障の観点も踏まえて検討することは、資金の確保と維持管理も含めて政府の仕事とされている。だが、その国の市民、産業、彼らが創造したい市場のニーズに応じて、国ごとにインフラ戦略は異なるはずだ。インフラの構築と維持にかかる費用は、貧困国の政府が自ら調達するには高額すぎることが多く、とりわけ市場創造型イノベーションの基盤がほとんどない国では調達不能に近い。米土木学会によれば、世界で最も裕福な国のはずのアメリカですらインフラの状態は「D＋」レベルにすぎず、「B」レベルまで改善するためには、4兆5000億ドル以上の資金が必要だそうだ。ならば、ホンジュラスやトーゴ、リベリアの政府は、インフラ開発の検討などできるはずがない。[21]

初期の起業家がインフラを構築するために何百万ドルも投資したのは、インフラ自体から利益を得るためではなく、道路や鉄道、運河、快適な通信環境が彼らの本来のビジネスを成功させるのに必要だったからだ。[22] 同じ状況を、今日、貧困国で活動している多くの企業に見ることができる。彼らは、低所得国および中所得国で成功するためのプロセスと、市場を創造する必要性をよく理解しており、自社のビジネスにとって必要だからインフラに投資をしている。製造分野の企業が社内教育に予算を充てるのは、地元の学校を卒業した学生の知識では足りず、教育が自社のビジネスにとって必要だからだ。

「それをつくれば彼が来る」は、過去数十年間のハリウッド映画でとくに有名なセリフのひとつだ。

1989年公開の『フィールド・オブ・ドリームス』で、ケビン・コスナー演じるアイオワ州の農場主レイ・キンセラが、「それをつくれば彼が来る」という不思議な声に誘われ、とうもろこし畑の真ん中に野球場をつくりはじめる。その行動によってキンセラのすべての問題が解決されていくというストーリーだった。われわれは貧困国の政府に対しては逆のアドバイスが有効なのではないかと考える。つまり、「彼（市場）が来れば、それ（インフラ）をつくる」と。

コストセンターからプロフィットセンターへ

起業家や開発業者、政策立案者など、経済開発のステークホルダーが、インフラを必要とする市場の開拓に取り組むと、インフラはただ存続するだけでなく大成功する可能性が高くなる。市場創造型イノベーションによって引き入れられたインフラは、当初は「そこそこ」の質であることが多いが、スタート時点は「そこそこ」でも、市場が成長していくにしたがい、インフラの質も改善されていくのだ。さらに、政府がサポート役として加わったなら、インフラの改善に加速度がつき、より大勢の人たちの役に立つことができる。

多くの低所得国では、企業がインフラの提供業者《サプライヤー》に頼れない場合、垂直統合、つまり物流や電力、教育など、通常であればサプライヤーから入手するものを自社で所有あるいは管理するほうがうまくいくことが多い。結果的に企業のコスト削減に役立つからだ。この場合、初期費用は上昇するが、時間の経過とともに恩恵は鮮明になり、当初はコストセンターだったものが最終的にはプロフィットセンターに変化する。本章で取り上げた企業の多くが、自社で開発したインフラを、それを必要とする他の企業に「販売」するようになるのは、こうした変化のわかりやすい例だ。

インフラを構築し、維持していくことは簡単ではない。政府に主導権を委ね、民間企業がリスクも責任も取らずにすむなら、どれほど楽だろうという気にもなる。しかし歴史を見れば、そううまくは運ばないこともわかっている。

アメリカでは、道路や鉄道、運河などインフラの多くは、それ自体では利益を生まなかった。しかし、いったんインフラが経済に組み込まれ、保管または分配する必要のある価値がそこから大量に生み出されるようになると、インフラそのものが成長する。イノベーションからインフラへ、という方程式はここでも言えるのだ。

正しい方程式

特定のインフラで保管または分配することになる価値を創出しないうちに「インフラ優先」にとらわれても、実りのない状況に追いやられる。誰も住まない家をわざわざ建てるかのように。

本書の共著者のひとり、エフォサ・オジョモが立ち上げた非営利組織「ポバティ・ストップ・ヒア」は、30万ドルの資金を集めて井戸を5つ掘ったが、あとになって彼らの方程式が有効ではなかったことが判明した。井戸（水のインフラとも言える）の完成にある種の達成感があったことはたしかだし、井戸づくり自体は崇高な活動だった。けれど、残念ながら彼らの井戸は、継続的に価値を生むことのできる組織と結びついていなかった。結局、5つのうち4つの井戸が壊れ、修理されないまま放置されている。

世界の経済には、想像する以上に多くの共通点がある。それぞれの国は、発展の異なる段階に立っているにすぎない。私はトララム社から、初期のフォード・モーター社を思い出す。ITスタッフのためのトレーニングプログラムに投資するゾーホー社を、ポハン工科大学校（ポステク）をつくったポスコを思い出す。持続可能なインフラ開発は可能であり、予測に基づいて実現させることができる。そのためにはまず、正しい方程式を組んでおかなければならない。

の両方を巻き込むということだ。フライフヨルグはイギリスとフランスを結ぶ約50キロの英仏海峡トンネルを例にとって説明している。トンネルの所有企業であるユーロトンネルは、予算超過は10%以内に収まるだろうと見込んでいた。しかし実際には、建設費は予算を80%オーバーし、利息も含めた金融コストに至っては140%も超過してしまった。イギリス経済はこのプロジェクトによって178億ドルを失い、投資家たちは14.5%もの損失を被っている。

Bent Flyvbjerg, "What You Should Know about Megaprojects and Why: An Overview," *Project Management Journal* 45, no. 2 (April-May 2014): 6-19.

18 V. Kasturi Rangan, "The Aravind Eye Hospital, Madurai, India: In Service for Sight," Harvard Business School Case 593-098, April 1993. (Revised May 2009.)

19 同前。

20 Larry Schweikart, *The Entrepreneurial Adventure: A History of Business in the United States* (Fort Worth: Harcourt College Publishers, 2000), 97.

21 Jack Stewart, "America Gets a D Plus for Infrastructure, and a Big Bill to Fix it," *Wired*, March 9, 2017, https://www.wired.com/2017/03/america-gets-d-plus-infrastructure-big-bill-fix/.

22 Larry Schweikart, *The Entrepreneurial Adventure: A History of Business in the United States*, 98.（原注20参照）

Pritchett, *The Rebirth of Education: Schooling Ain't Learning* (Washington, DC: Center for Global Development, 2013).

12 "World Development Report 2018: Learning to Realize Education's Promise," The World Bank, accessed May 3, 2018, doi:10.1596/978-1-4648-1096-1, 5.

13 同前、5-6。

14 Dayo Adesulu, "Graduate unemployment, time-bomb in Nigeria," *Vanguard*, June 4, 2015, https://www.vanguardngr.com/2015/06/graduate-unemployment-time-bomb-in-nigeria/.

15 "Did Kenya get a loan to build a railway or vice versa?," *The Economist*, March 22, 2018, https://www.economist.com/news/middle-east-and-africa/21739227-chinese-backed-nairobi-mombasa-line-may-never-make-money-did-kenya-get.

16 Simon Romero, "Grand Visions Fizzle in Brazil," *New York Times*, April 12, 2014, https://nyti.ms/2HoVtCo.

17 ベント・フライフヨルグは、巨大プロジェクト――インフラプロジェクトはだいたいこれに入る――の開発と進化を、幅広く丁寧に研究している。彼は巨大プロジェクトがほぼ必ず当てはまる現象を3つ挙げている。第一は予算超過である。10件の巨大プロジェクトのうち9件が予算を超過し、その多くが当初の予算額を50%以上も上回っていた。こうした予算超過は、特定の地域に固有なものではなく、また過去70年間、いつの時代を見てもほぼ同じように発生している。たとえば、デンバー国際空港は予算を200%上回った。業界のなかにはおびただしい過去の経験から、あらかじめ予算超過を見込むところもある。平均的な鉄道プロジェクトは予算の約45%、道路建設プロジェクトは予算の約20%超過することが予想されている。巨大プロジェクトが当てはまる現象の第二はスケジュール遅延である。フライフヨルグによると、10件の巨大プロジェクトのうち9件が遅延を起こしている。複数の大型プロジェクトが提案されている場合、それらのコストとスケジュールを入力情報として、プロジェクトの経済・社会面での利益が短期的および長期的に推計されるが、スケジュールが守られないということは、10件のうち9件は経済および社会面での利益が過大評価されていたことになる。フライフヨルグは、さまざまな大型プロジェクトをモデリングし、1年遅延することでプロジェクトのコストが最大4.6%増加すると計算した。この点に関する実例として、市内の中心部を貫いていた高架道路の地下化を中心としたボストンのビッグ・ディグ・プロジェクトを紹介しよう。1982年、ビッグ・ディグ・プロジェクトの事業費の見積額は28億ドル（現在の約70億ドルに相当）だったが、ボストン・グローブ紙によると、工事が完了した時点で、総額は利息も含めて約240億ドルに膨れ上がっていた。さらに完成は予定よりも9年遅れていた。ただし、こうしたプロジェクトはほかにもあり、ビッグ・ディグ・プロジェクトだけが突出して異常だったわけではない。巨大プロジェクトがほぼ当てはまる現象の第三は、予算超過が公共部門と民間部門災難―外国資本は機能しない）で紹介されている。カルデリージは、当時のタンザニアはそのような大きなプロジェクトを管理するための専門技術を有しておらず、世界銀行のスタッフが訓練や能力開発にかかるコストを計画に含めていなかったと評している。
Robert Calderisi, *The Trouble with Africa: Why Foreign Aid Isn't Working* (New York: St. Martin's Griffin, 2006).

7 Chris McGreal, "A month ago, the hospitals were overflowing. Now they lie empty," *Guardian*, December 6, 2008, https://www.theguardian.com/world/2008/dec/06/zimbabwe-cholera-hospitals.

8 オックスフォード英語辞典の"infrastructure"の定義。インフラの定義の多くは、この定義と大差ない。https://en.oxforddictionaries.com/definition/infrastructure.

9 インフラが整備されてこそ発展があるという考え方があることは理解できる。セザール・カルデロンとルイ・サーベンは、論文"Infrastructure and Economic Development in Sub-Saharan Africa"（サブサハラ・アフリカのインフラと経済発展）のなかで、「インフラの発達度は、ストック効果の増加とサービスの質の向上によって測られ、インフラが発達するほど長期的な成長にプラスの影響を与え、所得格差にはマイナスの影響を与えることがエビデンスによってわかっている」と結論づけ、さらに「ほとんどのアフリカ諸国は、インフラの量、質、普遍的な可用性の点で遅れている。インフラを発達させることは、成長の促進と所得格差の低減の両面と関連づけられるため、サブサハラ・アフリカで貧困を減少させる取り組みに2倍大きな可能性をもたらすと考えられる」と述べている。
このような論文を読むと、政策立案者は国のインフラ能力を増強することに多大な投資をおこないたくなる。インフラは本来よいものだが、市場と連動していなければ維持管理がきわめて困難であることを本章では強調したい。
César Calderón and Luis Servén, "Infrastructure and Economic Development in Sub-Saharan Africa," World Bank Group, Policy Research Working Paper 4712, September 2008, https://openknowledge.worldbank.org/handle/10986/6988.

10 経済学者のディアドラ・マクロスキーは、イギリスのインフラと、それが歴史の「大いなる分岐」〔訳注、18世紀後半から、欧米と中国などアジアとのあいだで経済発展の様相が大きく分かれた現象を指す〕にどう貢献したかについて、次のように言及している。「インフラは、場所の様相は変えたが、価値は変えなかった。インフラは、効率を高めはしたが、収入を2倍、16倍、あるいは質調整した100倍に増やしたわけではなかった」
Deirdre McCloskey, *Bourgeois Dignity: Why Economics Can't Explain the Modern World* (Chicago: University of Chicago Press, 2010), 343.

11 プリチェットはさらに、今日の貧困国の一般的な成人は、先進国の1960年当時の一般的な成人よりも長い年数の教育を受けていると指摘する。しかし明らかに、今日の貧困国の教育インフラは、1960年代の先進国のそれほどには価値を伝達しきれておらず、貧困国で新しく建設された教育インフラは将来に備えた人材の育成につながっていない。Lant

【第10章】原注

1 "Plans for a weirdly unfinished highway in Cape Town," *The Economist*, April 12, 2017, https://www.economist.com/news/middle-east-and-africa/21720649-road-nowhere-may-finally-reach-end-plans-weirdly-unfinished-highway.

2 Chiponda Chimbelu, "Poor infrastructure is key obstacle to development in Africa," *Deutsche Welle*, July 26, 2011, http://p.dw.com/p/122ya.

3 イェール大学のウィリアム・ランキン教授が、"Infrastructure and the international governance of economic development"（インフラと経済開発の国際ガバナンス）のなかで論じている。「1950年代、開発援助に関する議論は、それまでのインフラを経済学的にどう定義するかという点から、一般的な必要条件を重視する方向に移行した。初期の開発理論は、多くの場合、インフラを中心として描かれており、1950年代の開発に関して経済的思想を表す単一の理論があるとすれば、"ビッグプッシュ理論"であろう。この理論では、発展途上国に見られる低生産性、低貯蓄率、低投資の悪循環を克服するためには、巨大なインフラ資本による"大きな後押し《ビッグプッシュ》"が必要とされた（インフラという用語が、成長と現代性に必要な技術的・政治的体系を表すラベルとなったのは、第二次大戦後の経済発展を国際的に論じる状況においてだけだった)。インフラのこうした初期の使用法には、とくに輸送や通信分野の大規模なエンジニアリングが中心となって他の経済活動を支える拠点を構成するという発想は見られない。インフラが、エンジニアリングとより大きな社会経済的概念を関係づける概念として認識されるようになったのは、1950年代に、経済発展のための国際的な資金調達に関する議論が起こってからである」
これは、経済発展、とくに貧困国の経済発展に大きな意義をもつ。インフラが、現在でも発展の前提条件と見なされているとすれば、技術的には、先にインフラを整備しなければ発展は望めないことになる。一般的なモデルでは「政府がインフラを提供しなければならない」とされているため、貧困国は、経済発展という名のランニングマシンの上で、懸命に走っているのにどこにも行き着けない状況に置かれている。

4 Earl Swift, *The Big Roads: The Untold Story of the Engineers, Visionaries, and Trailblazers Who Created the American Superhighways* (Boston: Houghton Mifflin Harcourt, 2011), 33.

5 Andrew Degrandpre and Alex Horton, "Ghost schools and goats: 16 years of U.S. taxpayer waste in Afghanistan," *Chicago Tribune*, August 21, 2017, http://www.chicagotribune.com/news/nationworld/ct-us-afghanistan-spending-20170821-story.html.

6 タンザニアのムフィンディで計画されたこの製紙・パルプ工場の件は、ロバート・カルデリージの著書"*The Trouble with Africa: Why Foreign Aid isn't Working*"（アフリカの

第4部

イノベーションにできること

第11章

繁栄のパラドクスから繁栄のプロセスへ

世界で価値のあることのほとんどは、実現するまでは不可能だと断じられてきた。

――ルイス・D・ブランダイス、米連邦最高裁判所判事（1941年没）

章のテーマ

全人類の繁栄？　無理に決まっていると感じるだろうか。だが、かつて私が暮らしていたころの韓国は経済学者が見限るほどの貧しい国だったにもかかわらず、今日では立派に繁栄した国になり、しかもその成長速度はニューヨーク・タイムズ紙が書いたように「アメリカやイギリス、日本よりも速かった」。繁栄への道のりは国によって異なり、そのときの経済状況にも左右されるが、継続的なイノベーションによって「繁栄のパラドクス」を「繁栄のプロセス」に転換させることは可能だ。

どうすれば世界を発展させられるか、われわれはパズルの答えを全部知っているわけではない。だが、新しいレンズを通した新しい見方を、本書をつうじて読者に届けたい。ここまで述べてきた原則やストーリー、理論を踏まえ、あなた自身で、あるいは周囲の人とともに考えることで、世界の手強い貧困問題が解決に向かっていくことを願っている。

私の義理の弟であるリード・クインは、キャリアの大部分をメイン州の小児心臓外科医として過ごしてきた。彼の話を聞くと、たとえ一日中手術をしたとしても、彼の執刀を待つ子どもたちすべてには対応しきれないということがよくわかる。先天性心疾患は出生異常のなかで高い割合を占め、毎年アメリカでは、およそ4万人の新生児に発生している。そのうち数千人は症状が重く、生き延びるためには高度でリスクの大きい手術を受けなければならない。病気を知らされた家族がどれほどの苦痛を経験するか、私には想像することしかできない。だが心臓手術が成功すれば、その子の人生の道筋を変えることができる。

多くの生命を救う機会を与えられ、リードはより多くの手術をおこなえる方法をつねに模索してきた。「手術を必要とする子どもが州内にいれば、必ず引き受けた」と、リードは数年前、ポートランド・プレス・ヘラルド紙に語っている。「誰が支払いをし、誰がしていないか、私は関知しない」とも。これがリードだ。地元の州民への奉仕に加え、自身が創設した「小児心臓手術のためのメイン財団」をつうじて、貧困国の子どもたちにも奉仕している。中国やケニアなど、さまざまな国へ飛んで多数の手術をおこない、医師の訓練にも携わってきた。

リードと話をするまで彼の仕事がどんなものなのか知らなかった私だが、いまは無私で献身するその姿を尊敬せずにはいられない。いま、世界中の多くの子どもたちの命を、リード・クインのような医師と看護師たちが支えている。だが私はどうしても〝リード・クイン〟に出会う機会のない子どもたちのことを考えてしまう。そして打ちのめされた気持ちになる。

設備の揃った病院から遠く離れた場所にある貧しい国々でこの問題を解決することは、あまりに複雑で費用がかかり、始めるまえからタオルを投げ入れたくなるかもしれない。だが希望はある。子どもたちの命を救おうと奔走する医師の数は充分ではないかもしれないが、よりよい道を見つける方法はあるのだ。そのためには、ちがうレンズを通して物事を眺め、リードのような医師たちの行動を拡大するプ・ロ・セ・スが必要になる。

第1章で、イノベーションとは、「組織が労働、資本、原料、情報をより高価値のプロダクト／サービスのかたちに転換するためのプロセスにおける変化」と定義した。ほとんどの組織は、当初はそれがもつ資源、とくに人材によって成果が決まる。優秀な人材が加わったり立ち去ったりすると、組織の成果に直結する。発想豊かな起業家や勤勉で有能な医師といった技術も意識も高い人々を別の人材で置き換えることはできない。

ここで市場創造型イノベーションが重要な役割を果たす。高度で高価なサービスを、シンプルで安価で多くの人が入手できるようにするプロセスの発展を促すのだ。できたばかりの組織は資源があればしばらく生き延びられる。しかし組織が長期的に成功するのは、そこにプロセスがあるからである。

ナラヤナ・ヘルス病院の事例を紹介しよう。

プロセスの力

インドのナラヤナ・ヘルス病院（NH）は、病床数7000以上、世界水準の心臓専門病院7カ所、保健衛生・初期診療を担当する19の施設を有する総合病院グループである。かつてマザー・テレサの主治医を務めたデビ・プラサド・シェティ医師が、世界でもとくに貧しく、絶えず腐敗と貧弱な社会制度に悩まされているインドに、NHを創設した。「世界の貧しい人を1日1ドル未満で治したい」という彼の夢は、ヘンリー・フォードの「働いていれば誰でも買える大衆車をつくりたい」という宣言につながるところがある。フォードの宣言が実現したのと同じように、今日、シェティ医師の夢は、

2000年7月にNHを設立したときよりもずっと実現に近づいている。フォードと同様、シェティ医師が重視したのもプロセスを改善することだった。その一環として、とくに精密で費用のかかる、心臓、脳、脊髄《せきずい》などの外科手術へのアクセスを大衆化した。

NHの行動理念は、インドの多くの人たちが高品質・低価格の医療を利用できる新しい市場をつくり出すことにあり、その理念のもとでプロセスの改善に取り組んできた。手ごろな価格の医療は、富裕国でさえ実態とかけ離れたものになりつつある。実際、アメリカでは、およそ3兆3000億ドル、毎年ひとり当たり1万348ドルを医療費に費やしており、多くの人にとって医療は簡単に手の届くものではなくなってきた。[1] イギリスでは、国民保健サービス（NHS）が存続の危機にあり、生き残るためには新しいモデルが必要だと指摘されている。[2]

ただし、貧困国で言う「手の届く医療」は、医療費が高いとか国の予算が足りないというレベルの話ではない。基本的な医療すら整備されておらず、ましてや心臓や脳神経など高度な専門医療は選択肢として検討されることもない。NHの専門分野である心臓疾患を例に取ると、開胸手術はイギリスでは7万ドル、アメリカでは15万ドルかかるが、インド人の大多数はこの金額を一生かけても稼ぐことはできない。NHの開設当時は、心臓手術を必要とする年間240万人のうち、手術を受けられたのは5%を下回っていた。この苦境のなかに、シェティ医師は心臓医療のための新しい市場の機会を見いだし、実際につくり上げた。

今日、ＮＨは開胸手術を１０００ドルから２０００ドルの費用で実施し、アメリカの病院に並ぶ低い死亡率や感染率を達成している。[3] さらに現在では、腫瘍《しゅよう》、神経、整形外科、消化器など、30を超える分野で質の高い医療を大勢のインド人に届けている。ＮＨの資産価値は10億ドルに達し、直接雇用の従業員は１万４０００人を超え、他国やインド国内の他の病院で働いている者も含めて、医療従事者を多数育成してきた。表面上を見れば、不可能なはずのことをシェティ医師がなぜ達成できたのか、不思議に思えるかもしれない。

だが、われわれはちがう視点で見ている。シェティ医師の病院は、解決できそうもない問題があっても進歩が可能であることを示す見本だ。シェティ医師が成功したのは、彼にビジョンがあっただけでなく、彼個人のできることを組織全体でできるようにするプロセスをつくり上げたからだ。

シェティ医師は、ＮＨは高品質の医療機関でなければならないと決意していた。そこで医師や看護師、医療器具など高価な資源を有効に活用できるプロセスをビジネスモデルに組み込んだ。資源を有効活用できるほど患者ひとりの診療にかかる単価を引き下げられると考えたのだ。たとえば、他の病院では血液検査装置の利用が１日数回なのに対し、ＮＨでは１日に５００回以上利用している。開設まもない時点ですでに１日19回の開胸手術と25回のカテーテル処置をおこなっており、これは平均的なインドの病院と比べて８倍多かった。４年後には、ひとりの外科医が年間２００回近くの手術をおこなえるまでになり、世界クラスの医療機関と比べて件数が多く、時間効率も高い。[4] ＮＨはコストを削減しただけでなく、医療の質も向上させた。外科医は手術をすればするほど腕がよくなるからだ。

さらに、ＮＨの構築した革新的なビジネスモデルは、効率的なプロセスをつうじて、豊かなインド人と貧しいインド人のどちらからも利益を上げられるようにした。医療機器や医師など資源の利用を高めることに加え、患者に料金別コースを提示したのだ。裕福な患者なら個室や快適な環境などに追加料金を払うだろうと想定してのことだった。ＮＨはまた、診療料金を、患者の所得レベルに合わせて細かく変動させた。低所得の患者は、裕福な患者の支払う額よりも60％を下回る額で心臓手術を受けられる。しかも裕福な患者でさえ、手術料はおよそ２０００ドルで、ほかのインドの病院での５５００ドルに比べてかなり低い。ＮＨは患者を拒否しない。このビジネスモデルで２０１７年には２億８０００万ドルの収入を上げ、１２００万ドル以上の利益を得た[5]。

ＮＨは、教育をはじめ、インドではまだ整備されていない多くのインフラを病院内に引き入れた。胸部心臓外科から医療研究技術まで、19種類の専門講座を医療従事者に対して実施した。講座の評判が高いため、ＮＨの看護師は知識も臨床技術も優秀であると地域での評判が高まった。看護師がよそから引き抜かれてしまうという負の面もあったが、ＮＨの看護部長、ロヒニ・ポールはあまり心配していない。「業界最高レベルの給料を払っていても、たくさんの看護師が引き抜かれていく。ここで学んだ技術をもって国外に出れば、もっと稼げるから。でも、それを嘆いても仕方ない。当院の仲間に加わりたいと来てくれる看護師は大勢いるのだから[6]」。彼女は正しい。看護師がよそに引き抜かれるということは、無消費者に奉仕しつづけるために埋めなければならない「すきま」ができるということだ。インドの人たちにさらなる機会をつくっている。

NHがビジネスモデルに統合したのは教育以外にもある。本書をつうじて述べてきたように、市場を創造するときには、開発コストが発生する。多くの組織は市場開発をビジネスモデルの中核とは考えていないが、規模を拡大し繁栄するためには欠かせないコストだ。NHでは「イエシャスビニ」と呼ばれる保険商品を開発した。農村に多い低所得家庭でも、月々11セントというわずかな金額で2200ドルまでの医療費がカバーされる。つまり、月額11セントの保険料で必要なら開胸手術を受けられるのだ。導入以来、この保険商品は750万人以上に購入されている。この保険プログラムがあまりに成功したので、政府の援助を引き入れることもできた。2016年には、会員からの保険料収入が1400万ドル、カルナータカ州政府からの拠出は2650万ドルに達している。注目すべきは、NHが政府を引き入れたのであって、逆ではないということだ。

NHは従来の病院なら思いつかないようなことを次々にやってのけた。大型バスに、医療器具、心臓専門医、検査助手を乗せて貧しい地域を巡回する心臓診断車もそのひとつだ。インドミーヌードルのトララム社が、商品をいくら安くしても顧客のもとに届かないのなら意味がないと言ったのと同じように、NHも、いくら診療費を安くしても患者が利用できないのなら意味がないとわかっていた。外から見れば、このような投資は不必要に映るかもしれないが、これまで存在しなかった新しい市場を創造するのなら必要なことなのだ。

NHは模範的な事例だ。当初は心臓医療だけだったが、シェティ医師は、コスト削減や高品質、効率を追求しながら診療科目の拡大にも取り組んでいった。骨髄移植の費用を国の平均である2万7000ドルから、その3分の1ほどの8900ドルまで引き下げ、脳外科手術は1000ドル、脊髄手術は550ドルほどに引き下げた。この攻撃的なほどの低価格はインドへの医療渡航ブームを巻き起こした。2016年だけで、NHは78の国々から、1万5000人以上の患者を受け入れ、治療している。インドまでの飛行機移動から現地でとった食事まで、これらの患者たちによるインドでの経済活動はどれほど大きかったことだろう。これも成長をもたらすプロセスである。

NHの本拠地のあるカルナータカ州の政府は、NHの活動について知り、冠状動脈疾患集中治療室29カ所への資金提供に積極的に乗り出した。資金提供を受けたNHはこれらの治療室が適切な水準で運営されていることを政府に保証した。一般に、資源不足の国の政府は正しいことをしたいと思いながらもさまざまな制約からそれができずにいると考えがちだが、NHの例からもわかるように、政府などの機関が市場創造型イノベーターを支援することで触媒となり、発展の速度を上げることができるのだ。

こうした市場の創造に取り組むインドの医療機関はほかにもある。世界最大の規模をもち、最も生産的な眼科病院となったアラビンド眼科病院はすでに第10章で紹介したとおりだ。アラビンド病院は

1976年に、たった11床のベッドと4人の診療所員によって設立された。今日では毎年400万人を超える患者を診察し、40万件以上の眼科手術をおこなっている。医療の種類は異なるものの、アラビンドとNHの本質は似ている。アラビンドは、眼科医療を利用できずにいた人に新しい市場を創造した。そのために必要と判断すれば、教育、辺鄙な地域への遠隔治療、レンズの製造などさまざまなことをビジネスモデルに引き入れてきた。NHと同じく、質のいい医療をインドにいるあらゆる所得階層の人に提供するという理念をもち、裕福な患者にもそうでない患者にも対応できるビジネスモデルを構築した。11床だった病院はいまや、年間数百人の医師や医療従事者を訓練する、眼科専門の教育機関でもある。医療サービスという新しい市場の創造に向けてビジネスモデルを発展させていくこのプロセスは、ほかの国でも応用することができる。

第7章では、メキシコのクリニカス・デル・アスカルが糖尿病に立ち向かう取り組みを紹介した。ブラジルには、チェーン展開する診療所「ドクトル・コンスルタ」があり、今日では、1300人を超える医師を雇用し、毎月10万人以上の患者を診察しており、2011年の設立以来、前年比300%の成長を見せている。運営に無駄がなく、患者はMRI（磁気共鳴映像法）や血液検査、乳がん診断のマンモグラフィーなどを3ドルから30ドルの診察料で受けることができる。LGT・インパクト・ベンチャーズから資金を得て業務を拡大し、いまではサンパウロに50カ所の診療所を運営している。これほどの急成長でさえ、ドクトル・コンスルタがサービスを提供しているのはブラジルの人口の5%にも満たない。(7) ドクトル・コンスルタの診療所が500カ所、5000カ所に増えたとき、ブラジルの医療システムはどんなふうに変わるだろうか。

ここで紹介したような解決策はたいてい小さな規模から始まるが、NHやアラビンド病院がそうだったように、とてつもなく大きな可能性を秘めている。無消費をターゲットにした新たな市場の創造には、経済上の莫大な機会があるだけでなく、地域を発展させる重要な機会もあるのだ。

医療というきわめて複雑な領域で問題を解決できるのなら、食料、輸送、金融、住宅などの多様な産業でどれほど多くのことができるだろう。われわれがイノベーションというレンズを通して国や組織のありようを研究するにつれて、最も大きな影響力をもつイノベーターたちは、プロダクトやサービスを大衆化するプロセスを創造することによって問題を解決してきたことがわかってきた。

モ・イブラヒムは、大勢のアフリカの人たちが携帯電話を利用できるようにするプロセスを自社に創造した。ヘンリー・フォードは、フォード・モデルTを製造し販売できるようにプロセスを改善し、アメリカにまったく新しい自動車市場をもたらした。リチャード・レフトリーは、バングラデシュ、インド、マラウイなどの国で最も保険を必要としている人たちに保険を届けるためにプロセスを創造し、新しいパートナーシップを築いた。梁昭賢《リアンチャオシエン》は、中国の電子レンジの無消費を好機ととらえ、国内で電子レンジの製造からマーケティング、販売までおこなう新しいプロセスを開拓した。アイザック・シンガー、ジョージ・イーストマン、そしてアマデオ・ジャンニーニは、それぞれミシン、写真、銀行サービスを手ごろな価格で利用できる新しいプロセスを開拓した。彼らのイノベーションはみなそれぞれの業界を劇的に変化させた。

メイン州の小児心臓手術を取りまく状況を見て、問題が大きすぎて解決できそうにないと感じるのと同様に、世界の貧困問題も解決不能と感じるかもしれない。しかし、私たちには複雑で高価なプロダクト／サービスを、シンプルで手ごろなものに変化させるイノベーションを起こすことができる。そこには世界の数十億人の生活を変えうる巨大な可能性がある。

シェティ医師のオフィスには、NHや多くのイノベーターの指針となる言葉が掲げられている。「世界で価値のあることのほとんどは、実現するまでは不可能だと断じられてきた」（ルイス・D・ブランダイス、米連邦最高裁判所判事）

市場創造型イノベーションの5つの原則

市場創造型イノベーションは私たちの抱える深刻な問題を解決に導き、その過程で、貧困に苦しむ多くの国々の経済に成長の火を熾《おこ》すことができる。市場創造型イノベーションには、雇用を生み、インフラや制度を引き入れ、将来の成長の強力な基盤となり、触媒として作用する力がある。

われわれがこの本を書いたのは、繁栄を創出するイノベーションの可能性を知ってもらうためだ。

イノベーションは、社会が成長するときにその隅でおこなわれていることではない。イノベーションとは社会が成長するプロセスそのものである。発展や繁栄へのとらえ方を変えうるイノベーションの原則を以下にまとめる。

1．どの国にもすばらしい成長の可能性がある

「無消費」はそこに機会が隠れているサインである。200年前には、いまではあたりまえとなっているプロダクトやサービスの無消費が満ちていた。自動車も銀行も、富める者しか使えなかった。だが状況は変わった。貧しかったアメリカも変わったように、いま貧困に苦しんでいる世界の国々も変わることができる。

巻末付記には、これから花開きそうな市場創造型イノベーションの事例をまとめた。硬く平らで清潔な床の上で暮らすことが贅沢である人たちが、世界には何十億人もいる。もし、ある起業家が手ごろな価格で床をつくって売り、起業家自身も利益を得て、事業を展開していけるとしたらどうなるだろう。医療を消費できていない人も世界には多い。もし、ある起業家が医療を手ごろな価格にし、誰からも手が届くように展開したらどうなるだろう。世界には掘り起こされるのを待っている機会がたくさんある。ただしその機会を見つけるには、新しいレンズを着ける必要がある。

2．すでに市場に存在するプロダクトのほとんどは、入手しやすくすることで、新しい成長市場を創造する可能性がある

心臓手術が1000ドルから2000ドルで受けられる？　金の心配をせずに眼科手術？　貧しい国で保険を売る？　無消費に好機を見いだした起業家が周囲から相手にされなかった例は数多いが、彼らの選択には市場創造型イノベーションがもつパワーと可能性がはじめから備わっていた。

今日の電気自動車の市場を考えてみよう。テスラやフォード、ヒュンダイ、日産など多くの企業が、すでに市場に存在しているガソリン車と張り合うプロダクトを開発している。彼らはプロダクトを消費経済へ売り出そうとしているが、消費経済での競争は厳しく、市場は飽和状態だ。だが、無消費をターゲットにしたらどうなるだろう？　移動や運搬で日常的に不便を味わっている世界中の人たちに向けてプロダクトを開発したらどうなるだろうか。消費経済のプロダクトを開発するよりもむずかしく、方向を定めにくいかもしれないが、電気自動車業界で無消費をターゲットにしたビジネスの機会は巨大だ。

3．市場創造型イノベーションはたんなるプロダクト／サービスではない

市場創造型イノベーションとは新しいインフラや制度を引き込み、地域の雇用を創出する力をもった、システム全体を指す。モ・イブラヒムのセルテル社がアフリカで携帯電話網を大衆化した方法に、

具体例を見ることができる。彼らはまったく新しいデジタル経済へ続く道を切り拓き、その経済は現在、およそ400万人の雇用を支え、2020年には450万人を超えると見込まれている。彼らのプロダクトは、たんなる安価な携帯電話ではない。システム全体なのだ。そのシステムは、技術者が設置・保守管理する基地局であり、小売店で販売される「スクラッチカード」（分単位で通話時間を購入できるカード）であり、発想豊かなアーティストやデザイナーによる広告であり、弁護士の作成する適切な契約書であり、銀行から融資を受ける新しいプロジェクトであり、国の状況に合わせて適宜修正する規制であり、これらすべてが合わさったものだ。市場創造型イノベーションは、地域の多数の雇用の上に構築されたシステム全体なのである。

4．プッシュではなくプルを重視する

制度やインフラ、腐敗防止策を外から押しつけ《プッシュ》ることは、一時的には問題を解決するかもしれないが、長期的には好ましい結果をもたらさない。市場を創造し、その市場に社会が必要とする資源を引き入れ《プル》るイノベーションを促進させることで、繁栄の可能性は高くなる。新市場によって投資家や企業家、顧客、政府など経済のステークホルダーに利益が生まれると、ステークホルダーはさらに利益が得られるように、市場が引き入れたインフラや教育、製作などの資源をそのまま維持する方向に後押ししようとする。プル型戦略を採る場合、すでに市場はそこにあり、プルした資源を有効に活用

できるため、長期的で持続可能な繁栄につながりやすいのだ。

5. 無消費をターゲットにすれば、規模の拡大に費用がかからない

無消費が見つかり、大勢の無消費者が利用できるプロダクト／サービスをつくるビジネスモデルを始動できたのなら、その後の拡大にはたいして費用はかからない。たいせつなのは、まず無消費に気づくことである。あなたが消費経済を追いかけていて、消費経済のなかで規模の拡大を図ろうとするのなら、実現はかなりむずかしいだろう。一方で、一般的なケニアの人たちに金融サービスがどう広がったかを思い出してほしい。金融サービスに広大な無消費の機会があると気づき、革新的なモバイルマネー「Mペサ」を開発したサファリコム社がその後Mペサの規模を拡大するのには、たいして手間はかからなかった。10年も経たないうちに2000万人以上のケニアの人たちがそれを生活に引き入れている。もしサファリコムが消費経済をターゲットとした伝統的な銀行システムで同じことをしようとしていたら、どれほどの手間と金がかかっただろうか。

市場創造型イノベーションは地理的な隔たりや、業界、経済の境界を越えて広がり、今日貧困にあえぐ多くの国もそこから画期的な成長の機会を得ることができる。本書ではこれまで医療から自動車、金融サービスから保険、食料とさまざまな業界を取り上げてきたが、そのどれもが市場創造型イノベ

ーションの肥沃な土地を有している。イノベーションは実際に世界を変えることができるのだ。だがそのためには、私たち自身が自らの思い込みを疑い、視点を新しくしなければならない。それこそが、これまで存在を知らなかった広大な可能性へと踏み出す第一歩となるのだ。

繁栄のパラドクスへの解決策

「ライト兄弟」と聞くと、飛行機の発明、製作、飛行にアメリカで最初に成功した偉人だと連想する。だが、「有人動力飛行機」の一番乗りを目指す競争にライト兄弟以外の人たちも大勢参加していたことはあまり知られていない。もともと、ライト兄弟が勝利する可能性はそれほど大きくなかったとされる。彼らは最も有名だったわけでも、敬意を表されていたわけでも、資金が潤沢だったわけでもない。当時、有望とされていたのは、天文学者で物理学者で発明家でもあったサミュエル・ピアポント・ラングレーだった。

ラングレーは数学と天文学の教授で、のちにスミソニアン研究所の事務局長を務めた。今日では、NASAのラングレー研究所やラングレー空軍基地など、多くの航空機施設が彼にちなんで命名されている。有人動力飛行機を開発するにあたり、ラングレーは5万ドル（現在の価値ではおよそ140万ドル）の税金を自分の研究に回し、アメリカ政府の資源も自由に使うことができた。この競争に勝つ明確なアイデアが彼にはあり、充分な力を生み出す方法さえ突き止められれば、弓から放たれる矢のように飛行機を空へ飛ばすことができると確信していた。みなの期待を大いに集め、ラングレーは自作した飛行機にポトマック川を横断させて、自身のアイデアの正しさを証明しようとした。だが、彼のエアロドローム号は川へ墜落し、2回のテスト飛行はいずれも失敗に終わった。連邦議会で大恥をかかされ嘲笑の的となったラングレーは、結局、挑戦をあきらめる。

対照的に、ライト兄弟が実験に費やしたのはおよそ1000ドルだけだった。兄ウィルバーと弟オービルはつましい自転車店を営み、兄弟のどちらも高校を出ていない。だが兄弟はラングレーがしなかったことをした。問題を別の視点から組み立て直し、新しい問いを浮上させたのだ。ラングレーはエアロドローム号を飛ばすカギは推進力だと考えたが、ライト兄弟はちがうところから始めようとした。自転車にいつも触れていた経験が、彼らにバランスの重要性を気づかせた。自転車と同じように、飛行の揚力と抗力でもバランスがだいじなのではないか？

それは問うべき正しい質問だった。どれほど力強く飛行機が空へと押し出されても、バランスが保たれなければ飛ぶことはない。バランスの役割を理解したことで状況は一変した。1903年、ラングレーの2度目の、そして最後の挑戦がポトマック川に消えてからわずか9日後、ライト兄弟は、ノースカロライナ州キルデビルヒルズで有人動力飛行を成功させた。飛行時間は59秒、飛行距離は852フィート（約260メートル）だったが、たとえ短い飛行であろうと、これが契機となって飛行の重要要素の解明が一気に広まった。多くの施設にその名を残したラングレーはまちがいなく成功者だが、飛行機に関しては、問題を組み立て直したライト兄弟が市場を創造し、その市場が世界を変えたのだ。

これまで学生に指導してきた数十年のあいだに、優秀な学生と経営者にとってとくに重要な資質は、よい質問をできる能力だと私は気づいた。なぜこの方法を採るのか？　私たちが信じていることをなぜ信じるのか？　物事をちがうふうに考えてみたらどうなるか？　私たちの使命は何か、それはなぜか？　なぜ私たちはこの課題にかかわっているのか？　なぜ私たちはこの方法で開発をおこなうのか？　どれも単純な質問だ。だが、これらの質問からは強力な知見を得ることができる。

開発の現場や行政府で働いてきた方や、貧しい国で起業家の育成に携わってきた方、あなたがたの仕事はいま、かつてないほど重要な意味をもっている。ここで紹介したイノベーションの原則が、世界をよりよい場所に変えようとするみなさんの努力に少しでも役に立てればと願ってやまない。

本書が完璧ではないことをわれわれ執筆チームは理解している。この本は完成形ではなく始まりと考えている。イノベーションが、世界の多くの人に繁栄を創出し維持していく過程にどのようにかかわっていけるのかを深く探求する旅の始まりなのだ、と。読者のみなさんにもこの探求の旅に加わってほしい。優れた理論やアイデアは、説明できない状況があることを理解し、最も当てはまる状況と最も当てはまらない状況を判別できたときに、さらに向上する。われわれの考察に挑み、明確化し、本書に書いた理論をより強固にする手助けを得られればありがたく思う。ともに、最も重要な答えにたどり着けるように。

食料や水、教育、基本的な医療へ簡単に手の届かない場所にいる貧しい子どもたちの姿を見るたびに、世界中の多くの人は心を痛めている。子どもたちの姿は、見ず知らずの、一生出会うこともないであろう人たちの心をつないでくれる。だが、その強い感情を知的な行動に変えないかぎり、私たちの努力は決して癒えない傷に一時しのぎの絆創膏《ばんそうこう》を貼ることにしかならないだろう。やがて、人は感情を揺さぶられることに疲れて、無気力になっていく。病に苦しむ貧しい子どもの姿を見ても、もはや行動を起こさず、ただ絶望するのだ。あるいはもっと悪い、ただの無関心に。

この問題を解決することはできる。不可能ではない。楽観主義者だから言うのではなく、かつて成し遂げられてきたことを知っているからだ。多くの人の情熱が合わさって持続可能な進歩へと向けられれば、極度の貧困という解決困難に見える問題であっても、少しずつ崩していくことができる。

われわれはイノベーションの力を信じている。より細かく言うなら、市場創造型イノベーションに投資することが、今日の貧困国に繁栄をつくり出す最も大きなチャンスであると信じている。それは繁栄のパラドクスに対する解決策であり、私たちの時代で、パラドクスの進行を食い止められるはずだ。まちがうには、あまりに多くのことが懸かっている。

【第 11 章】原注

1 "National Health Expenditure Data: History," Centers for Medicare and Medicaid Services, accessed April 26, 2018, https://www.cms.gov/Research-Statistics-Data-and-Systems/Statistics-Trends-and-Reports/NationalHealthExpendData/NationalHealthAccountsHistorical.html.

2 Kailash Chand, "The NHS is under threat. Only a new model will save it," *Guardian*, January 4, 2018, https://www.theguardian.com/healthcare-network/2018/jan/04/nhs-under-threat-new-model-of-care.

3 Robert F. Graboyes, "High Quality and Low Price Coverage at Narayana and Health City Cayman Islands," *Inside Sources*, September 13, 2017, http://www.insidesources.com/high-quality-low-price-converge-narayana-health-city-cayman-islands/.

4 Tarun Khanna, V. Kasturi Rangan, and Merlina Manocaran, "Narayana Hrudayalaya Heart Hospital: Cardiac Care for the Poor (A)," HBS No. 505-078 (Boston: Harvard Business School Publishing, 2011): 20.

5 "Investor Presentations: Investor Presentation—May 2017," Narayana Health, accessed April 26, 2018, https://www.narayanahealth.org/sites/default/files/download/investor-presentations/Investor-Presentation-May-2017.pdf.

6 Tarun Khanna, V. Kasturi Rangan, and Merlina Manocaran, "Narayana Hrudayalaya Heart Hospital: Cardiac Care for the Poor (A)," 10.(原注 4 参照)

7 Sasha Banks-Louie, "How a Small Clinic Is Having a Big Impact on Healthcare in Brazil," *Forbes*, September 26, 2017, https://www.forbes.com/sites/oracle/2017/09/26/how-a-small-clinic-is-having-a-big-impact-on-healthcare-in-brazil/#358d9e1f3ab5.

巻末付記

新しいレンズで見る世界

起業家精神こそ、最も確実な発展への道だ。

——ポール・カガメ、ルワンダ大統領

ビジネス、開発、行政府のどの分野であれ、これから取り上げるイノベーターは、新しいレンズを通して世界を見ている。その先にあるのは、社会の不便や苦痛が好機になる世界、外部の資金で始まった開発がやがて現地の人たちに受け継がれていく世界、起業家が活躍しやすいように行政府が支える世界だ。ここでは、最も成長しそうな市場機会を予想するのではなく（その面も一部にはあるが）、無消費と市場創造型イノベーションのレンズを通した世界では、リスクと報酬がそれまでとはちがって見えることを伝えたい。

ここで紹介する組織や計画が長期的に成功すると決まったわけではないが、繁栄する世界への道が多様にあることを心強く思わせてくれる。

部外者の力

どの業界でも内部に部外者、つまり非専門家がいたほうがいい。彼らはその分野の常識や前提条件にとらわれていないため、専門家が専門家であるがゆえに疑問に思わないような単純な質問をすることができる。

マルコム・マクリーンという人物がいた。あまり知られていないが、現代の私たちが効率よく貿易ができるのは、高校卒業後にすぐ働きはじめ、のちに莫大な富を手にしたこのマクリーンによるところが大きい。1937年の感謝祭前日、ノースカロライナ生まれでトラックの運転手をしていた彼は、港の荷さばき場で何時間も待たされていたときに天啓を得る。感謝祭のだいじな食事会までに家に帰り着くには、あとどのくらいでそこを出なければならないかを計算するうち、当時の配送方法の主流だった混載貨物はきわめて効率が悪いうえに危険でもあり、もっといい方法があるはずだと思いついたのだ。(1)

マクリーンは現場監督に言った。「トラックごともち上げて船に積み込んだらどうかな」。現場監督は深く考えないまま笑い飛ばした。当時、すべての運送業者は、貨物をある場所から別の場所に移す一番速い方法は、船を大きく、高速にすることだと当然のように考えていた。だがマクリーンは、より効率的に荷を運ぶカギは船を速くすることではなく、荷さばきの効率を上げることだと考えた。海上輸送の専門家ではなかったので誰からもまともに聞いてもらえなかったが、部外者だったからこそ、専門家の見えないものを見ることができたのだ。

今日ではコンテナ輸送はあたりまえになっているが、それがあたりまえになったのは、天啓から20年後、金を貯めたマクリーンが船会社を買って、コンテナを積み降ろしできる特別な船と装置をつくったあとのことだ。マクリーンのイノベーションである「コンテナ輸送」は、運送コストを、トンあたり約6ドルからわずか16セントにまで引き下げ、船の積み降ろし時間を1週間から8時間に短縮した。さらに、荷の積み降ろしをせずにコンテナごと輸送するという技術により、荷さばき場での負傷事故を大幅に減らした。(2)

マクリーンは貿易の進め方を改革して世界に影響を与え、3億3000万ドル相当の財を成した。自らの才覚だけで立身出世を遂げたのだ。

後知恵では明らかに優れているとわかるコンテナ輸送でも、当時の常識から外れていたためなかなか理解してもらえなかった。こうした例は枚挙にいとまがなく、とりわけ物事の進め方を根本的に変えるような場合に拒絶度が高い。

バリー・マーシャルとロビン・ウォレン両博士が、胃炎や胃潰瘍の患者の胃からヘリコバクター・

ピロリ（Hピロリ）菌を発見したケースを考えてみよう。Hピロリ菌を発見したふたりは、２００５年にノーベル生理学・医学賞を受賞することになる。

微生物学者のマーシャルと病理学者のウォレンは、Hピロリ菌が胃のなかに存在することを証明しようと研究室で培養実験に取り組んでいたが、失敗が続いていた。ようやく成功したのは、１００人の患者から集めたサンプルの35番目だった。マーシャル博士は後日こう振り返っている。「発見できたのは幸運なハプニングのせいだった。組織を培養器に植えつけたあと、復活祭の長い週末がはさまったため、4~5日間、検査しなかった。いつもはもっと短い間隔で検査し、48時間後には廃棄していた。48時間経つと、胃腸や食道の組織にふつうに存在する常在細菌が成長しすぎて実験の意味をなさなくなると考えられていたからだ。ところがこの法則は、Hピロリ菌の培養には当てはまらなかったんだ(3)」

ふたりが菌の培養に成功したあとでも、科学界は、Hピロリ菌が胃炎や胃潰瘍の発症と関連のあることを認めようとしなかった。「懐疑派とは2年間論争したが、Hピロリ菌が病原菌だと証明できる生体モデルがなかった。私が正しいなら、この菌への感受性がある者は誰でも、やがて胃炎や、もしかすると胃潰瘍になるだろう」。Hピロリ菌が陰性だったマーシャル博士が培養した菌を摂取したところ、膨張感、食欲減退、嘔吐といった症状が出現しはじめた。内視鏡検査によって、多形核白血球浸潤《しんじゅん》と上皮損傷を伴う重度の活動性胃炎があることが判明し、マーシャル博士がインタビューで語

ったように、「胃炎の発生理由が説明された」のだ。(4)

科学界の対応を非合理的だとあとから責めるのはたやすいが、彼らのとった態度は当時としてはきわめて理に適っていた。マーシャル博士は、胃のなかでの細菌の生存に関してそれまで信じられていたことすべてをひっくり返そうとしていたのだ。明晰《めいせき》な科学者たちが何十年もかけて構築してきたものの前提のひとつが根本的に誤っている、あるいは思っていたほど正しくないという見解は、衝撃的なものになりうる。その法則や慣習の内側にいると、新しい視点をもつことは簡単でない。

ここからは、市場創造と無消費のレンズを着けて、世界のさまざまなチャンスを見てみよう。グローバルに広がる問題を解決し、豊かな富を築き、社会を繁栄させる可能性があふれている。

•インドのポータブル洗濯機

世界の洗濯機業界の市場規模は、約250～300億ドルで、インド市場がそれに占める割合は10%以下である。インドには13億人が住み、世界人口のほぼ20%を占めているにもかかわらず。(5) インドで洗濯機をもっている家庭は、全体の9%にすぎない。(6) これに対し、イギリス国内では97%の家庭が洗濯機をもっている。洗濯機の所有率だけで比べれば、現在のインドは、すでに65%の家庭に洗濯機があった1970年代のイギリスよりも遅れている。洗濯機も買えないほどインドの人は貧しいのか、という見方もあるだろうが、裏を返せば、それだけ膨大な無消費の機会があるということだ。

世界の洗濯機市場の規模は2025年までに450億ドル、あるいはそれ以上に達すると予測されている。[7] こうした推計は、既存の洗濯機市場の現状に、「消費経済」での伸び率を加味して計算する。だが残念ながら、既存の洗濯機の市場を大きく伸ばすにはさまざまな制限がある。

従来の洗濯機は構造が複雑で、電力を食い、水道が通っていないと使えず、設置に配管業者を呼ぶ必要が多い。インドの家庭の多くには、そんな費用を支払う余裕はなく、そもそも電気の通っていない家庭もまだ多い。したがって、従来の洗濯機はその設計からして、インドなど世界の人口のかなりの部分を消費者から排除してしまっている。だがここにイノベーターが登場して、この無消費者の市場を狙った洗濯機を設計し、製造し、販売したらどうなるだろう。

こうした市場を狙う洗濯機は、かさばらずに、設置や操作がしやすいものでなければならない。さらに従来品よりも大幅に低価格でなければならない。設備のととのっていない小さな家にも置けて、電気なしでも動かなければならない。加えて、大手家電販売店の流通ルートに乗らないような辺鄙な地域にも簡単に届けられなければならない。イノベーターが無消費者の状況に合わせて洗濯機の機能を考えれば考えるほど、その洗濯機は従来の姿からかけ離れていく。

ある会社がすでにバケツ式のポータブル洗濯機を開発し、約40ドルで販売している。バケツに取りつけ、水と洗剤と衣類を入れるだけでいい。[8] 地域で洗濯業を営む店に、この製品を売り込んだらどうなるだろうか。小さな洗濯業者の多くが顧客の衣類を手で洗っているが、この製品があれば、より多くの衣類を預かり、価格を下げて、事業を成長させることができる。バケツ洗濯機の製造会社が、自社で、もしくは銀行と提携して、洗濯業者に融資を提供することも考えられる。小さな洗濯業者が事業を大きくし、信用を築いていくのに、この洗濯機がどれほど役に立つことだろう。

一方、こうした洗濯機を家庭用として開発し、インドの10%の家庭に売ることができれば、約10億ドルの売上になる。新興国に新しい市場をつくるイノベーターの活躍する余地がありそうだ。

●ナイジェリアの低価格薬品

「世界経済見通し（WEO）」の報告によれば、ナイジェリアの薬局の数は現在、100万人あたり25に満たない。人口約1億8千万人のナイジェリアで認可薬局が5000店もないということになる。アメリカの例で比較すると、人口3億2500万人のアメリカでは約6万7000の薬局があり、ドラッグストアチェーンのウォルグリーン1社だけでナイジェリアの薬局全部を合わせたよりも多い8000店舗がある。この圧倒的な数字の差だけでも、ナイジェリアに市場創出の大きなチャンスがあることを示している。比較対象がアメリカでは不公平に映るだろうか。だが西アフリカの別の貧困国ガーナと比べてみても、ガーナの薬局の数はひとり当たりでナイジェリアの4倍多い。さらにナイジェリアが直面しているもうひとつの問題は、偽造医薬品の横行である。あまりにひどく、薬局が自社のサプライチェーンの品質を保証することすらむずかしくなっている。

こうした現状を知るにつれ、解決方法はどこにあるのかと暗澹《あんたん》たる気持ちになるかもしれない。毎年、病にかかる何千万という人に低価格で純正の薬品を届けるには、まず、政府による規制の整備とサプライチェーンの改善が必要だと思うかもしれない。だが実際には、規制の整備もサプライチェーンの改善も、低価格で良質な薬品を提供する解決策を構築することでもたらされる。低価格の薬局というビジネスモデルがあってこそ、必要なインフラを引き入れることができ、このインフラがやがてナイジェリアのインフラになるのだ。

かつての教え子であるブライアン・メゼは、この問題の解決策となりうる「ライフストアズ薬局」を展開しようとしている。彼は卒業後、ハーバード・ビジネス・スクール（ＨＢＳ）の「成長とイノベーション・フォーラム」で１年間私とともに、イノベーションとマネジメントの理論が経済発展にどのような影響を及ぼすかの研究をおこなった。その成果は、私と共同執筆した、本書のテーマの一部とも重なる"*The Power of Market Creation*"（市場創造のパワー）の記事としてフォーリン・アフェアーズ誌に掲載されている。

ライフストアズ薬局は、ナイジェリアの低所得者層が密集する都市部を中心に展開する低価格の薬局チェーンだ。余計なものをそぎ落とし、直営の新店舗を開設するだけでなく、家族経営の小さな店が親ブランドのもとで専門化していけるようなフランチャイズ制も推進している。さらに、薬品の品質を確保するため、薬剤メーカーおよび一次卸業者と直接契約を結び、ＷＡＶＥアカデミー（同じくブライアンが共同設立した職業訓練のための社会的事業) のような地元の業者と連携して、顧客サービスのトレーニングをおこなっている。ライフストアズが発展して、ナイジェリアの〝ウォルグリーン〟になったら何が起こるだろう。雇用が生まれ、さらにすばらしいことに、地域の人たちの人生も変わるかもしれない。市場創造型イノベーションには、こうした成功を呼び寄せる可能性がある。

●カンボジアの安眠

無消費の機会を見つけたければ、どこかの国へ行って、モルモン教の宣教師を見つけ、一緒に暮らしてみるのが一番早い、と私はよく言う。宣教師たちはだいたいその国の最も貧しい地域に住み、地元の人と同じように暮らしている。したがって、そこで味わう苦痛や不便は、そのまま市場創造の好機を示している。あるとき、カンボジアに赴いていた宣教師から報告が届いた。

彼の観察によると、この国の中~低所得層に属する人たちはほとんどマットレスを使っていない。カンボジアのひとり当たりGDPは1270ドルなので、ほとんどのカンボジア人が中~低所得層に入る。世界銀行によると、カンボジアの人口1570万のうち30%が、「貧困すれすれのところにあり、経済危機や天災など外部のショックにさらされると、たやすく貧困状態に戻ってしまう」[9]。彼の知るほとんどの人が、竹のマットや硬い床の上で眠っていた。マットレスを使う人もいたが嵩があるため、1部屋しかない小さな家では収納がむずかしかった。

カンボジアやその他の貧しい国では、多くの人が1部屋だけの小さな家に住んでいるため、たんに値段を下げただけでは解決にならない。では、イノベーターが、低コストで組立や分解や収納が容易なマットレスを開発したらどうだろう。マットレスの上で夜ぐっすり眠りたい人たちのための新しい市場をつくれるかもしれない。世界には、「良質な夜の睡眠」という大きな無消費が存在するのだ。

●ガーナの廃棄物発電

貧しい国とその政府にとって、公衆衛生はきわめて大きな問題だ。教師や医師といった公務員に払う給料すら捻出できない国にとって、公衆衛生のための資金をどこからもってくればいいのだろうか。同様に、貧しい国では廃棄物処理も重大な問題になることが多いが、最近の都市化傾向も相まって、解決の見通しは暗い。地域住民には深刻な健康被害のおそれが生じ、経済にとっても負担が大きい。そこに登場したのがサフィ・サナである。

サフィ・サナは廃棄物発電工場をガーナに建設し、地域住民と政府に多大な影響を与えている。ビジネスモデルは単純だ。都市部のスラム地域のトイレと食品市場から排泄物と食品廃棄物を集め、工場で処理し、有機肥料と灌漑《かんがい》用水とバイオガスに変える。その後、バイオガスで発電する一方、有機肥料と水を用いて苗を育てる。こうしてサフィ・サナは、ガーナの排泄物処理問題の解決策を具体化し、切実に求められていた肥料を農民に提供し、クリーンエネルギーを社会に提供することができた。

さらに、サフィ・サナは拡張性と長期的な持続性を確保するために、地域主体モデルを採用した。工場スタッフの90％が、集中トレーニングを受けた地域住民である。施設の稼動開始後すでに、従来は経済展望の乏しかった1000人以上のガーナ人に職とトレーニングを与えている。

●メキシコ人のための電気自動車

メキシコの2016年の輸出総額3740億ドル相当のうち、23・4％の約880億ドルを、乗用車、トラック、その他の自動車分野が占めている。[10] こうした自動車の大部分は、フォードやBMWといった外国ブランドのガソリン車である。そのため、ザクアというメキシコの会社が電気自動車の設計・製造を開始したとき、多くのメキシコ人が誇らしさを感じた。ついに自分たちのものができる、と。あるジャーナリストはこう表現した。「メキシコ人として、ザクアには、しっかりした電気自動車ブランドに成長してほしい」。ザクアは、標準モデルを2万5000ドル以下で販売する予定だ。ただし、エアバッグは装着せず、国際標準に適合していない。2019年末までに300台の販売を見込んでいる。[11]

もしもザクアが、すでに多くの企業が激しく競争している電気自動車市場に参入するのではなく、メキシコの自動車製造技術を活用して、無消費市場を追求することにしたらどうなるだろうか。日産やルノー、BMW、フォードといった相手と競うのではなく、「無消費」に挑むとしたら。

メキシコには乗用車やトラックを製造する技術力がある一方、一般的な市民には車を買うだけの余裕はあまりない。メキシコの人口1000人当たりの車の数は約280台。[12] これはアメリカの約800台、オーストラリアの740台、カナダの662台と比べてかなり少ない。[13][14] その分、メキシコの無消費市場、ひいてはラテンアメリカ全体の無消費市場は大きく、市場が創造されるのを待っている。この市場を誰がつかむにしろ、莫大な利益が生まれるだろう。中国の電気自動車のシナリオがメキシコにもザクアにも参考になるかもしれない。

私は過去数年間に何回か中国を訪れたが、そのたびに、小さな電気自動車があたりを走り回っている光景に驚かされた。2017年だけでも、中国の電気自動車市場は50％以上の成長を遂げ、減速する気配を見せない。中国の消費者のおよそ3人に1人が電気自動車の購入を好む傾向にあり、いまや業界の投資額全体の40％を中国が占めている。[15]

ザクアが既存メーカーと競うのではなく、中国のように余計なものを省いた安価な小型電気自動車を開発したらどうなるだろう。多くの国で自動車の平均乗員数は2人以下だということを考えると、手始めには2人乗りでもいいかもしれない。[16] 加えて、乗員ひとり当たりの平均走行距離は国が豊かになるにつれて伸びる傾向にある。アメリカの例を見ると、1950年と比べて39％増えている。ということは、新興国の車は富裕国ほど長い距離を走行する必要はない可能性もある。性能を追求するのではなく、誰がどのような目的で利用するのか、金銭的にどのくらいの余裕があるのかなど、無消費者を理解することに集中すれば、車や移動性《モビリティ》を新たな視点でとらえるのに役立つはずだ。ザクアは、車を売るのではなく走行距離を売ることになるかもしれない。結局のところ、車の主要な機能は人をある地点から別の地点へ運ぶことなのだから。

異なる視点でとらえ直せば、コストを大幅に削減し、無消費者にも手の届く車をつくることは不可能ではない。メキシコの自動車の所有率が、現在の人口1000人当たり約280台から25％増の350台になったらどうなるだろうか。製造、流通、販売、マーケティング、保守サービスに関係するすべての雇用が増える。これは実現可能だ。

•ナイジェリアのトマト・ペースト

ナイジェリア人はトマトが好きだ。ジョロフライス［トマトベースの、ピラフに似た料理］からさまざまなスープまでトマトをふんだんに使い、トマト・ペーストの世界最大の輸入国である。消費するトマト・ペーストの100％を輸入に頼り、その額は年間10億ドルに達する。ナイジェリアのトマト市場で特筆すべきは、ナイジェリアの農園で毎年200万トン以上のトマトが栽培されているにもかかわらず、収穫量の半分以上が消費者に届くまえに腐るということだ。無消費者を消費者に変えるには、手ごろな価格に加え、手に入れやすいかどうかも重要であるという原則がここにも当てはまる。

一般的なナイジェリア人は収入の半分以上を食べ物に使う。半数以上の店ではトマトが不足気味であり、トマトを手に入れるのはちょっとした贅沢になっている[17]。

ナイジェリアではひとり当たり国民所得が低く、インフラに問題があり、かつ中産階級が専門家の予測ほど増えていない現実を考え合わせると、この国には機会がないか、あってもリスクがきわめて高いという結論になりがちだ。しかし、別のレンズを通して見ると、市場創造の大きなチャンスがあることがわかる。

ナイジェリアのトマト・ジョス社はここに好機を見いだし、投資を始めている。HBSの卒業生であるCEOのミラ・メータは、この市場の可能性を理解している。第一に、ナイジェリアはトマト・ペーストを輸入する必要はない。国内で製造すれば、それだけで10億ドルのビジネスチャンスになる。第二に、トマトの供給力が向上し、価格が安定すると、より多くの人たち、とくに従来の無消費者が新鮮なトマトやトマト・ペーストを入手できるようになり実市場が拡大する。現在のところ、同国の消費可能量と生産量とのギャップは13億ドル以上に相当する。第三に、ナイジェリアは、他のアフリカ諸国および低所得国の縮図である。トマト・ジョス社がこの投資に成功すれば、それを他の国にも展開でき、アフリカの多くの人たちも投資家も幸せになれるだろう。同社は２０１８年、２００万ドルの投資ラウンドを完了している。

・デトロイトのディズニー・ワールド

デトロイトにディズニー・ワールド？ イメージしにくい組み合わせだ。デトロイトはここ数十年、経済の衰退、犯罪や麻薬との深刻な闘い、展望のない未来など暗い話題で注目されつづけてきた。街は推定180億ドルの負債を重ねた挙げ句、2013年に財政破綻している。

だが、かつてはまったくちがう姿をしていた。1950年代のデトロイトは、アメリカのイノベーションの発信基地だった。約1800万人が暮らし、自動車とモータウンの音楽で活気に満ちていた。いまでは、住民は70万人にまで減っている。復活を目指した努力は続けられているものの、うち捨てられたビルや、ガラガラの駐車場、壊れた街灯、破れた夢が無残な姿をさらし、2008年以降、市の公園の半分以上が閉鎖された。[18] このように負の印象が強いデトロイトだが、それでも、レジャーやエンターテインメントの新しい可能性が芽生えている。

新しいことに手を出すまえに、まず基盤を修復せよと言う人も多いだろう。だが、ナイジェリアの映画産業〝ノリウッド〟を思い出してほしい。映画の年間製作本数で見ると、今日のノリウッドは、インドのボリウッドに次いで世界第2位の規模を誇る。ナイジェリア統計局によれば、30億ドル以上の価値があり、100万を超える雇用を生み出している。[19] ディズニーもデトロイトで同じことができる。

ただし、フロリダ州オーランドのディズニー・ワールドをそのままもってこようとすれば建築費や維持費が高くつきすぎる。一般的な4人家族がフロリダのディズニー・ワールドへ1週間の旅行をしようとすると、航空券代は除き、ホテルと入場パスと食事で約3500ドル程度はかかるとされる。大人ひとりの1日入場パスだけで124ドルするのだ。[20] しかも、行ったことのある人ならわかるが、1日ではとても足りない。一般的なデトロイト市民にそれだけの余裕はない。新市場創造の達人なら、ここに機会を見いだす。

ディズニー・ワールドがフロリダで大勢の客に体験させているエンターテインメント――日ごろのストレスを忘れ、誰もが幸せになって夢を叶えられる魔法の世界――と同じ感覚を味わえる別種のエンターテインメントを想像してほしい。ディズニー・ワールドは、家族と一緒に幸せな時間を過ごしたいときに行く場所だ。そのような望みは、金持ちかどうかに関係なく、誰にでもある。

フロリダのディズニー・ワールドをそのままデトロイトに複製することはできなくとも、デトロイト市民や、高額なバケーションには手の届かない人たちがディズニーの世界を体験できるよう、魔法を複製することはできる。多くのデトロイト市民にとって、デトロイト・ディズニーは特別な存在になるだろう。

・ルワンダとサブサハラ・アフリカの床材

アフリカの12億人の半分以上が農村地域に住んでいる。水や空気の汚染が目立つ都市部にはないよさがあるが、住環境には大いに問題がある。電気の普及度から病院の数まで、どんな開発指標でも、農村地域に住むアフリカ人は都市部に住むアフリカ人に比べて、大きな苦痛を味わっている。そのなかで見落とされがちなのが、農村地域の住居には手ごろな価格で手に入れられる丈夫で衛生的な床がないことだ。ルワンダでは、およそ200万戸の家の約80%に土の床があり、厄介な問題を引き起こしている。[21] 雨が降ると、水たまりができて、そこに蚊が繁殖する。土の床で眠るのはとても快適とは言えず、衣服や持ち物がよごれるうえ、健康にも悪影響が及ぶ。

モルタルなどで覆う代替策は、ルワンダとサブサハラ（サハラ砂漠以南の）アフリカの多くの人にとって高すぎる。ひとり当たりの年間国民所得は、それぞれ705ドルと1461ドルなのだ。[22] ルワンダの一般的な家で、土の床をモルタル張りにしようとすると、2カ月分の給料が吹き飛ぶ。ひとり当たりの国民所得が新型iPhone1台よりも低い国で、どこに機会を見いだせばよいのか。だが、表面的には貧困とリスクしかなさそうな国でも、ちがうレンズを通せば、苦痛の先に無消費が、無消費の先に大きな新市場創造の機会が見える。ここをターゲットにしたアースイネーブルという会社がすでに登場している。もしこの会社がルワンダで、続いて他のアフリカ諸国で、革新的なビジネスモデルの実践に成功すれば、大勢の従業員を抱えた数十億ドル企業になれる可能性がある。

アースイネーブルは、すべて地元産の砂利、ラテライト、砂、粘土、水を原料とし、1平方メートルあたり約4ドルという手ごろな価格の床材を開発した。農村地域の一般的な家の床面積はわずか20平方メートルだ。もしこの会社が、土の床の家の20％に床材を提供することができれば、それだけで2500万ドル以上の売上になる。[23] ウガンダ、ケニア、ブルンジ、ボツワナ、ジンバブエ、ナイジェリア、カメルーンへと拡大していったら、この数字はどこまで大きくなるだろう。アースイネーブルは、莫大な売上を記録するだけでなく、製造、宣伝、流通、販売、サービスに多数の雇用を生むだろう。健康に及ぼす影響も見逃せない。破傷風、マラリアなど、不衛生な環境が蔓延の一因になる病気を減らせる可能性がある。

● バングラデシュの発電

バングラデシュは経済的に貧しい国だ。ひとり当たりGDPは1359ドルで、1億6300万人の国民の約20％が、1日2ドルを下回る極貧のなかで暮らしている。農村地域の家庭の約75％は電気を使えない。日が沈めば、非常に高価で空気を汚染する灯油を使って明かりをとるか、暗闇のままでやり過ごすしかない。つまりは、日が沈めば彼らの1日も終わるのだ。自営業を営む者は終業しなければならない。子どもたちは勉強や遊びをやめなければならない。泥棒が入らないように安全策を講じなければならない。バングラデシュの暮らしは、電気がないせいで不安定になっている。われわれは、ここに機会があると見る。

過去数十年間にわたって、再生可能エネルギーの価格は大きく下がってきた。起業家がこの技術を活用すれば、電気の無消費への具体的な解決策をつくれるのではないか。人は、電気そのものを求めているわけではなく、電気が提供するものを求めている。明かりをつけ、テレビを見て、パソコンや電話を使い、食品を腐らせずに保存することを求めている。彼らの苦痛を低コストで克服できる解決策を起業家が提示できれば、成功の可能性は高い。

これを好機と見て投資するインフラ開発公社（ＩＤＣＯＬ）という公共企業体がバングラデシュにある。[24] 過去10年間でＩＤＣＯＬは、バングラデシュの農村地域に、３５０万台以上の住宅用太陽光設備（ＳＨＳ）を設置してきた。高度な機能はそぎ落としたシンプルなもので、売り方としては3種類が用意されている。1番目は、電灯と携帯電話の充電器だけに電力を供給するもの。２番目は、電灯とテレビと充電器だけ、3番目は、2番目のすべてに扇風機をプラスする。ＩＤＣＯＬによると、ＳＨＳを数百万の家庭に届けることにより、7万５０００以上の職が生まれ、１６００万人以上の暮らしに影響を与えた。２０１８年には、国全体で６００万台のＳＨＳを設置する計画が推進された。ＩＤＣＯＬのイノベーターは、電気を使うには貧しすぎるという目でバングラデシュの人たちを見るのではなく、無消費を狙って解決策を考えた。そして暮らしが変わった。結果がすべてを物語っている。

バングラデシュと同じように、サブサハラの多くの国もまた、安定した電力の利用に苦労している。利用できているとしても、高価なディーゼル発電機を購入して発電しているケースが多い。電気の無消費は都市部ではあまり見られないが、家々やオフィスビルや病院のそばで発電機が騒音をとどろかせているところに苦闘が表れている。この発電機の存在も、市場創造の大きな機会を見つけるカギになる。ナイジェリアには、毎時1キロワットの電気に25セント相当を支払う人がいる。これはアメリカ人が平均的に支払う料金（12セント）の2倍以上高い[25]。アメリカのひとり当たり国民所得が、ナイジェリアの25倍多いことを考えれば、料金の高さは驚くほどだ。アフリカでは多くの人が電気を利用できず、できたとしても高価なのが現状である。

アスパイア電力ソリューションズ（ＡＰＳ）社は、ディーゼル発電機の電気に法外な料金を支払っている人々をターゲットとしたアフリカの会社だ。太陽電池パネルを設置し、顧客が効率よく電気を使えるように時間帯ごとの使用量に関する情報も提供する。発電機に比べてより信頼でき、より安価なエネルギーを顧客に届けようとしている。無消費が既存品を買えない貧しい層に限られるわけではないと述べたとおり、無消費は不便や間に合わせの対処策のかたちをとって表れることも多い。ＡＰＳはそこに入り込んでチャンスをつくっている。

・ガーナの奇跡の木

モリンガとは、熱帯地域に多い、丈夫でよく成長する樹木だ。ほとんどすべての部分を役立てることができるので、「奇跡の木」と呼ばれている。茎や葉は野菜代わりに、根はホースラディッシュの代わりに使え、葉は乾燥させ粉末にして、栄養補助剤として食事に入れることができる。種子はローストしてナッツ代わりに、油を搾《しぼ》ればスキンケア商品になる。モリンガの木がいかに使い途が多くても、木に金が生《な》るわけではないが、ガーナや西アフリカでこれを栽培すれば、大きな経済機会が生まれる。

ガーナでは大勢が農業に従事しているが、ほとんどの人の月収は70ドルを下回る。ガーナのひとり当たり国民所得は約１５１３ドル。栄養不良はガーナではサイレント・キラーとして知られていて、子どもたちの５人に１人以上に発育不良が見られ、５歳以下の子どもの半数以上が貧血状態にある。[26] ガーナの気候は奇跡の木の栽培に非常に適している。数十年前にある援助団体がガーナに数百本のモリンガの木を植えたのだが、木は成長したものの、残念ながらそれだけでは経済発展の解決策にはならなかった。

モリンガの栄養的および経済的な便益を考えると、これを原料にしたプロダクトには明らかに市場創出の機会がある。たとえば、イノベーターが種子や肥料や機材の資金を提供して、モリンガの効率的な栽培と収穫を支援し、次に、都市や隣村との人脈を築いて収穫を農産物市場と効率よく結んだらどうだろう。数十年前の援助団体がモリンガを植えたときには考えなかったことだが、これから新市場を創造したいのなら、ぜひとも考えなければならない問いだ。ガーナの若い企業、モリンガコネクト社がこの問いについて考えている。

モリンガコネクトは、MITで学んだ技術者とハーバードで学んだ開発経済専門家が、モリンガの油と粉末の市場の創造と成長を目指して、2013年に設立した企業だ。設立以降、モリンガの木を30万本以上植え、現在はガーナの農業従事者2500人以上と一緒に作業している。彼らは農場に肥料や種子や資金を提供し、油と粉末の市場と農場をつなげ、農業従事者の得る収入を10倍にすることに成功している。(27)

現場の開発者たち

本書を執筆する過程で大きな喜びだったのは、安全な水や良質の教育など、地域の具体的な難題をすばらしい発想と努力で解決してきたさまざまな組織を知ったことだ。この付記を書いたのも、そうした組織の活動に光を当てて広く知ってもらい、彼らのビジネスモデルを他の組織が模倣したり改良したりして、さらに持続性のある方法で難題に取り組んでほしいと考えたからである。

●ＩＤＰ財団

世界の極貧地域の教育を変えるためにＩＤＰ財団を創設したアイリーン・プリツカーは、従来のプロジェクト型の助成金方式を採らなかった。子どもたちの多くが質のいい教育を受けられない国で、寄付金を元手に持続可能な解決策を生み出すにはどうすればいいかを考えたのだ。プリツカーが10年前、最初に目をつけたのはガーナだった。西アフリカのこの国では、中等教育を終了するのは子どもたちの40％に満たない。プリツカーとチームは、いきなり学校を建てたり通学路を整備したりするのではなく、時間をかけて教育の現状と障害となっているものを理解しようとした。

そのなかでわかったのは、ヤムイモやトマトやパイナップルを売る小規模業者は事業拡大のための小口融資を簡単に受けられるのに、低料金の私立校の設立に取り組んでいる起業家には事業資金がほぼ、あるいはまったく回っていかないという事実だった。低料金の私立校には大きな需要があるのに支援が受けられないという事実は、ＩＤＰ財団には理解しがたいことだった。表向きは「無料」の公立校は、実際には多額の授業料に加えて制服代や管理費を徴収するところがあったり、通えないほど遠い場所にあったりするうえ、ひとつの教室に生徒が１００人も詰め込まれたり、教師が組合にがっちり守られているせいで熱心に教えなくても責任を問われることがなかったりして、教育の質のバラツキが大きく、親の不満が募っていた。そのため、貧しい家庭にさえ、私立校への大きな需要があったのだ。

そこでIDP財団は、都市部と農村部で学校経営者にヒアリングし、広範な市場調査をおこない、学校が資金調達を得るときの障害を明らかにして対処しはじめた。ガーナ小口融資機構（MFI）や、小口貸付のシナピ・アバ社と提携して、IDP学校向上プログラムを立ち上げた。

IDP学校向上プログラムは、学校を建設するのではなく、異なる角度から問題に取り組んだ。すでに地元で私立校を運営していた草の根の社会起業家たちの能力を高めることにしたのだ。経営学や金融リテラシーなど学校の運営に必要な訓練を実施し、小口の事業ローンを介して資金調達もおこなえるようにした。資金があれば、低料金の学校の学習環境を改善し、より多くの生徒を獲得することができる。IDP学校向上プログラムに参加している学校では、1学級の生徒数は平均22人で、教師は成果への責任を負っている。このプログラムは、２００９年に開始されて以来、６００近くの学校に広がり、14万人の生徒に役立ってきた（２０１７年8月時点）。

IDP学校向上プログラムはその有益性と拡張性をすでに実証してきた。彼らはいまも学校が自立し、持続可能性をもって発展していけるように支援している。ガーナ政府にも意欲的に働きかけ、公立校と私立校を連携させたり、貧しい家庭でも学校教育の恩恵を受けられるようにしたりなど、教育を充実させる方向へ予算が使われるよう後押ししている。プリツカーは語る。「IDP財団のゴールは、学校向上プログラムが世界中で複製されることです。このプログラムは、ガーナの大勢の子どもたちに質のよい教育と明るい未来を届けてきました。私たちも含め、あらゆる開発組織は、つねにこう自問しなければなりません。〝自分たちがいなくても大丈夫と思えるところまで、現地のプログラムに持続可能性を育むにはどうすればいいだろうか〟」

これは正しい問いだ。

もしIDP財団が、ガーナに行って数百万ドルを費やして、たんにガーナ人のための学校を設立していたらどうなっていただろう。そうしたプッシュ戦略では、初期コストがかかったあと、継続的な見返りはあまり期待できない。数多くの失敗例がそう語っている。

貧困国へ行き公立校かNGOが設立した学校を見るとわかるが、そこに活気や繁栄の兆しはない。むしろ、貧困のシンボルになっている。貧しい国で、教室に詰め込まれて質の低い教育を受けさせられている小学生や中学生を見て心が痛まない人がいるだろうか。実際そうした光景は、その国の長く続く苦闘を目に見えるかたちで示しているのだ。

●ハランベ起業家連合

IDP財団チームは、プログラムが成功を収めはじめるとすぐ、たんに子どもたちを教育して社会に送り出すだけでは充分ではないと気がついた。送り出した先の社会に充分な機会がないからだ。新たに教育を受けた生徒たちは、学業を終えたあとで何をすればいいのだろう。いい仕事が無数に手を広げて生徒たちが教育を終えるのを待ち構えているわけではない。教育を受けた者に職がなければ、教育の価値はあっという間になくなってしまう。

プリッカーとチームが発見したように、ガーナの「教育の問題」はじつのところ、まったく「教育の問題」ではなかった。これは、イノベーションの問題なのだ。教育環境だけを見直しても問題は解決されない。資金を調達しやすくし、企業経営を向上させ、さらには、教育を受けた生徒を雇用できる市場の構築に取り組む起業家とも連携する必要がある。

そのために、IDP財団はハランベ起業家連合と提携した。オケンド・ルイス・ゲイルが創設したハランベ起業家連合は、高度な教育を受け、アフリカ全土で会社を立ち上げている若いアフリカ人起業家250人以上をネットワークで結んでいる。彼らの活動は、エコノミスト誌やバニティーフェア誌、イギリス女王によって取り上げられ、評価されている。アフリカの生んだすばらしい人材であるハランベの起業家たちは、マーク・ザッカーバーグ&プリシラ・チャン夫妻の「チャン・ザッカーバーグ・イニシアチブ」、イーベイの創始者ピエール・オミダイアの「オミダイア・ネットワーク」などから資金を集めている。2016年に、チャン・ザッカーバーグ・イニシアチブは、ハランベアン(連合に加入している起業家)が共同設立したアンデラ社に、2400万ドルの資金を提供した。

ハランベ連合のゴールのひとつは、起業家たちが今後10年間でアフリカに1000万以上の職を生み出せるようにすることだ。それを目指し、連合はアフリカのイノベーションと起業家精神を支えるのに必要なシステムを開発している。この目的のために「シスコ財団」は500万ドルの資金を提供し、彼らと一緒になって、連合の起業家たちに向けた投資ファンドの設立に動いている。シスコでこの活動の先頭に立つ広報担当シニア・バイスプレジデントのテイ・ユは、こうした活動が業界にさらに広がることを期待している。

ＩＤＰ財団とハランベとシスコ財団の協力関係は、問題を異なるレンズを通して見たとき、つまり教育問題の解決策はたんに〝学校をたくさん建てる〟ことではないとわかったときに何ができるかの例を示している。彼らが取り組んでいるのは非常に込み入った難題であり、答えも単純ではない。だがこうした組織が、新たな視点から、時の試練に耐えうる解決策をつくり出してくれることを期待して待ちたい。

•1エーカー・ファンド

近視眼的にならずに総体として問題をとらえるという意味では、1エーカー・ファンドも似た組織である。このファンドは、貧しい国の農業従事者のために、市場を基盤とする解決策を生み出している。市場を基盤とする理由は、農業従事者や地域住民が直面している問題は食料の不足ではなく、市場へのアクセスの欠如だととらえ、解決には市場の存在が必要だと考えているからだ。1エーカー・ファンドは、ケニア、ルワンダ、ブルンジ、タンザニア、マラウイ、ウガンダの農業従事者に対して、種子と肥料を買う資金の融資、土地・労働力など農業に必要なインプットの分配、農業技術の研修、収穫からの収益を最大化するための市場振興策などを提供している。2006年に始動して以来、50万人の農業従事者の生産性を向上させ、現在では5000人以上を雇用している。

1エーカー・ファンドは、農場の収入を50%以上増加させており、2020年までに100万人以上の農業従事者に働きかけることを計画している。同ファンドの共同設立者で事務局長であるアンドリュー・ユーンは、2016年の年次報告書にこう書いている。「2006年の時点では、1エーカー・ファンドは農業組織であると考えていた。そのため、農家の人たちの暮らしを向上させるのに必要な、農業以外のことを考慮に入れていなかった」。ファンドの目的は農家の人たちの生活を向上させることであり、貧しい農家が直面している問題はたんに農業の問題ではないことを踏まえ、いまでは、農家が成し遂げようとしている進歩により的確に寄り添うことができるようになった。

・安全な水ネットワーク

貧困地域が抱える水の問題に取り組む「安全な水ネットワーク」は、いずれは自分たちがプロジェクトから退くことを計画に入れて活動しており、プロジェクトの持続可能性の確保を重視している。彼らは、水問題に対する解決策は、たんに「井戸を掘る」ことや「水を引いてくる」ことではないと理解している。水問題の解決策を持続させるには、それを支えるシステム、すなわち市場がなければならないとわかっているのだ。
地域の住民を受益者として見るのではなく、顧客として見る。米州開発銀行（ラテンアメリカおよびカリブ海諸国の地域開発銀行）のクリスティーン・ターネントは、「経済的な貧困を〝不足〟のレンズを通してだけ見るのではなく〝可能性〟のレンズを通しても見るようにしなければならない」と言う。安全な水ネットワークの行動基準はこの発言のとおりだ。活動中の地域内の起業家を見つけ、ポンプや浄化装置を彼らに提供し、サービスを売る方法を訓練する。安全な水ネットワークは基本的に自らが直接動くのではなく、地域内に入り込んで、必要な能力を生み出し、市場を創造できるようにする。

こうしたモデルを実行するには、井戸を掘るよりはるかに長い時間がかかるが、より利益が上がり、持続可能性も高いことが明らかになっている。さらに、地元住民の職も創出できる。彼らはこれまで400の地域で解決策を実施し、100万人以上に安全な水のある生活を届けてきた。

地域に新しい市場を創造するメリットは、現地のもつ能力と市場のニーズがうまく合致することだ。必要な能力が存在しない場合には、市場がそれを引き入れる。これが重要なのは、今日、世界中で実行されている開発プロジェクトの多くに、プロジェクトのレベルと現地の能力が合致していない例がよく見られるからだ。この場合、どんなにすばらしい技術を駆使した先進的なプロジェクトであっても、残念ながら期待ほどには機能しない事態に陥ってしまう。地元住民では使いこなせず修理もできない先進医療機器が設置された病院、電気のない地域に寄付されたパソコン、指導できる教師も地域に合ったカリキュラムもないまま建てられた学校、故障しても誰も直せない井戸——世界中の援助の蛇口を閉めようというのではなく、そうした活動が地元にとって長期的に役立つかどうかを見きわめるべきだというのがわれわれの意見だ。援助活動は、地域にとって意味があり、ゆくゆくは地域の経済が自力で発展していくための能力の構築に役立つものでなければならない。その方向に向けられてこそ、援助は成功するのだ。

政府機関

政府機関は、国が繁栄していくうえで不可欠な役割を果たす。過去2世紀にわたり、政府の負う責任は著しく増大してきた。今日の政府は、法と秩序を確保する責務を負うだけでなく、質のよい教育や、医療、道路、鉄道、その他の公共インフラ、さまざまな社会制度を国民が利用できるようにしなければならない。貧困国の政府機関も努力を続けているが、実際には、そうした大量のサービスを実施できるだけの資源を財政的にも技術的にも管理能力的にも、ほとんどもち合わせていない。多くの貧困国では、政府が予算を確保し、それに合わせてサービスを提供することが年々むずかしくなっている。

世界の政府が担っている責任を調査すると、低〜中所得国の政府に〝期待されていること〟と〝できること〟のあいだには、たいていギャップがある。自国民が成し遂げようとしている進歩についていったん理解すれば、政府機関はより効果的に責務を果たすことができる。ここでは、努力を重ねている多くの政府機関に希望をもたらす事例を取り上げた。フィリピンやルワンダなど、さまざまな国の事例をつうじ、政府の限られた資源のなかでイノベーションの計画がどのように支えられているかを見ていこう。

•ナイジェリア――雇用を創出する仕事

貧しい国、あるいは資源の乏しい国で公僕として社会を支えることほど困難な仕事はない。同時に、これほど重要な仕事もない。文字どおり、大勢の国民の生命がかかっている。アキンウンミ・アンボードは、本人の認めるところによれば、2015年にナイジェリア・ラゴス州の知事に立候補すると決めたときには、人口増加の意味をよく理解していなかった。ある推計によると、ラゴス州には2000万人以上が住み、1時間に約85人ずつ州の人口が増えている。急速な都市化は、住宅、雇用、医療、道路など、多くの公共サービスの深刻な不足を招いていた。

アンボード知事は、一度にすべてのことを解決するのは不可能であり、自分ひとりでは成し遂げられないということを悟った。州政府の役割は、多くの社会問題を解決しようとしている起業家たちの支援にあると理解した知事は、ラゴス州雇用信託基金（ＬＳＥＴＦ）を設立する。

７０００万ドルを用意したＬＳＥＴＦのビジョンはシンプルだ。ラゴス州民のために、雇用と起業の機会をつくり出すこと。基金の目標を、２０１９年中に60万以上の職を創出し、持続可能な財政基盤をつくることに定めた。初年度は調査と戦略策定に集中したが、その後は今日までに、ラゴス州の大勢の起業家たちへ１１００万ドル以上を低利で融資している。この基金は国連開発計画（ＵＮＤＰ）からも注目され、職業訓練を提供するための資金として１００万ドルを供与された。

アンボード知事は、若く野心的で高い潜在能力をもつナイジェリア人を選抜して理事会を設立し、基金の管理を任せた。理事会は知事直轄とし、理事長には、ハーバードで学んだ前国税長官で、重要な委員会の顧問を務めるイフエコ・オモグイオカウルを据えた。理事には、ＭＩＴ出身の著名な起業家であり、インテル、カルチエ、オラクル、その他多くの著名な組織から高い評価を得てきたビリキス・アデビイアビオラが名を連ね、さらに日常業務の責任者として、ナイジェリアの大手金融機関で10年以上働いた経験をもち、高潔な人柄でも知られる経済学者、アキンタンド・オイボドを選んでいる。

ＬＳＥＴＦが、起業家を支援し、大量の雇用創出を促進するというゴールに本当に到達できるかどうかは未知数だが、現在のところ、正しい方向に進んでいるように思える。本書で繰り返し言ってきたとおり、ひとつの企業だけで1億8000万以上の人口をもつナイジェリアを発展させることはできないように、LSETFの取り組みだけで、ナイジェリア全体を発展させることはできない。しかし、LSETFが培った原則とプロセスは、国の将来を強く牽引する可能性がある。

・フィリピン――水ビジネス

水は命とよく言われるが、残念ながら水は無料ではない。無料どころか安全な水はかなり高価で、水道事業に予算を割く国も多い。しかし、ひとり当たりGDPが3000ドルに達しないフィリピンは国の予算が潤沢でなく、1995年時点で1000万人の国民が安全な水を利用できていなかった。世界で最も人口が密集しているマニラの東部地域では、安全で持ち運べる水を利用できるのはそこに暮らす住民のわずか4分の1だった。状況の悪化に直面した政府は、国家水危機法を制定し、政府がイノベーターと協働して問題解決にあたる道を開いた。この動きのなか、首都圏上下水道庁とフィリピン最古の複合企業であるアヤラ・コーポレーションが産官連携し、マニラ・ウォーター社が誕生する。

マニラ・ウォーターは既存顧客からの収益向上を狙って設立されたのではない。できるだけ多くの人へ水を届けながら、運用の持続可能性を高め、継続して利益を上げられるようにすることを使命としていた。手ごろな価格で簡単かつ便利に水を利用したいという顧客の望みに応えるため、労働力を育成し、既存の組織構造の改革に力を注いだ結果、安全な水を利用できる人の数を住民の約4分の1から住民の99％にまで引き上げることに成功した。同社は2016年時点で、650万人以上の顧客にサービスを提供している。業務を支えるインフラの構築にも並行して取り組み、提供する水の量を1日4億4000万リットルから3倍の1日13億リットル以上へと拡大した。

マニラと水に関して興味深いのは、水はずっとそこにあり、人々はずっとそこに住んでおり、技術はずっと使える状態にあり、水へのニーズもずっとそこにあったということだ。だが政府と民間の連携がなかった。もしマニラの住民と政府が、水の供給は公的機関の仕事だと決めつけたままでいたら、今日のマニラ・ウォーターは存在しなかっただろう。民間の力を取り入れることができたおかげで、マニラ・ウォーターが、フィリピンの人たちの生活を変えたのだ。

政府機関が裏方に回り、技術面、資金面、管理面で適した能力をもつ組織を支援することで、サービスの質が大幅に向上する可能性がある。

●ルワンダ——開業のワンストップ窓口

ルワンダ開発局（RDB）の創設前、1200万人が暮らすこの東アフリカの小国でビジネスを始めることはきわめてむずかしかった。認可を得たり、登記をしたり、税金を払ったりするために、起業家や投資家は、連携の取れていない複数の政府機関と個別にわたり合わなければならない。あまりに効率が悪く、ルワンダ政府は国内事業を歓迎していないのではないかと思わせるほどだった。だがあるとき、政府は気づいた。資金力があり、会社を立ち上げて雇用を生み、ルワンダ人にチャンスをつくろうとしてくれている起業家に、なぜこんな面倒を強いるのか。ルワンダに投資するプロセスを効率化し、起業家の負担を減らさなければならない、と。そうして生まれたのがＲＤＢだ。

２００９年に大統領直轄として創設されたＲＤＢは、いまでは非常に重要な機関に成長している。ＲＤＢの仕事は、ルワンダでビジネスをしようとしている人たちの投資プロセスを簡便化することだ。この目的のため、ＲＤＢは投資家がかかわらなければならない機関や部門のすべてを1カ所に集めた。ワンストップ窓口として、税、許認可、移住、電気・水道等の開設、登記、その他多くの手続きをそこでおこなえるようにした。それまで何週間、何カ月とかかっていた手続きが、ＲＤＢによって数日で完了するようになり、その過程でビジネス環境の透明性も高まった。いまのところＲＤＢは大成功していると言っていい。

２０１７年には、国内外の全投資額として、前年比50％増の約17億ドルを記録した。ルワンダへの対外直接投資（ＦＤＩ）の額は、２０００年の約８３０万ドルから、合計約10億ドル以上にまで伸びた。ＲＤＢ経由での雇用増も順調に進み、２０１７年には前年比１８４％増となる３万８０００の雇用が生まれている。

国民同士で殺し合い、最大１００万人が落命したとされる〝ルワンダ虐殺〟はわずか25年前のことだ。この貧しい小国には望みが残されているようには見えなかった。だが政府は、経済に果たす自らの役割に優先順位をつけて成果を挙げ、大方の見方を覆した。今日でもルワンダはまだ貧しいが、いまの方向で進んでいくなら、将来の展望は明るい。多くのアジア諸国にとってシンガポールがかつてもいまもそうであるように、多くのアフリカ諸国にとっておそらくルワンダが希望の光になるだろう。

●シンガポール――イノベーションによる雇用

「身体はなくても私たちは心を受け継いだ」。シンガポールの初代首相リー・クアンユーは、国の誕生をこのように表現した。「(シンガポールの)味わった苦難は、生き延びたことが奇跡と言えるほどだった。シンガポールは自然に生まれた国ではない」。この小さな島国は消えていてもおかしくなかったし、60年前にシンガポールが世界有数の豊かな主権国家になると予測した者はほとんどいなかった。わずか560万の人口ながら、GDPは3000億ドルに達する。シンガポールの成功は、イノベーションをつうじた雇用の創出を何より優先した結果だ。

数十年前、歴代首相のひとり、ゴー・ケンスイ博士は、学校からいっせいに出てくる子どもたちを見るたびに胸を痛めていた。彼らが大きくなったときに職を与えられる企業の育成が充分でなかったからだ。ゴー・ケンスイ博士も政府も、子どもを教育するだけでは足りないとわかっていた。学校を卒業したあとのことも考えなければならない。シンガポールは、イノベーションを重視する方策に活路を見いだした。具体策のひとつが経済開発庁(EDB)の創設であり、この機関は現在でも強い影響力をもちつづけている。

EDBの仕事は、目に見えて不足していた雇用を創出するために、海外から投資を呼び込むことだった。シンガポールの政府当局者は、自国のビジネス環境のよさを理解してもらおうと、シカゴやニューヨークなど、多くの都市を回って投資家に説明した。シンガポールが援助や寄付ではなく、「投資」を求めていることが、アメリカ人の関心を惹きつけた。政府当局者は、アメリカの支援団体ではなく、第一線の企業経営者たちと頻繁に面談し、シンガポールはいまは貧しいかもしれないが、いつまでも貧しくはない、というメッセージを発信しつづけた。シンガポールが投資先として安全であり、利益を期待できることがいったん理解されると、そこに資金が集まりはじめた。いや、殺到したと言っていい。1970年のシンガポールへのFDIは9300万ドル程度だったが、2017年には600億ドルに達している。これは、アフリカ大陸全体を合わせた額よりも大きい[28]。

シンガポールへのFDIは、増加しているばかりでなく、性質も変わってきている。今日のシンガポールは、50年前の衣類や織物や玩具や木材産業ではなく、バイオテクノロジーや薬品、航空宇宙、エレクトロニクスのほか、クリーンテクノロジーのような最先端産業への投資が急拡大している。アップル、マイクロソフト、ボッシュ、ノバルティスなど、シンガポールにアジア本部を置く企業も多い。シンガポールは、産業化や輸出増ではなく、イノベーションに注力し、たんに雇用数を増やすのではなく、イノベーションをつうじた質のよい雇用を増やそうとしている。これは、経済発展にとって、よりダイナミックで持続性の高い方法だ。

本書で繰り返してきたとおり、繁栄はプロセスである。シンガポールの事例は、前進を続けたいなら、新しいことを学びつづけなければならないと教えてくれる。

●メキシコ――ゴミを食料に

多くの国で都市化が進むなか、各国の政府は、都市に流入する人口に対応するばかりでなく、新しい住民から出るゴミにも対応しなければならない。メキシコシティは以前から廃棄物処理に苦労してきたが、2012年に、最大の施設だったボルド・ポニエンテ処理場を閉鎖してから、状況はさらに悪化した。ガーディアン紙の報道のとおり、処理施設の閉鎖によって、メキシコに「都市のゴミ収集、廃棄、処理に関する総合的な政策が欠如していることが浮き彫りになった」[29]。ゴミ処理場が閉鎖されたからといって、メキシコシティの住民から突然ゴミが出なくなるわけではない。ゴミはそのまま街中にあふれるようになった。この事態は、地元自治体がメルカード・デ・トルーク（通称「交換市場」）を創設するまで続いた。

交換市場にリサイクル可能なゴミをもっていくと、食料引換券と交換でき、この食料引換券は、地元農民が運営している農産物直売所の多くで使うことができる。交換市場は誕生以来、大人気だ。小規模農業のある従事者は、「ぼくたち（農業従事者）にとってすごいことだ。いい値段で、かなりの量が売れる」と喜び、食料引換券をもらう側のメキシコ人も、ゴミと交換することで、リサイクルに参加でき、「本当にやりがいがある」と歓迎している。

２０１２年に処理場が閉鎖されて以降、交換市場をつうじて、大量のゴミがリサイクルされてきた。この施策は、リサイクル可能な製品と農家の生産物とをすぐに交換できる市場を設けることにより、リサイクル業者の職を創出すると同時に、農業従事者の生活向上も図っている。これだけでメキシコシティのゴミ問題を解決できるわけではないが、異なるアプローチで取り組むことにより、市と住民の双方で大きな価値を得られることがわかった。

• インド――フィンテック

２０１６年11月8日、予期せぬ衝撃がインドを襲った。ナレンドラ・モディ首相率いる政府が、事前の警告なしで、５００ルピーおよび１０００ルピー紙幣の廃止を宣言したのだ。当時は、５００ルピー紙幣と１０００ルピー紙幣を合わせるとインドで流通している現金のおよそ86％に達し、しかも国内の消費者取引の98％が現金取引だった。[30] 両紙幣の流通停止は経済に打撃を与え、ＧＤＰ成長率と工業生産高が下がり、多くのインド人が失業することになった。旧紙幣の価値がなくならないうちに交換しようと、何千万人というインド人が何時間も列に並んだ。この紙幣廃止政策にはさまざまな意見があるが、インドに大きな苦痛をもたらしたこと、だがその苦痛が多くのインド人をイノベーションへと向かわせたことについては、おそらく意見が一致するだろう。

２０２０年にはデジタル決済市場が５０００億ドル規模に達すると予測されるなか、グーグルもインドの混乱への投資を決断し、デジタル決済アプリに参入している。[31] 廃止政策が実施されて以来、同国のデジタル決済は80％以上の伸びを示した。[32]

廃止政策とそれに続く経済のデジタル化は、インド経済に別の面からも影響を及ぼしている。以前は、納税しているインド人労働者は全体の約３％だったが、政策実施の翌年には納税申告書の数が25％増加した。大勢のインド人がデジタル経済に引き入れられ、デジタル・プロフィールをもちはじめている。[33] 税収が２５０％増加した地域もある。こうした政策が実施された理由のひとつは、国内の人身売買やテロのネットワークを分断するためでもあった。少なくとも現時点では、この政策は不法行為の防止に効果を上げている。[34]

むろん、どの国も紙幣の廃止政策を施行するべきだと言っているのではない。国が置かれている環境はそれぞれに異なり、ある国でイノベーションの誘発に成功したとしても、ほかの国では逆効果になることもある。ここで言いたいのは、経済活動のなかに政府の力で適度な苦痛や不便をもたらすことで、それがイノベーターの刺激になって、最終的に人の暮らしをよくするプロダクト／サービスの開発につながることがあるという点だ。インドの紙幣廃止政策は、意識的だったかどうかはともかく、まさにこの点に政府の力を使った例だった。

これまで紹介した取り組みはどれも、単体で国を変えるほどの力はないが、それでも多くの人の暮らしを進歩させる可能性をもつ。世界の隅で、進歩を最も必要としている人たちにそれを届ける方法を考えているあなたに、これらの事例が役に立つことを願っている。

おわりに

ＨＢＳの私が教えるクラスでは、学生たちに、そこで学んだ理論やフレームワークを新しいレンズとして用い、異なる視点で世界を見るようにと伝えている。この付記の目的も同じだ。忘れ去られたような遠い地で、じつはさまざまなイノベーションが進行し、それに伴って大きな機会が生まれていることを読者のみなさんに知ってもらいたい。そして、異なる視点で世界を見てほしい。イノベーションに投資すること、より具体的には、新しい市場を創造することは、莫大な利益を得るためだけでなく、地域を持続的に発展させるために私たちにできる最も重要なことのひとつだ。世界は機会であふれている。正しく見さえすれば。

34 Michael Safi, "India currency note ban sparks 'dramatic fall' in sex trafficking," *Guardian*, December 22, 2016, https://www.theguardian.com/global-development/2016/dec/22/india-currency-note-ban-sparks-dramatic-fall-sex-trafficking.

23 1戸当たり80ドルに、土の床をもつ家が160万戸、それに20%を掛けて計算した。"Fourth Population and Housing Census 2012," *National Institute of Statistics of Rwanda* (January 2014): 79, http://www.statistics.gov.rw/publication/rphc4-atlas.

24 「インフラ開発公社（IDCOL）は、1997年5月14日に、バングラデシュ政府により設立されました。1998年1月5日に、中央銀行であるバングラデシュ銀行よりノンバンク金融機関の認可を受けています」。IDCOLの詳細については、以下を参照。http://idcol.org/home/about.

25 Jess Jiang, "The Price of Electricity in Your State," NPR, October 28, 2011, https://www.npr.org/sections/money/2011/10/27/141766341/the-price-of-electricity-in-your-state.

26 "Health and Nutrition: Nutrition, a silent killer," UNICEF, accessed January 30, 2018, https://www.unicef.org/ghana/health_nutrition_7522.html.

27 "Our Story," MoringaConnect, accessed January 30, 2018, http://moringaconnect.com/our-story/.

28 "Foreign Direct Investment, net inflows (BoP, current US$)," The World Bank, accessed January 23, 2018, https://data.worldbank.org/indicator/BX.KLT.DINV.CD.WD?locations=SG.

29 Emilio Godoy, "The waste mountain engulfing Mexico City," *Guardian*, January 9, 2012, https://www.theguardian.com/environment/2012/jan/09/waste-mountain-mexico-city.

30 Rishi Iyengar, "50 days of pain: What happened when India trashed its cash," CNNMoney, January 4, 2017, http://money.cnn.com/2017/01/04/news/india/india-cash-crisis-rupee/.

31 "Google Just Launched a Digital Payments App in India," *Fortune*, September 18, 2017, http://fortune.com/2017/09/18/google-tez-digital-payments-app-launch-india/.

32 Rajeev Deshpandel, "Demonetisation to power 80% rise in digital payments, may hit Rs 1,800 crore in 2017-18," *Times of India*, November 4, 2017, https://timesofindia.indiatimes.com/business/india-business/demonetisation-to-power-80-rise-in-digital-payments-may-hit-rs-1800-crore-in-2017-18/articleshow/61500546.cms.

33 Special correspondent, "Number of income tax returns filed goes up 24.7%," *The Hindu*, August 7, 2017, http://www.thehindu.com/business/Economy/number-of-income-tax-returns-filed-goes-up-247/article19446415.ece.

motorpasion.com.mx/autos-mexicanos/analizamos-a-zacua-la-marca-mexicana-de-autos-electricos-buena-idea-o-proyecto-sin-rumbo.

12 "Data: Road Safety, Registered vehicles, Data by country," World Health Organization, last updated November 11, 2015, http://apps.who.int/gho/data/node.main.A995.

13 "National Transportation Statistics," Bureau of Transportation Statistics, accessed January 29, 2018, https://www.rita.dot.gov/bts/sites/rita.dot.gov.bts/files/publications/national_transportation_statistics/html/table_01_11.html.

14 "Motor Vehicle Census, Australia, January 31, 2018," Australian Bureau of Statistics, last updated July 27, 2017, http://www.abs.gov.au/AUSSTATS/abs@.nsf/Lookup/9309.0Main+Features131%20Jan%202017?OpenDocument.

15 Anjani Trivedi, "China's Electric Car Market Has Grown Up," *Wall Street Journal*, updated January 7, 2018, https://www.wsj.com/articles/chinas-electric-car-market-has-grown-up-1515380940.

16 "Indicators: Occupancy rate of passenger vehicles," European Environment Agency, last modified April 19, 2016, https://www.eea.europa.eu/data-and-maps/indicators/occupancy-rates-of-passenger-vehicles/occupancy-rates-of-passenger-vehicles.

17 "Global Consumption Database: Nigeria," The World Bank, accessed January 24, 2018, http://datatopics.worldbank.org/consumption/country/Nigeria.

18 Monica Davey and Mary Williams Walsh, "Billions in Debt, Detroit Tumbles Into Insolvency," *New York Times*, July 18, 2013, http://www.nytimes.com/2013/07/19/us/detroit-files-for-bankruptcy.html?pagewanted=all&_r=0.

19 Jake Bright, "Meet 'Nollywood': The second largest movie industry in the world," *Fortune*, June 24, 2015, http://fortune.com/2015/06/24/nollywood-movie-industry/.

20 Brad Tuttle, "What It Really Costs to Go to Walt Disney World," *Time*, May 15, 2017, http://time.com/money/4749180/walt-disney-world-tickets-prices-cost/.

21 "Fourth Population and Housing Census 2012," *National Institute of Statistics of Rwanda* (January 2014): 79, http://www.statistics.gov.rw/publication/rphc4-atlas.

22 "GDP per capita (current US$)," The World Bank, accessed January 23, 2018, https://data.worldbank.org/indicator/NY.GDP.PCAP.CD.

【巻末付記】原注

1 混載貨物方式では、トラックに積んだ商品が港の倉庫に届くと、港湾作業員が商品を降ろして仕分けし、倉庫に保管するか、船が着いていれば船に積み込むという手順をとる。

2 Charles Duhigg, Aaron Bird, and Samantha Stark, "The Power of Outsiders," *New York Times*, video, accessed January 29, 2018, https://www.nytimes.com/video/business/100000004807604/the-power-of-outsiders.html.

3 当時は、学界の慣習でも科学的に認められた実験手法でも、48時間以上の培養は無意味とされていた。そのため、わざわざ2日間より長く培養しようと考える専門家はいなかった。

4 Marshall Barry and Paul C. Adams, " *Helicobacter Pylori* : A Nobel Pursuit?" *Canadian Journal of Gastroenterology* 22, no. 11 (2008): 895-896.

5 "Sales of washing machines in India from 2007-2016," Statista, accessed January 29, 2018, https://www-statista-com.ezp-prod1.hul.harvard.edu/statistics/370640/washing-machine-market-size-india/.

6 "Electronic Devices: Washing Machine Market Share & Size, Industry Analysis Report, 2025," Grand View Research, December 2016, https://www.grandviewresearch.com/industry-analysis/washing-machine-market.

7 "Press Room: Washing Machine Market Size to Reach USD 42.16 Billion By 2025," Grand View Research, December 2016, https://www.grandviewresearch.com/press-release/global-washing-machine-market.

8 インドのメトロ・エレクトロニック・ラボ社が、このバケツ洗濯機を開発し、約40ドルで販売している。重量は2キロ台前半、6分間のサイクルで3キロ弱の衣類を洗うことができる。以下も参照。http://www.waterfiltermanufacturer.in/handy-washing-machine.html#handy-washing-machine.

9 "The World Bank in Cambodia," The World Bank, last updated October 2017, http://www.worldbank.org/en/country/cambodia/overview.

10 "Exports: Mexico," Observatory of Economic Complexity, accessed January 29, 2018, https://atlas.media.mit.edu/en/profile/country/mex/#Exports.

11 Mau Juarez, "Analizamos a Zacua, la marca mexicana de autos electricos: ¿Buena idea o proyecto sin rumbo?," Motorpasion Mexico, September 18, 2017, https://www.

謝辞

クレイトン・クリステンセン――豊かさの先に

1973年、2年間の滞在を終えて私がアメリカに帰国したときの韓国は非常に貧しかった。乳児死亡率がきわめて高く、生き延びることすら簡単ではなかった。家族でただ食べていくのがやっとだった友人たちの姿を憶えている。韓国での生活は私を大きく変えた。帰国するとき、私は心を半分韓国に残してきた。絶望的な貧困から友人たちが抜け出すのを助ける方法を見つけようと決めたのだ。

韓国の状況は経済的には厳しかったが、思い出のなかの印象はちがっている。彼らは幸せそうだった。ウルサンの丘を登ったところで、友人が小さな荷車を引いているところに出くわしたときのことだ。引っ越しの最中だと聞き、袖をまくって手伝おうとしたら、彼は笑って荷車を指さし、「荷物はこれで全部だよ」と言った。何もないから、妻と赤ん坊を連れていても楽に引っ越しできるよ、と。韓国で出会った多くの人たちが、彼らなりの感覚で人生に喜びを感じているようだった。持ち物は確かに少ないが、友人や家族との人生は豊かだった。

最近の韓国には、かつての貧困の影はほとんどない。韓国の乳児死亡率は出生1000人に対してわずか2・9人で、アメリカの5・6人より低い。平均寿命も82歳になった。とくに驚異的なのが経済成長だ。1973年から2016年のあいだに、韓国の国民ひとり当たりGDPは406ドルから2万7539ドルへと70倍近い伸びを示した。43年間にわたって毎年10・3%の年間成長率を重ねた計算になる。どんな企業でも大喜びするような数字であり、まして国の成長率なら考えられないほど大きい。韓国は着実に成長を遂げ、2度のオリンピック開催国になったばかりでなく、低所得国への援助プログラムへ資金を供出する側にまでなった。

いまや、自動車やスマートフォンから大型船舶まで、高度な製品を設計し製造する世界的企業を数多く有している。さらに、文化の輸出（音楽のKポップやファッションなど）にも成功している。

韓国は貧しかったころの問題をたしかに克服した。しかし、その過程において新たな問題が出てきたのではないかと思う。

韓国の自殺率は驚くほど高い。2012年、人口10万人あたりの自殺者は平均29・1人で、OECD諸国の平均値の2・5倍にのぼる。さらに同国の精神疾患患者の入院率は、OECD諸国のなかで最も大きい。200万を超える人々がうつ状態に苦しんでいるとの報告もある（さらに痛ましいのは、外聞をはばかり、家族が病気を認めないせいで、適切な治療を受けている患者が1万5000人にとどまっていることだ）。韓国はつねに優れた教育システムをもつ国として世界上位にランクされ、実際に多額の投資をおこなっているが、一方で、学生たちへの高すぎる期待が好ましくない結果を引き起こしているのではないかとの議論が根強くある。

ここではっきりさせておきたい。われわれは世界の繁栄を望んでいるが、豊かになったからといって社会の問題がすべて解決されるわけではないし、個人の抱える問題が解決されるわけでもない。ロバート・ケネディの感動的なスピーチが思い起こされる。「わが国の経済は豊かに成長しました。ですが、ＧＤＰには詩の美しさも、夫婦の絆の強さも、公に討論することのできる知性も含まれていません。ＧＤＰはなんでも測れるようでいて、人生の価値を高めてくれるものは含まれていないのです」

世界をよりよい場所にしたいと努力するなかでも、たいせつなものは見失わずにいたいと思う。私にとってたいせつなのは、人々の役に立ちたいという気持ちを中心にして人生を築くことだ。教育者として、研究仲間として、友人としての私の役割の根底にそれがある。

エフォサとカレンと私は、研究の成果をみなさんに伝え、役に立てることを願っている。カレン・ディロンとエフォサ・オジョモとともに仕事をするのは楽しく、喜びに満ちた経験だった。ここで執筆チームの、それぞれのおもな役割を紹介しておこう。

エフォサは、貧困と繁栄の問題に学界と現場での実践者がこれまで取り組んできた研究成果をまとめ上げ、そこにわれわれ執筆チームの考えをどう当てはめていくかを先導してくれた。これが本書の基盤になった。エフォサの役割は、アフリカ、アジア、アメリカ大陸の過去と現在の精神を知り、その知識を、最初は自身の研究に、それから本書の執筆へと生かすことだった。私が表面的にしか知らなかった世界のさまざまな地域に関するエフォサの知識は驚くべきものだった。私はいまでも、数年前の授業のときエフォサがクラスのどこに座っていたかを正確に思い浮かべることができる。左から2番目の列の後ろのほうだ。その席に座った学生で、彼ほどクラスに喜びと知的な興奮をもたらしてくれた者はいない。最も前途有望な学生のひとりだと感じたとおり、彼は本書ですばらしい仕事を成し遂げてくれた。研究パートナーとしても共同執筆者としても、あらゆる点で期待を上回るすばらしい仲間となった。

カレンと共同執筆するのは今回で3回目となり、回を重ねるごとに彼女の才能をより深く理解できるようになった。執筆の打ち合わせのたびに、私に質問を投げかけ、答えを注意深く聞いては、そこからまた考察を深めていった。複雑な考えを明快に解きほぐす能力にも長け、私が考え、感じていることを見事にすくい取って書き記す、執筆者として類いまれな才能を示した。彼女は、研究パートナーとして、共同執筆者として、そして友人として、かけがえのない存在だ。カレンとともに働く機会をもてない人を気の毒に思うほどに。

本書の執筆を助けてくれた大勢の方々にあらためて感謝を表したい。1970年代にさかのぼって韓国駐在時代から始めよう。とくにエドワード大管長とシスター・キャロル・ブラウンは、私が繁栄と貧困をめぐる疑問をもつに至ったきっかけを与えてくれた。

本書のアイデアをクラスで議論した際には、学生たちがすばらしい教師だった。イグアナフィックスの創設者やクリニカス・デル・アスカルの創設者がここケンブリッジの地で学んだことを自身の市場創造型イノベーションに生かし、彼らの経験がわれわれのアイデアを研ぎ澄ませてくれたことをうれしく思う。

ハーバード・ビジネス・スクール（HBS）でBSSE（成功する企業の構築と持続）コースを教える同僚たち、ウィリー・シー、スティーブ・カウフマン、チェット・ヒューバー、デリク・バン・ビーバー、ロリー・マクドナルド、ラジ・チョードゥリー、V・G・ナラヤナン、レイ・ギルマーチンのすばらしい支援とフィードバックに感謝する。ノーリア学長は、私の研究の心強い支援者であり親しい友人でもあった。ハーバード大学ロースクールのロベルト・アンガー教授とは、混乱のなかで人間の可能性を引き上げる方法について幾度も意見を交換し、そこからインスピレーションが生まれた。かつて博士課程の教え子だったハワード・ユは、深く掘り下げる力を示し、本書に影響を与えてくれた。優れたリーダーシップを示し、研究をサポートしてくれた私の初期のメンターたち、なかでも研究の進め方を教えてくれたキム・クラーク、教え方を教えてくれたケント・ボーエン、探求の道をつねにガイドしてくれたスティーブ・ウィールライトに感謝する。

デリク・バン・ビーバーをはじめ、HBSの「成長とイノベーション・フォーラム」のスタッフは、献身的な支援とソートリーダーシップの源だった。とくに、われわれが世界中から情報を集める際に長時間にわたって研究の手助けをし、クリティカル・シンキングを提供してくれたネイト・キム、市場創造型イノベーションと資本市場を並行させた研究で本書のアイデアに大いに役立ってくれたプージャ・ベンカトラマン、フォーラムの活動を整理しコントロールしてわれわれの仕事を学内で進めやすくしたクレア・スタントンに感謝する。

クリステンセン研究所とイノサイト社の同僚であり親しい友人でもあるみなさんに感謝の意を表する。とくにクリステンセン研究所の共同設立者のマイケル・ホーンと、イノサイト社の上級パートナーであるスコット・アンソニーのふたりは、多くの時間を割いて本書に貴重なフィードバックを提供してくれた。おかげで本書は格段によくなった。あなたがたの支援と友情に感謝する。TCSおよびリ・アンド・ファンの両社には、クリステンセン研究所での研究活動全般に対し貴重な支援をいただいた。御礼申し上げる。

ここHBSの一流の支援を受けられたことは本当にありがたいことだった。なかでもリーダーのクリフ・マクスウェルはこの1年、重要な仕事のパートナーを務めてくれた。クリフの鋭敏な知性、巧みな編集技術、そして世界をよりよい場所にしたいという真摯な情熱は、本書のプロジェクトにとって大きな恵みとなった。現在HBSで自身の博士号取得に励んでいる前任者のジョン・パーマーは、本書の初期段階の強力な支援者だった。彼が何時間も注いでくれた知的作業とエネルギーが、本書に命を吹き込む大きな助けとなった。同時進行する多数の作業を奇跡の手腕でさばいてくれた私のアシスタント、ブリトニー・マクレディに感謝する。どのプロジェクトでも、目立たないところでスムーズな進行を支えてくれた。ブリトニーの前任、エミリー・スナイダーは、コロンビア・ビジネス・スクールで自身のMBAを取得するためにHBSを去ったあとでもまだ、本書のプロジェクトを応援しつづけてくれた。そしていま、エリン・ウエッツェルがそばにいることに感謝したい。

ハーパーコリンズのすばらしいチームと長年いっしょに仕事をできたことは幸運のきわみだ。なかでも、長く私の編集者であり共同作業者であるホリス・ハイムバウチは、私がこれまで出版した本をより高い水準へと引き上げてくれた。長年のエージェントであるスターン・ストラテジ社のダニー・スターンと彼の有能なチームメンバー、ネッド・ウォード、クリスティン・ソーエンゲン・カープ、アニア・トレズパイザーの、綿密なサポートとガイダンスに感謝する。

本書でも、過去数十年のすべての著作においても、考察と支援のうえで、最もたいせつなパートナーは家族である。私が思考を掘り下げ執筆に取り組むのを、つねに興味をもって助けてくれるマシュー、リズ、アン、マイケル、スペンサーとチャニング、そしてケイティに感謝したい。妻のクリスティンと私は、彼らが自身の人生とキャリアに築いている成功を誇りに思う。家族で議論を闘わせたマネジメント理論の活用も、彼らの成功の一助となったようだ。

最後に妻のクリスティンへ。私の人生のすべてにおいて、真に一番たいせつなパートナーだ。彼女は私のこれまでの著作をすべて読み、意見をくれたが、本書ではいままで以上の労力を割いてくれた。彼女の知性と精神の両方が注ぎ込まれ、すべてのページに彼女の気持ちが反映されている。しかも私の近年の健康問題にも配慮しながら、このすべてをこなしてきたのだ。クリスティンがそばにいてくれることの幸せを噛みしめずにはいられない。彼女がいるからこそ、私の仕事も人生もいっそうすばらしいものになっている。

エフォサ・オジョモ――アメリカンドリームの先に

私は20年前、ナイジェリアで大学入試に失敗した。2回も。その後、幸いにもアメリカの大学に入学することができた。2000年8月からアメリカに住み、その富の分け前にあずかれることになった。帰国するつもりはなかったし、長いあいだ故郷を訪れることさえしなかった。卒業して就職し、家とSUVを買い、アメリカンドリームを実現しつつあった。そんなころだ。2008年に、ニューヨーク大学教授ウィリアム・イースタリーの書いた『傲慢な援助』(東洋経済新報社)のなかで、アマレッチに出会ったのは。

ウィスコンシン州の2月の寒い夜、エチオピアの10歳の少女、アマレッチの話を読んだ瞬間、人生の軌道が変わった。毎朝3時に起きて薪《たきぎ》を拾い、市場に売りに行くアマレッチの暮らしを知った私は、友人たちの助けを借りて、非営利組織「ポバティ・ストップ・ヒア(貧困をここで止める)」を立ち上げた。技術や知識の足りないところはフットワークと情熱で補った。しかし、20万ドルが集まったころには、最初に思ったよりも問題ははるかに複雑だということがわかってきた。そこで私は、貧困の撲滅にビジネスが果たせる役割を学ぶため、2013年にハーバード・ビジネス・スクール（HBS）に向かい、クレイトン・クリステンセン教授に出会った。

クレイへ…　あなたほど頭脳明晰で心優しい人に会ったことはない。世界をどう見るかだけでなく、自分自身を、そして自分の可能性をどう見るかを変える力をもっている。初めて会ったのは、彼のBSSE（成功する企業の構築と持続）コースを受講したときで、出会った人すべての進歩を手助けしたいという彼の熱意にたちまち魅了された。教えることへの献身も、学生たちに対する純粋な愛情もすばらしかった。その授業を受け、彼のために働こうと決心した。私にとってこの本は、われわれのアイデアを3年にわたって考え、書き、直して練り上げた結晶だ。クレイにとってこの本は、世界をよりよい場所にするための30年間の旅の軌跡を表している。私を信じて、この特別な旅に同行させてくれたことは光栄のきわみだ。たいせつな問題に対する答えが見つかったと思ったときにも、彼はその考えをさらに広げてくれた。繁栄のパラドクスの意図を細かく調整する作業においては、忍耐強く見守ってくれた。どんなときにも彼は温かく親切だった。感謝してもし足りない。クレイは、家族を除けば、私の人生に最も強く影響した人だ。学問の師であり、人生の師であり、何よりかけがえのない友人である。そしてクリスティン、多くの時間を割いてこの本を読み、すばらしいフィードバックをくださったことに御礼を言いたい。

カレンへ：　本を書く作業は長時間のマラソンに似ている。執筆中は発見と興奮のときばかりではなく、懐疑と不安の時間も訪れる。この本とそこに書かれたアイデアをゴール地点まで運ぶうえで、カレンはなくてはならない存在だった。正しい質問をし、概念を単純化し、読者の個々に響く部分を際立たせる彼女の能力はずば抜けている。この本をよりよくするために時間と労力を惜しみなく注いでくれた。執筆プロセスすべてにおいて真のパートナーであり、〝家族〟でもあった。心から感謝する。

ネイト・キムへ：　綿密な調査と編集に膨大な時間をかけ、本書をより強固なものにしてくれた。複雑な概念を単純化する彼の能力のおかげで、この本は多くの読者にとって読みやすくなった。できるだけよい本にしようと努めた執筆チームにとってネイトの尽力は本当にありがたかった。

アン・クリステンセンへ：　私のマネジャーでもあるアンは、私がクリステンセン研究所で働きはじめてから、毎週同じことを訊いてくる。「何かお手伝いすることはないですか」。本書の執筆を楽しいものにしてくれただけでなく、働くことそのものを喜びにしてくれた。私たちのために、自分を犠牲にして尽くしてくれた。ありがとう、アン。

クリフ・マクスウェルへ：　クリステンセン教授のスタッフを束ねるリーダーのクリフは、執筆チームと同じくらい本書を読み込んで、貴重なフィードバックを返してくれた。本が完成する最後の瞬間までずっと、われわれが考えを研ぎ澄ますのを助けてくれた。親愛なるクリフ、あなたは４人目の著者だ。

ブリトニー・マクレディへ：　クレイのスタッフ陣のアシスタントであるブリトニーは、どの作業も滞ることのないよう中心となって動いてくれた。その過程でわれわれを励まし、士気を高く維持してくれた。

ジョン・パーマーへ：　カレンをこのプロジェクトに〝スカウト〟してきた慧眼に。粗の多かった初期の原稿を快く読んでくれた。ジョンの編集の腕前は本当にすごい。本書のレベルを引き上げてくれてありがとう。

エミリー・スナイダーへ：　コロンビア・ビジネス・スクールで自身のＭＢＡを取得するためにここを去ったいまも、クレイの仕事を支援するために彼女が築き上げてきた文化や仕組みは生きている。最高の仕事ができるようにわれわれをつねに助けてくれた。

スコット・アンソニーとマイケル・ホーンへ：　本書の方向性にも影響するほど重みのあるフィードバックをくれた。初期の原稿をはじめから終わりまで（膨大な量の原注も含めて☺）読んで、わざわざ時間を割いては、フィードバックの意図を説明してくれた。執筆チームからの深い感謝を捧げる。

クリステンセン研究所の同僚たちへ：　ルース・ハート、デビッド・サンダール、ホーレス・ディデュ、スペンサー・ナム、ライアン・マーリン、アラナ・ダナガン、アループ・グプタ、サブハジ・ダス、ジェニー・ホワイト、レベッカ・フォッグ、ジュリア・フリーランド・フィッシャー、ジョン・ジョージ、トム・アーネット、チャンドラセカール・アイア、リチャード・プライス、ジョン・ライリー、メリス・スタンズベリ、パルタサラティ・ヴァラサラジャン。みなさんと一緒に働くのは、私の人生の喜びだ。世界をよりよい場所にしようとするあなたがたの献身は私を励まし、毎日をよりよいものにする努力を続けることができる。

ヘイデン・ヒルとクリスティーナ・ヌーニェスへ：　初期の原稿を読んで鋭いフィードバックを返してくれたことに。

プージャ・シンギとテレンス・ムラジカワへ：　私の知る学生のなかで突出して優秀なふたりは、本質を突いたフィードバックと綿密な調査を遂行してくれた。本書のアイデアが研ぎ澄まされたのはそのおかげだ。

ポバティ・ストップ・ヒア（ＰＳＨ）の仲間たちへ：　ジェレミー&アマンダ・エイキンズ、ランジット&スナハ・マサイ、ドナルド&グレース・オギシ、テリー&メアリ・クレア・エスベック、ジェフ・マイゼル、エセ・エフエミニ、フェミ・オォイィミ。10年前、ＰＳＨの創設に加わってくれた。困難な状況にある多くの人のために、よりよい世界をつくるのだというみんなの信念がいつも私を後押ししてくれる。

教会のみなさんへ：　クリス牧師とベッキー・ドールソン、ジェイソン&ベロニカ・チャン、リーシン・チャーン、ブライト・アムンジ、「丘の上コミュニティ・グループ」のみなさん。最近私の身に起こった困難な時期を、あなたがたの支えで乗り越えることができた。私のために祈り、希望を描き、成長を助けてくれるみなさんに心から感謝したい。そして、本人が思う以上に私の人生を変えてくれたプリシラ・サミュエルのいつも変わらぬ温かさに。

ＨＢＳの「成長とイノベーション・フォーラム」の友人たちへ‥　デリク・バン・ビーバー、プージャ・ベンカトラマン、クレア・スタントン、ブライアン・メゼ、トム・バートマン、ケイティ・ザンドバーゲン、トレーシー・ホーン。あなたがたの支援と知的な厳密さに、そして情報を拡散してくれることに。本書で取り上げた起業家の幾人かを紹介してくれたタディ・ホールに。

ハーパーコリンズ社で執筆チームを担当してくれたホリス・ハイムバウチへ‥　アイデアが充分に固まらないうちからわれわれを信じ、高いレベルに引き上げてくれたことに。

ハーバード・ビジネス・レビュー誌のエイミー・バーンスタインへ‥　私を信じ、後押ししてくれたことに。おかげで執筆者として成長することができた。

国際民間事業団体センター（ＣＩＰＥ）の友人たちとその同僚のみんなへ‥　トニ・ワイス、キム・ベッチャー、ブライアン・リービ、カトリン・クールマン。初期の原稿を読み、本書のテーマを練り上げる手助けをしてくれたことに。貴重なフィードバックとともに参考文献を教示してくれたフィリップ・アワースバルトに特別な感謝を。

家族へ‥　父さん、母さん、エソサ、フェイ、エデフエ、エデマ、ギギ、ウイ、ありがとう。私がいまあるのは、あなたがたの揺るぎない愛と励ましのおかげだ。つねに私を信じてくれた両親に心からの感謝を捧げる。兄夫婦のエソサとフェイ、知的で寛大なふたりとの多くの会話をつうじ、本書のアイデアを掘り下げることができた。そのかわいい子どもたち、ギギとウイは、執筆チームのインスピレーションの源だった。妹ふたり（ひとりは博士号を取得済みで、ひとりはその勉強中）は、執筆に何が必要かをよく知っている。私に的確な質問を投げかけ、本を書くことは読者との対話の入り口だと感じさせてくれた。ふたりとも自分がたいへんな状況でもいつも私を支えてくれた。ありがとう。

20年前、私はアメリカンドリームを探してアメリカに来た。個人としての成功を目指していた。しかしいまではそのすべてが変わっている。人生は自分のためだけにあるのではないと学んだ。地球で命を授かったごく短いあいだに、できるだけ多くの人を助けるものでなければいけないと。この本に書かれていることが、読者のみなさんが世界をよりよくすることに役立つことを強く願っている。読んでくださってありがとう。

カレン・ディロン——思いやりの先に

2年前、娘のレベッカが、通っている高校の授業で「ユニークでイノベーティブな視点をもった」人を招いてスピーチをしてもらう係を割り当てられた。誰かいい人を知らないかと訊かれ、私の頭に真っ先にエフォサ・オジョモが浮かんだ。エフォサがクリステンセン研究所でイノベーションと繁栄をテーマに興味深い研究をしていることを知っていたから。娘に引き合わせたあとはしばらく忘れていたが、スピーチの当日、再び引き戻された。その日の夕食時の会話は、エフォサが高校生のまえで語った話のことばかりだった。ねえママ、ほんの数世代前のアメリカがひどく貧しかったって知ってた？　エフォサさんとは知り合い？　世界のとくに貧しい場所でもすごいイノベーションが起こってるって知ってた？　そのとき16歳だった娘はエフォサのスピーチに感嘆していた。そして私もそうなった。

２０１８年のはじめ、ネイチャー誌に、アフリカの51カ国を対象とした、子どもの栄養不良と低い教育水準の改善に関する論文が掲載された。アフリカ諸国のそれぞれが、子どもの栄養不良をなくすという国連の目標にどの程度近づいているかをきわめて細かく評価していた。その評価は暗澹たるものだった。国連の掲げた、２０１５年までに飢餓《きが》を撲滅するというミレニアム開発目標をどのアフリカ諸国も達成できなかったばかりか、２０３０年までに達成できる見込みのある国もなかった。論文の共著者のひとり、サイモン・ヘイは、国連の開発目標は、たんに「そうあってほしい」という目標に過ぎず、子どもの栄養不良の改善は達成から「遠い、あまりにも遠い」状況にあると指摘した。

胸が痛む。30年以上前の私は、ライブエイド・コンサート［アフリカの飢餓を救うことを目的に、１９８５年に実施された20世紀最大のチャリティコンサート］のテレビ中継にくぎづけになった大勢のティーンエイジャーのひとりだった。このコンサートには、世界有数のロックスターがかつてない規模で集結し、アフリカで飢えに苦しむ人々に食糧を送るための募金を呼びかけた。私たちは、テーマ曲のコーラス部分“Feed the World（世界の人に食糧を）”まで歌詞をすべて暗記し、友だちに電話をかけて誓い合い、思いやりがあれば世界を変えられると信じた。

娘はいま、当時の私とほぼ同じ年齢になっているが、世のなかが充分には変わっていないのは痛ましいまでに明らかだ。しかし、娘の世代が、まえの世代を覆ったのと同じ絶望、あるいはもっと悪い無関心にゆっくりと侵されていくのは見たくない。思いやりだけでは足りない。私たちには、新しいツールが、新しい武器が必要だ。クレイとエフォサと私は、この本を武器に戦いに参加した。優れたアイデアを共有し、社会通念を少しずつ変え、昔からの問題を新しいレンズで見ることで、みなさんの行動のきっかけになることを願っている。

クレイトン・クリステンセンと一緒に働けることは人生の栄誉だ。本書が3冊目の共著になり、世界で尊敬されている研究者の近くで仕事ができることに感謝せずにはいられない。さらに重要なのは、名声だけでなく、人間性も真に優れた人物のそばにいられる機会を得たことだ。この年月のあいだに培った深い友情は、私にとっては何ものにも代えがたい。あなたは私の人生を変えてくれた。

エフォサ・オジョモへ。あなたと一緒に本を書くことができて本当にうれしい。共同作業のあいだ、さまざまなかたちで私を元気づけてくれた。いまの時代にはことのほか貴重な、優れた頭脳と優しい心の両面を併せもつ人だ。互いにたいせつに思うテーマについて何週間何カ月も意見を交わすうちに育まれた、すばらしい友情に感謝する。あなたはたんなるパートナー以上の家族になった。ナイジェリアの人たちに喜んでほしいとあれほど熱心に取り組んでいた井戸が長続きしなかったことは知っているが、本書が長続きする「井戸」となってさらに多くの人を助けられることを願っている。これからあなたは多くのことを成し遂げるでしょう。楽しみでたまらない。

クレイのスタッフを束ねるクリフ・マクスウェルは、執筆チームに劣らず本書を気にかけ、鋭い考察を経て私たちに疑問を投げかけ、本書の水準を上げてくれた。クリスティン・クリステンセンは、親切心と気品にあふれ、このプロジェクトを熱心に支えてくれた。飛び切り優秀なブリトニー・マクレディは、複数の仕事を同時にてきぱきとこなし、私たちを笑わせ、困ったときにいつもそばにいて助けてくれた。あなたは心の妹よ。ネイト・キムは、聞いていた以上にすばらしい調査能力で本書を支えてくれた。あなたがかかわってくれた箇所を黄色の蛍光ペンでマークしたら、本書は真っ黄色になってしまう。みなさんの献身に心から感謝する。

ジョン・パーマーは、初期のエフォサの著作に引き合わせてくれ、自分の時間を割いて本書にフィードバックをしてくれた。真のパートナーであり友人だ。際立って鋭い知性のもち主であるスコット・アンソニーとマイケル・ホーンは、本書の初期の原稿を読み、貴重な考察を与えてくれた。すばらしい知性で執筆のあいだ私たちを支えてくれたアン・クリステンセン、プージャ・ベンカトラマン、ヘイデン・ヒル、クリスティーナ・ヌーニェス、カレン・プレイヤー、クエン・ブイ、ステファニー・グラナーへ。オックスフォード・デイ・アカデミーで、世界をよりよい場所にする努力を重ねるあいだに初期の原稿を読み込んでくれたマロリー・デュィナールパリッシュ。ここ数年の私の秘密兵器で、不屈の情熱をもって日々元気づけてくれたシャーリーン・バザリアンに心からの感謝を。私が執筆にはまり込んでいるあいだ、ずっと応援してくれた友人たち、あなたがたの無条件の支援にお礼を言いたい。

ダニー・スターン、アニア・トレズパイザー、ネッド・ウォード、クリスティン・ソーエンゲン・カープをはじめ、スターン・ストラテジー社のチーム全体が、刊行までのプロセスを力強く牽引し、励ましてくれた。ハーパーコリンズで長年私たちの編集を担当してくれた才能あふれるホリス・ハイムバウチ。飴《あめ》と鞭《むち》を上手に使い分け、いい仕事をしたいと私たちに思わせる手腕は抜群だった。その同僚のレベッカ・ラスキンも、本づくりの最終段階をともに乗り切る、かけがえのない仲間だった。

ロブ・ラシュナウアーをはじめ、バンヤングローバル・ファミリー・ビジネス・アドバイザーズのみなさん。いつも私を幸福な気持ちにさせてくれる。私を迎え入れ、学びと成長を促し、世界レベルの知性のそばで働けるのはなんと幸せなことか気づかせてくれた。バンヤンの一員であることを光栄に思う。

私の両親、ビル&マリリン・ディロンへ。他者への思いやりの心を私に教えてくれた。敬愛する母、マリリンは、私がこれまで書いた本のすべてを鋭い観察眼をもって細かく読み込み、私の仕事のレベルを引き上げてくれた。兄のビル・ディロンと妹のロビン・アルディートは、私の最も熱心な支援者だ。あなたがたみんなを、言葉で書き尽くせないほど愛している。

娘のレベッカとエマへ。この先、世界をよりよい場所にしていくための自分たちのやり方をきっと見つけていくだろう。この本のテーマについて意見を交わしたときに、ふたりが関心をもって私を応援してくれたことを心からうれしく思う。あなたがたの母親であることは私の人生最大の喜びよ。ふたりの励ましがあればこそ、私は仕事を続けてこられたし、この本もあなたがたの誇れるものになったことを願っている。そして夫のリチャードへ。この本のために熱心に考え、事例を探してくれたあなたは、最も信頼できるパートナーであり、親友だ。世界中のすべての問題を解決することはできないかもしれないが、ふたりの長い歩みのなかでともに挑んでいくことはできると思う。ともに人生を歩んでいくパートナーとして、あなた以上の人は考えられない。

日本語版解説

「30年前までは、世界で起きる破壊的イノベーションの多くは日本発だった。なぜ今は出てこないのか?」──前作『ジョブ理論　イノベーションを予測可能にする消費のメカニズム』の日本語版解説の冒頭で引用したクリステンセン氏のコメントだ。あれから2年経ついまも、この言葉を思い出さざるを得ない。

今回、本書『繁栄のパラドクス』の解説を引き受けるにあたり、氏が発したこの問いに対する答えを聞きたいと思い、いくつかの質問を行った。以下に、クリステンセン氏が直接語った言葉をご紹介しよう。

──最後にお会いしたのは4年前、2015年でした。それから日本のGDPは5％成長し、国の借金は8％近く増えました。わが国の経済は危機的状況にあるのでしょうか?

クリステンセン：見方によると言えます。組織の借金が成長率を上回るペースで増えることは問題ですが、そこにとどまる必要はありません。日本は戦後、驚異的な成長を見せました。当時の起業家たちは、既存の市場で売られている製品に手が届かない何百万人もの市民に向け、彼らが手に入れることのできるような数々のイノベーションを起こした。「無消費者」を対象にシンプルで低価格な製品を開発したのです。ソニーのトランジスタラジオやウォークマンがいい例です。90年代初期以降、日本経済は低迷に苦しんでいますが、日本の起業家が再び無消費者を対象にしたイノベーションに集中すれば、より経済も強く成長することでしょう。

――日本は十分に繁栄していると言えるのでしょうか？

クリステンセン：まず、「繁栄」の定義をはっきりさせておきましょう。わかりやすい指標として、質の高い教育や医療、行政の存在が挙げられます。こうした指標は確かに無視できませんが、もっと大切なのは市民に十分な数と収入をもたらす雇用機会があるかどうか、また社会階層が固定されず、誰もが上昇するチャンスをもてるかどうかです。

日本はこれらの尺度で見れば、繁栄していると言えるでしょう。しかし重要なのは、多くの地域住民が経済的、社会的、政治的な幸福度を向上させていくプロセスです。日本にとってはこのプロセスが現在進行形なのかどうかが問われています。日本は今現在も、市民の発展を育んでいるのだろうか、と。戦後の貧困から繁栄までの軌跡には目を見張るものがありますが、今の世代や、将来の世代にわたってこのプロセスを継続させることの重要性に気づく必要があります。

——本書では繁栄を「多くの地域住民が経済的、社会的、政治的な幸福度を向上させていくプロセス」と定義していますね。日本のように過去25年間、経済成長できずにもがいている国は、この3つの側面のうち、どこから手をつけていくべきですか？

クリステンセン：3つは互いに連係しています。ひとつが花開けば、他を支えます。もっとも、経済的側面がすべてのきっかけとなると言えるでしょう。経済が繁栄すると、その状態を維持するために周辺の社会的・政治的な状況が整備されるのです。

——消費経済は、無視しにくい魅力を持っています。どうすれば政治家や政策立案者、さらにはビジネスパーソンに、無消費経済をターゲットにするよう訴えられるでしょうか？

クリステンセン：政策立案者やビジネスパーソンにとって最も重要なことのひとつは、イノベーションには種類があると理解することです。持続型、効率化、市場創造型という3つのイノベーションはどれも重要ですが、それぞれ別々の役割を持ちます。この中で、市場創造型イノベーションだけが持続的な経済発展につながる役割を果たし、他の2つは消費経済を対象にします。いわば既存顧客の維持、または製品の価格を下げる努力といった文脈でのイノベーションです。企業の継続的な成長にはどちらも大事ですが、新たな収入源としては期待できません。真の成長は、無消費の状態にある顧客を発見することから始まります。これらの顧客は自らが直面する課題を解決するために苦心していて、何かしら手頃な価格で身近な解決策が現れるのを待っています。市場創造型イノベーションは、まさにこれを成し遂げ、顧客がまだ見えていないところに市場をつくり出すのです。

もし、イノベーション活動は活発なのにもかかわらず国の繁栄がストップしているようならば、それはイノベーションの種類を間違えているという問題かもしれません。政策立案者やビジネスパーソンなど、経済発展の意思決定に携わるステークホルダーたちがこのことを理解すれば、よりよい判断ができるのではないでしょうか。

――言い換えると、効率化イノベーションと持続的イノベーションは過大評価されていますよね。例えば、日本は効率的な国だとは思うのですが、〝ゆとりや遊び〟が少ない社会のように感じます。

クリステンセン：効率化イノベーションも大事です。製品やサービスをより効率的に提供できるようにすることは、他のことに取り組むための資源を生み出します。その資源が新たな成長を生み出しえるのです。ただし、その資源が何に投資されているか、注意する必要があります。もし、効率化イノベーションや持続型イノベーションに再投資しているなら、同じことの繰り返しになってしまう。一方で市場創造型イノベーションに投資をすれば、劇的に状況を変える可能性があります。ある特定のイノベーションにだけ取り組むことは、他のイノベーションを阻害することもあり、その意味でも注意したいところです。加えて〝ゆとりや遊び〟は社会が繁栄している証《あかし》だということも指摘できます。

――過去に成功した解決策を、「プッシュ（押し売り）」することを組織はついやりがちです。私たちが「プル（引き込む）」マインドセットに切り替えていくためにできることはありますか？

クリステンセン：プッシュ戦略は組織が頻繁に陥る罠のひとつです。プッシュ戦略の場合、自分は答えを知っていると思い込んでいるため、質問をすることはありません。相手が提供された解決策をどのように受け取るかを真に理解しようとする前につくり、売りつけるのです。プル戦略はまったく逆です。プル戦略はまず、質問をするところから始まります。人が何を欲しているかを想定するのではなく、観察するのです。ソニーを創業した盛田昭夫と井深大は、このことに卓越していました。彼らは人々の生活を観察し、質問をし、市場創造につながるようなイノベーションに成功した。そのことによって、日本（そして世界）経済にさまざまなことを引き込むような影響を及ぼしました。

――十分な経済的繁栄が得られたなら、次に国は、国民の幸福に注目するべきだと思います。どうお考えですか？

クリステンセン：みながよりよい世界を目指して力を尽くす中にあっても、人生で一番大切なものは何かを、ひとりひとりが忘れないでいてほしいと願います。幸福は、欠かすことができません。経済的な繁栄だけでは社会の問題をすべて解決することはできないし、私たちの個人的な問題を解決することもできないですよね？　本書にもロバート・ケネディの言葉を引用しましたが、彼はとても意義深いことを言っています。経済的な尺度のみで成功を測るのは間違いです。ケネディが言ったとおり、

GDPには「詩の美しさも、夫婦の絆の強さも、公に討論することのできる知性も含まれていません」。GDPはなんでも測れるようでいて、人生の価値を高めてくれるものは含まれていないのです。

クリステンセン氏は、世界には「よりよい世界を目指して力を尽くす」人たちが溢れているという。本書は、そうした善意ある努力を重ねても、必ずしも地域が繁栄するとは限らないことを指摘し、その処方箋として「市場創造型イノベーション」を提示する。貧困対策だけでは貧困を解決しないし、国が繁栄しないのは法律や行政機関が足りないからではなく、ある特殊なタイプのイノベーションが欠けているからである。制度やガバナンスといった解決策をプッシュする（押しつける）のをやめ、無消費者を消費者に変えることから始めれば人々の善意は報われる、というのが本書の主旨だ。

経済状況が悪いとき、私欲に走った政策を責め、無駄遣いを見逃したガバナンスを責めるのは簡単だ。だがクリステンセン氏は、悪意ある汚職でさえ、市民が問題を解決するための合理的な手段のひとつとして一定の理解を示す。身の回りの安全を守るために用心棒を雇うこともあれば、警察に頼ったほうがよいこともある。すべては状況次第なのだ、と。実際、戦後の日本も、非合法な「やりくり」は日常茶飯事だったという。今のように政府は機能しておらず、法律も徐々に整備されていった。

このように、私たちが陥りがちな構造的な問題を明らかにする点でも、クリステンセン氏の視点は非常に有益である。

本書に登場するソニーやホンダを筆頭とする企業が市場創造型イノベーションを起こしたことで、波及的に周辺企業にも雇用が生まれた。従業員は消費者となり、さらなる需要を生み出すというプロセスが戦後の復興を担った。当たり前だが、国からの命令がソニーを生み出したわけでもスーパーカブを生み出したわけでもないのだ。さらに今日の日本のような繁栄は、韓国や米国などごく一部の国にしか訪れていない。つまり、繁栄とは極めて例外的な事象なのである。善意ある世界中の人が切望する「繁栄」、これが難しいのはすなわち逆説的、つまりパラドクスを孕んでいるためだと理解するのがわかりやすい。通説に反した、あるいは直観に反した因果を及ぼすパラドクスは、物事を成功させるための重要な知恵となる。本書で紹介されるパラドクスの一部を以下に挙げてみたいと思う。

短期的に合理的な意思決定は、長期的な成功に結びつくとは限らない

クリステンセン氏は代表作『イノベーションのジレンマ』で、優良企業が合理的な判断を行うがゆえに「破壊」されるというパラドキシカルなメカニズムを解明している。顧客の声を聞き、製品やサービスを改良改善しようと合理的な戦略決定を行った企業が、低価格で異なる価値を持ち合わせた新しい技術の前に破壊されていく。本書では、目の前の水不足や貧困問題に対処したにもかかわらず失敗してしまう様子が描かれている。投資対効果に基づいた一見合理的な判断だけでは経済発展にはつ

ながらないのだ。

「破壊的」イノベーションは市場を拡大させる

破壊的技術を開発し、既存企業を倒すのが、無消費者に着目したベンチャー企業である。企業間競争という文脈で、クリステンセン氏が「破壊的」イノベーションと定義したものは語感ほどには悪いものではない。本書で紹介されている市場創造型イノベーションは破壊的イノベーションを市場から見た言葉だ。市場全体が拡大し、雇用を生み、経済全体を押し上げる効果は絶大だ。

グローバルな雇用は危険を孕んでいる

第7章のメキシコの例にあるように、短期的に雇用が生まれたとしても、その雇用の本質がグローバルに移転可能なものなのかどうかを見極める必要がある。表面上の就業機会が増えていても、「ローカルな」雇用、つまりその土地の産業に根付いたものであるかどうかによって経済発展は決まる。

市場がないことはチャンスである

一見すると消費活動を行っていない人も、目の前のジョブ（仕事・用事）を片づけるために何らかの対処を取っているものだ。例えば、どんな国も豊かになるにつれて赤ちゃんには紙おむつを使うようになるという。それまでは紙おむつ市場がゼロ、であっても。赤ちゃんにはなるべく清潔にしてあげたいと、親は強く願っている。そして、「赤ちゃんを清潔にしたい」というジョブを片づけるために、手間ひまをかけて布おむつを洗うというやりくりをしていると言える。つまり、ジョブは常に存在していて、そのジョブを片づけるための安価で身近な解決策を「無消費者」は待っている状態なのだ。

製品であれサービスであれ、解決策を押しつけ《プッシュ》ても機能しない

前作『ジョブ理論』で、クリステンセン氏は製品やサービスは、顧客のジョブを解決するために「雇われる」という考え方を示した。例えばミルクシェイクの味や量をいくら調整しても、消費者が片づけたいジョブを解決しなければ、買われることも飲まれることもない。本書では、この考え方を「プル戦略」として紹介し、優れた行政システムも、市民の目的に一致していなければ利用されず、

法律すら機能しないことが語られている。氏は『教育×破壊的イノベーション』『医療イノベーションの本質』の2冊で、政府が一方的に提供しているように見えるものを受益者の立場から分析している。教育も医療も国の繁栄には不可欠な公共サービスであり、本書を通じて教育や医療政策に興味を持たれた方は、これらの既刊を一読することをお勧めする。

私たちはつい、相手の置かれた環境を理解せずに足りないものを指摘し、よかれと思った解決策を押しつけてしまう傾向にある。自戒の念を込めて、注意したいと思う。

最後に、本書で一番心に響いた言葉を紹介したい。

「市場創造型のイノベーションに投資することは、取りも直さず国づくりに加担している――」

起業家が自ら立ち上がり、世の中に大きく貢献しようとしたとき、そのチャレンジは最初、市場がないところに向けて製品をつくるような無謀なものに見えるかもしれない。だが、そのパラドキシカルな動きは将来（正しく無消費を対象にしていれば）、大きな潮流となるはずだ。そして、こうした事例が当たり前になり、もはやパラドクスではなく、私たちが繁栄を続けるための当たり前のプロセスとして定着していくことを願う。

2019年5月

インディージャパン 代表取締役　テクニカルディレクター　津田真吾

著者紹介

クレイトン・M・クリステンセン
CLAYTON M. CHRISTENSEN

ハーバード・ビジネス・スクールのキム・B・クラーク記念講座教授。12冊の書籍を執筆し、ハーバード・ビジネス・レビューの年間最優秀記事に贈られるマッキンゼー賞を5回受賞。イノベーションに特化した経営コンサルタント会社イノサイトを含む、4つの会社の共同創業者でもある。ビジネス界における多大な功績が評価され、「最も影響力のある経営思想家トップ50」(Thinkers50) に複数回選出されている。

エフォサ・オジョモ
EFOSA OJOMO

クリステンセン研究所に所属し、上級研究員として「グローバル経済の繁栄」部門のリーダーを務める。ハーバード・ビジネス・レビュー、ガーディアン、CNBCアフリカ、イマージングマーケット・ビジネス・レビュー等に論文を発表している。2015年、ハーバード・ビジネス・スクールでMBAを取得。

カレン・ディロン
KAREN DILLON

ハーバード・ビジネス・レビューの元編集者。共著書にニューヨーク・タイムズ・ベストセラーの『イノベーション・オブ・ライフ』『ジョブ理論』。コーネル大学、ノースウエスタン大学メディル・ジャーナリズム学院卒業。バンヤングローバル社のエディトリアル・ディレクター。アショカ財団によって世界で最も影響力のある女性のひとりに選出される。

訳者紹介

依田光江 *Mitsue Yoda*

お茶の水女子大学卒。外資系IT企業勤務を経て翻訳の道へ。主な訳書にクレイトン・M・クリステンセン他『ジョブ理論　イノベーションを予測可能にする消費のメカニズム』、アレック・ロス『未来化する社会　世界72億人のパラダイムシフトが始まった』(ともにハーパーコリンズ・ジャパン)、ジョセフ・F・カフリン『人生100年時代の経済　急成長する高齢者市場を読み解く』(エヌティティ出版)、ピーター・ラビンズ『物事のなぜ――原因を探る道に正解はあるか』(英治出版) などがある。

繁栄のパラドクス

絶望を希望に変えるイノベーションの経済学

2019年6月21日　第1刷発行

著　者　クレイトン・M・クリステンセン、
　　　　エフォサ・オジョモ、カレン・ディロン

訳　者　依田光江

発行人　フランク・フォーリー

発行所　株式会社ハーパーコリンズ・ジャパン
　　　　東京都千代田区外神田3－16－8
　　　　03－5295－8091 (営業)
　　　　0570-008091 (読者サービス係)

装丁・本文デザイン　TYPEFACE (AD. 渡邊民人 D. 清水真理子)

印刷・製本　中央精版印刷株式会社

ISBN978-4-596-55145-0